河北省社会科学基金年度项目“基于训点文献的汉日语言接触历时层次研究”（HB17YY044）

基于训点语料的汉日语言接触历时研究

刘洪岩 著

燕山大学出版社
·秦皇岛·

图书在版编目（CIP）数据

基于训点语料的汉日语言接触历时研究 / 刘洪岩著. —秦皇岛：燕山大学出版社，2022.4
ISBN 978-7-5761-0243-7

Ⅰ. ①基… Ⅱ. ①刘… Ⅲ. ①日语—汉字—研究 Ⅳ. ①H362

中国版本图书馆 CIP 数据核字（2022）第 058671 号

基于训点语料的汉日语言接触历时研究
刘洪岩　著

出 版 人：	陈　玉		
责任编辑：	张　蕊	**策划编辑：**	张　蕊
责任印制：	吴　波	**封面设计：**	刘馨泽
出版发行：	燕山大学出版社 YANSHAN UNIVERSITY PRESS	**地　　址：**	河北省秦皇岛市河北大街西段 438 号
邮政编码：	066004	**电　　话：**	0335-8387555
印　　刷：	英格拉姆印刷(固安)有限公司	**经　　销：**	全国新华书店

尺　　寸：	185mm×260mm　16 开	印　　张：	18.75
版　　次：	2022 年 4 月第 1 版	印　　次：	2022 年 4 月第 1 次印刷
书　　号：	ISBN 978-7-5761-0243-7	字　　数：	327 千字
定　　价：	86.00 元		

目　次

図 表 目 次

図表目次

略 語 集

A/Adj	adjective	形容詞
Adju	adjunct	付加部
Adv	adverb	副詞
App	apposition	同格
Auxi	auxiliary	助動詞
BM	bound morpheme	拘束形態素
C/-c	Chinese	中国語
Comp	complement	補部
Demo	demonstrative	指示詞
FM	free morpheme	自由形態素
G	genitive	属格
Gm	grammar in model language	モデル言語における文法形式
Gre	grammar in recipient language	受容言語における文法形式
Gr	grammar in replica language	模造言語における文法形式
Gs	grammar in source language	起点言語における文法形式
J/-j	Japanese	日本語
LCS	lexical conceptual structures	語彙概念構造
Lr	recipient language	受容言語
Ls	source language	起点言語
M	model language	モデル言語
Mod	modifier	修飾語
MOR	morpheme	形態素

Mx(My)	**x(or y) in model language**	**モデル言語における要素x(或いはy)**
N	**noun**	**名詞**
Neg	**negative**	**否定**
Np	**noun phrase**	**名詞句**
O	**object**	**目的語**
Po	**post position**	**後置詞**
Pp	**preposition phrase**	**前置詞句**
Pr	**preposition**	**前置詞**
Quo	**quotational clause**	**引用節**
R	**replica language**	**模造言語**
Rx(Ry)	**x(or y) in replica language**	**模造言語における要素x(或いはy)**
S	**subject**	**主語**
S	**sentence**	**文**
SC	**syntactic context**	**統語環境**
Sub	**subordinate clause**	**従属節**
V	**verb**	**動詞**
Vi	**intransitive verb**	**自動詞**
Vp	**verb phrase**	**動詞句**
Vt	**transitive verb**	**他動詞**
Vua	**un accusative verb**	**非対格動詞**
W	**word**	**語**
WF	**word formation**	**語構成**

説明：以上に挙げられた略語は組み合わせの形式でも使用される。例えば、FMj は「日本語におけるある語構成」、FMc は「中国語におけるある自由形態素」のように表示する。

序　章

0.1 本研究への経緯

言語は絶えず変化し続ける。言語の変化は共時的には比較的に安定しているように見えるのである。このような安定性があるからこそ、言語使用者たちはスムーズに社会言語の交流活動が行われるのである。その一方、通時的に見ると、言語は歴史上の長い期間に大きな変容が起こったことが観察できる。言語の変容は漸次的なもので、共時的な記述研究にも変容による言語システムにおける不整合の要素がよく見られ、課題とされている。言語変化は必然的である。

言語変化の原因は内部的な調整と外部からの影響との二つがある。内部的な調整は言語の使用者の認知に関わっているもので、言語自らの変化のメカニズムによって働きかけたことが見られる[1]。このような変化・変容は無意識的な言語使用による結果である。言語の外部からの影響については、他言語（あるいは他方言または他の社会方言）との接触による変容は代表的な現象の一つである。あらゆる言語は多かれ少なかれ他の言語と接触しながら、今日の様相までにたどり着いたのは異議がない事実であろう。母語として使用人口の多い言語でも、消滅の危機に瀕する言語でも、他の言語に関与せずに独自の姿を保った言語はないと考えられる。

言語の形成は「収束型」の視点で現存している一つ一つの言語の歴史をさかのぼることに関しては問題がなかろう[2]。ある特定の言語の歴史は地層のように見えるが、基層言語の上に他の言語との接触によって異質的な特徴がどんどん降り積もったり、留まったりして、重層的な「地層」の形で言語の接触史を示している。ある言語の特徴をさぐるために、この言語の各時代に形成された「地層」を切り離して、それぞれの素性や他の時代との関連を観察するのは必要である。このような作業は共時的な言語記述に求められない問題点が解明できるわけで、歴史的な言語研究の一つの意義と言えよう。今日の言語学は様々な理論と方法が共存しているが、心理や論理構造などの要因を重視して言語の変化を解明するのは方法論的な意義が大きいが、問題は指摘された言語の変化が実際に発生したのか。したがって、言語変化を考察する実証研究が重要である。

日本語の形成と変容の考察には他言語との接触の影響を重要視しなければならない。日本語の歴史における言語の不整合の現象は一部は言語接触の歴史に深く求められる[3]。しいて言えば、日本語の変容の歴史は他の言語との接触の歴史と言えよう。したがって、日本語史上の特定の時期の言語接触の要素を引き出し変容に対する影響を分析することが必要である。その意義は、ある時期におけるある特定の要素は日本語固有のものなのか、それとも言語接触によって成立したものなのかがを究明できるのである。このような研究視点は言語変化の扱い方である。日本語の歴史の変容を言語変化に位置づけて考察するのは方法論的な意義のみならず、言語接触の研究にも有力な裏付けを与えられる。

最近の言語学の研究手法として言語類型論があり、その把握は一般的である。要するに、すべての言語は通言語的な特徴を持っているとされている。諸言語の通言語的な特徴に基づいて言語の特性を解明するわけである。従来の日本語の歴史的な研究に通言語的な特徴を研究の対象にしていなかったので、言語接触と言語変容の研究において追求されなければならない問題点が残っている[4]。特に研究の目的によっては、従来の国語学の研究はある特定の時代、ある特定の文体、あるいは、ある特定の語法に対する調査・分析が主流であったので、以下のような課題に対する解答は全く得ることができなかった。

- 日本語はなんの類型論的な特徴があるのか、
- 周辺諸言語との関係ではどのような位置にあるのか、
- 他の言語の影響によって歴史上どのような要素が変化しうるのか、また、どのように変化するのか、変化はなぜ起こるか。

上記の課題について今後まだまだ追求すべき課題である。これらの難問をとくために、各変容においてどのような要素が日本語に固有化したもので、どのような不整合が言語の接触によってもたらされたのかを見分けなければならない。そして、日本語の変容を考察するには通言語的な視点をとらないと言語接触の実態を究明し得ないと考えられる。

以上のような経緯から、日本語の変容の歴史に他の言語との接触は一つ重要な動機付けとして考えたい。言語接触による日本語の変容は歴史的な研究として重要な位置を占めている。

---

[1] 言語変化の内的要因は言語使用者の認知に関わっていることだと考えられる。文法の変容を例として見ると、よく取り上げられたメカニズムは言語内の再分析（reanalysis）と類推（analogy）である。両者とも言語使用者の認知によるものと思われる。また、変容している文法の定着は語用論的な推論（pragmatical inference）の過程が必要とされる。語用論的な推論は一般的にメタファーとメトニミーの二つのメカニズムによるものだと思われる（Hopper&Traugott 2003:84-87）。

[2] 言語の形成理論について、主に分岐型（divergence）と収束型（convergence）に大別される。前者は言語の起源一元説の考え方で、後者は言語の混成説の考え方である（板橋 1999）。この概念を援用するのは言語体系と形成について提案するつもりではなく、本研究に関心をもつ言語の変容は言語の接触と混合が大きな要因で、この点において言語の収束型の考え方と一致しているのを説明したい。

[3] ここでいわゆる「不整合」はただ文法の規則に合わないというような「不適格」ではなく、日本語の歴史の中である特定の時期の文法体系や本来の類型的な特徴に相容れない現象のことを指している。このような不整合性の由来はもちろん日本語内部的な調整による例があるが、言語接触によるものも著しく存在している。例えば蜂矢他（2005）の日本語の不整合性の研究に不整合の要素の重要な一つは言語接触による表現と考えられる。

[4] 言語学の研究に日本語の資料を利用する場合、長い間よく戸惑いが見られる。要するに、ある時代までに遡ると、なにが日本語固有のものなのか、なにが言語接触によって定着したものなのかを見分けられない。実例を見ると、亀井（1984）はKarlgren（1920）に対する反論、山田（1935）の付録における回答は、全部言語学の研究に国語資料に対する誤解を払拭することと考えられる。国語学の研究成果は言語学に利用しにくいというのは従来あった事実である。

0.2 研究の位置づけと目的

日本語は長い歴史の中で他の言語と接触しながら今日まで歩んできた。日本語の言語接触の歴史は多様性が見える。

日本語の長い言語接触と変容の歴史の中で、中国語と接触してきたことは間違いなく重要な史実とされる。中国語の特徴的要素が、言語接触による日本語の変容には、典型的に見られる。日本語の歴史においては、どの時代でも、中国語との接触による変容が見られる。例えば、祖語時代に越人語と閩北語は基層言語の上に影響を及ぼしたことがわかった[1]。古代日本語史を縦貫した漢文の影響のほかに、大陸からの渡来人および沿海貿易による言語接触は多くの文献資料で考証できる史実である。近代では漢学の復興、漢文体の重視や蘭学の新概念を翻訳するための漢語の適用などが中国語による日本語の変容と言えるのであろう。現代語にいたっては、植民教化を目的とする言語接触はまだ盛んに研究されている課題である。これらの言語接触の現象に対して、これまでの日本語研究でもっとも取り上げたのはやはり古代漢文からもたらした日本語の変容であろう。

一つの言語接触の現象として、日本語に対する漢文の影響は上代の漢籍の伝来から近代翻訳にもたらされた語彙変遷まで、長い歴史にまたがっている。そのうち、中古における漢文との接触は独特の位置を占めている。現代日本語は類型的には安定していると考えられるが、その一方で、中古期には大きな変容があった。中古の変容において新たな要素が成立したり、一般的な類型的な特徴とは相容れない不整合を生じたりして、様々な方面で日本語が変容しつつあった。これらの変化に漢文に影響された結果と思われるものが多い[2]。これまでの言語接触による文法変容の研究に挙げられた事例は一般的に直接的な口語の接触であったので、文法の変容はいったいどのようなプロセスなのかについて共時的な証拠から推理するしかない。漢文を訓読によって解読する文字の記載が一つ一つ残っているので、接触による文法の変容の一般メカニズムを解明するには重要な研究資料として利用できる。

さらに、従来の言語接触の研究は一般的に音声形式の接触を課題とするが、書記形式の接触に対してはまだ関心が薄い。漢文の翻訳や訓読のような書記形式は言語接触の一種として考えられるかどうかについて後文に詳説したいが、現在の言語接触理論は映画やインターネット上の交流などを全部言語接触に含まれていると唱え始めるので、歴史上の中古の日本語と漢文の書記接触は言語接触の独特の存在として認められるのであろう。近来、言語接触の理論は大きく取り扱う範疇を広げた[3]ので、日本語と漢文の接触は言語接触による文法変容の好例なので、言語接触の理論の周辺を豊富にするわけである。この考察を通して、言語接触の研究はいままでの言語の交互形式にこだわらずに、もっと広い視野の「汎言語接触」の研究意識を提唱したい。

最後に、これまでの言語変化の研究分野に、言語接触による変化に対する研究は主に二つの課題に集中している。一つは印欧語のような類型的な特徴が近い言語の間の形態借用である。このような研究は類型的な特徴を解釈する面で不足している。もう一つは文法変化の研究に混合言語の接触を極端な例として扱われている[4]。ところが最近、言語変化の動機づけとメカニズムは内在的な要因と外在的な要因が厳格に区別すべきという命題は見直されている。日本語と漢文の接触のような例から、文法の変化は言語接触と内部的なメカニズムの共同作用による結果だという現象が観察できる。本研究で考察する日本語と漢文の接触を通して、言語接触による言語の変容が通言語的な現象で、言語変化の一つの常態的範疇で、一般的な類型特徴があることを示したい。

上述した本研究の位置づけに関して、本研究の目的は中古期の日本語と漢文の言語接触による文法変容の考察を通して、言語接触と言語変容の間の関連を解明することである。すなわち、言語接触によってはいかにして言語変化が引き起こされるのかを解明した上で、言語接触および言語変化の二分野をまたがる研究に漢文訓読による日本語変容の証拠を見出し、その理論体系を築き上げ、この研究領域の周辺を広めにしたい。また、漢文の翻訳と訓読のような資料は書記形式の資料としてこれまでの言語接触にあまり触れていないので、書記形式の資料は言語接触にとって方法論的な面で価値が高いことを提案したい。

---

[1] 越人語と閩北の言語はまだ不明なところが多い。例えば、越人語の資料「越人歌」が万葉表記のように漢字で音をあらわす漢字仮名まじり文の形式で書かれたもので、解読はまだ定説がない。泉井（1953）はチャム語とマレー語の解読、韋（1981）はチワ

ン語の解読、Zhengzhang（1991）はタイ語の解読などの様々な説がある。これらの説を見ると、越人語と閩北の言語は系統はまだ不明と言えるが、中国語の系統に関わる可能性が高い。

[2] 漢文に影響された面について、表記は言うまでもなく、語彙の影響が最も重要的な面なので多くの研究が言及したが、山田（1940）、藤堂（1969）の研究から語彙面の影響が概観できる。また、音韻面の影響について、漢音、呉音、唐音に対する研究は近代から今日にいたって多くの成果が見られるが、沼本（1986）、高山（2012）は代表的な研究である。

[3] 言語接触の学説は Weinreich（1953）が言語変化を研究するために命名して以来、最近までにバイリンガルの言語選択（language choice）、方言接触、言語の混成（ピジン語とクリオール語の研究を含め）、借用（borrowing）、言語消滅（language death）などの広い研究領域に発展してきた。Winford（2003）、西光（2009）に言語接触の発展史と遍在性を提示した。

[4] 内的な要因を重視する言語変化の研究に接触による言語の変容は極端的な例として扱われる傾向がある。例えば文法化の研究に、Hopper&Traugott（2003）はピジン語とクリオール語の文法化が特例の存在とされる。

0.3 研究の範囲と方法

上節に述べた研究目的にもとづき、本研究は研究対象を中古期の漢文訓読の接触による日本語の文法の変容に限定する。

文法変容の面について、従来の研究は日本語の内部的な要因に集中しているので、中古期の日本語に存在している文法の不整合を特殊的な「語法」や「直訳体」のような文体[1]と解釈していた。本研究では漢文にもたらした影響が特別な文体や表現法ではなく、日本語の文法体系における不整合の現象という概念に限定したい。なぜならば、本論文の関心と視点は日本語の文法の通言語的な特徴および文法の接触による類型的な特徴の変容の面に焦点があり、具体的に文体と表現法の区別より、語順、文法標識、語構成などの文法それ自体の類型的な特徴を解明するためである。

言語接触の面について、言語接触を日本語の文法の変容の重要な動機付けとして考えた上で、言語接触の研究で重要視されている概念とパラメータを考察の基準としたい。古代日本語と中国語の接触は多種の類型があったが、漢文およびその訓読のような書記形式の言語接触に限定したい。他の書記言語の接触類型と比べて、漢文の訓読は漢字文化圏に特殊の接触類型と言える[2]。このような言語接触は一種の認知記号を基盤にした過程なので、日本語に及ぼす影響が大きいが、音声言語の形式の接触のように日本語の基層の類型的な文法特徴を変化させるまでには至らない。観察は言語の接触による干渉（interference）までに限定する。

考察対象の時代について、古代日本語は長い時期に漢文と接触し続けてきたが、漢文にもたらした文法の変容を見ると、中古期はもっとも代表的な変革期だと思われる。この時代の資料に日本語の文法が急激に変化したことが見えるだけではなく、接触の対象となった漢文の文法自体も上代から中古への移転期に処している。言語接触の両方とも多くの不整合の文法要素が併存している現象は興味深い言語接触の実例である。これらの不整合の対照は文法変容の外在的な表証と考えてもいいかもしれないので、中古期を主として考察したい。

考察の資料については、いわゆる漢文資料とは幅広い範囲の概念であるため、本研究では中古期の漢訳仏典およびその訓読資料を考察の重点に設定する。その理由は以下のとおりである。

まず第一に、中古期の訓読資料において、仏典の訓読資料は漢籍と国書[3]よりはるかに数多く保存されている[4]。文法研究にとっては、国語学者たちは保管先の現地で採訪したり整理したりして、大変有意義なフィルドワークの基礎研究を行っている。また仏典の漢訳時代と訓読の時代はほとんど明記しているので、これらの貴重な仏典訓読の資料は文法変容の特徴を考察する最適な資料である。

また、文法の特徴を見ると、中古期における仏典と漢籍は大きな違いが見られる。漢訳仏典およびその訓読の文法に文法変容の最中の中間的な特徴が数多く観察される。このような中間的な文法特徴は文法の変容を分析する重要な証拠と考えられる。そして、日本語の訓読史によく挙げられる漢籍は主に先秦両漢時代と唐以降の二つの時期に分布している[5]が、その間の長い歴史における漢籍の痕跡が見られない。しかしながら、魏晋南北朝に中国語文法が激動する時代[6]であったが、この時代の漢文法の影響に対する研究は不可欠である。訓読資料に漢訳仏典がほとんどこの時期の漢文資料に対応するものなので、文法の変容史に「承前啓後」の意義がある。したがって、漢訳仏典とその訓読を考察資料にするのは接触両方の文法の変化にダイナミックな把握の需要である。

以上の理由で中古期の漢訳仏典およびその訓読資料を考察する主要な資料にしたい。ただし、本研究の研究目的は文法の変容そのものであり、これらの資料は文法を考察するコーパスのような用途であるが、訓点の流派と変化について触れないことにする。他に、言語接触による通時的な変容と文体上の差異を検証するため､補助資料として上代と中古の和化漢文､和漢混淆文､仮名文も利用する。考察用の具体的な仏典訓読資料の紹介は後文に詳細に説明したい。

上述した研究目的と考察範囲に基づき、本研究は以下のような研究方法で考察を進めたい。

①外的要因と内的要因の関係付け。本研究は文法の変容が言語の外的要因と内的要因の相互作用による結果を主張するので、漢文が日本語文法の変容の外的要因としてどのように変化を働きかけたかを分析する同時に、外的要因による日本語文法の内的変化のメカニズムを明らかにしたい。

②共時的観察と通時的観察という相互観察。中古期の日本語と漢文の言語

接触はその時代の仏典訓読の資料から共時的な特徴と関連しか観察できないが、これらの特徴は通時的な文法変容の歴史背景を考察しなければならない。共時的に見える不整合の類型特徴は文法の変容によるものだと考えられる。当時の文法体系に相容れない類型特徴の位置づけの分析を通して、通時的な日本語の文法変容の様相と要因を探ってみたい。

③通言語的特徴と日本語の独特の特徴の比較対照分析。訓読の文献は単なる書記形式の資料であるが、この資料をダイナミックに把握して言語接触のプロセスが見通すことができる。このような接触の過程は日本語の独特の言語接触であり、言語接触の考察例にまれに見られる例である。ところが、訓読の資料に現れた日本語文法の特徴のみに注目するよりも、資料の特徴にこだわらず、これらの文法の特徴と変容に対して通言語的な観察と解釈を行いたい。

---

[1] 国語学の研究に漢文の訓読にもたらした文法の影響は文法の変容ではなく、「純粋な国語」と異なった「語法」や「訓読直訳体」(あるいは「翻訳文法」)とみなしている(山田 1935; 大坪 1994)。つまり、訓読から影響を受けた異質な特徴をもつ文法は文法体系に属していない特殊の「語法」や文体と思われる。

[2] 漢文訓読の特徴について、後文の 1.1.2 と 1.1.3 の部分に詳しく説明する。

[3] 仏典、漢籍、国書はいずれも広義的な「漢文」に属しているが、この三者の区別基準について厳格な論述が見つからなかった。一般的に古代日本人が書いた「日本書紀」「霊異記」などの漢文は「国書」であるが、古代中国人が書いた「論語」「尚書」などの漢文は「漢籍」と呼ばれる。この三者の訓読性格の区別について、小林(1967:348-362;471-464)は助詞、副詞呼応などの点で説明した。

[4] 具体的に量的な調査を省きたいが、築島(1965)(1969)、小林(1967)、大坪(1981)の訓点資料の目録・番号一覧表・資料索引に記入した資料のリストを見ると、仏典の訓点資料は圧倒的に多いのがわかる。

[5] 小林(1967)に列挙された漢籍を例として、3世紀の中頃から6世紀の末までに成立した漢籍はわずか二、三点の史書しかない。現存の訓点資料に大多数の漢籍は先秦両漢のものと唐の時代以降のものであるが、その間の長い時期に成立した漢籍の姿が見えない。原因について第二章で詳説する。

[6] 中国語史の時代区分についてまだ定説がない。音韻研究に基づく時代の区分は主流であるが、必ずしも文法研究に対応するわけではない。文法史上3世紀から6世紀にかけて、中国語文法における格支配や動詞と項の統語関係を中心に大きな変容が発生したと思われる。したがって、太田(1988)を代表とする文法研究にこの時期を中古期から切り離して「中世」と呼ぶ(それ以降の近代までに「近古」とされる)。

0.4 本論文の構成

上述した内容をもとにして、本論文は本章に引き続き、第１章で言語接触における漢文の訓読の位置づけを取り上げ、第２章で考察資料としての仏典の訓読資料の文法の性格を紹介したい。これらの背景を明確にした上で、第３章で訓読による文法変容の可能のパターンを提示する。第４章から第６章にかけて、仏典の訓読による日本語文法の変容に対して具体的に調査し、それぞれ三側面から接触による文法変容の動機付けとメカニズムを詳説する。終章の結論では言語接触による文法の変容の原理と体系について提案し、今後の課題を説明する。以下に各章の論述内容を要約し、本論文の章立ての構成を示す。

第１章ではまず言語接触の一般類型において、訓読の位置を求める。日本語における漢文の訓読も言語接触の一つの類型を検討する。それを認定した上で、これまでの言語接触研究に挙げられた一般類型と比較して、漢文の訓読とした言語接触はどんな特徴を持っているのかを考える。そして、日本語の文法史の事実を踏まえて、日本語の言語接触の歴史に漢文の訓読は何の位置に占めるのかを解析する。本章は主に漢文の訓読が言語接触の一つの下位現象で、日本語の文法史上に重要な位置を占めていることを議論したい。

第２章では本論文に使用する考察資料の仏典訓読の文法特徴を理解していくために、漢文との接触の歴史および関係文法の問題を概説した上で、いわゆる漢籍と仏典の文法の差異、訓読の差異、日本語の文法に影響する違いを論述したい。これらの要点を解明したあと、本研究における考察資料の成立と年代などの基本情報を紹介する。さらにこれらの資料を選択する理由を述べる。

第３章では、先に訓読による日本語の文法変容に対する言語接触の位置を説明する。訓読にもたされた文法の変容は言語接触における文法借用と違い、一種の文法模造だということを示唆する。次いでに漢文の訓読から影響を受けた文法の変容はどのようなパターンの文法模造の過程なのかを説明したい。考察の指針として、具体的に接触による文法化、構造の模造、翻訳模造の三つの下位概念の変容形式を提示し、その間の関係を明らかにする。

第４章では主として語構成の変容の考察を通して、仏典の訓読による文法の翻訳模造の特徴を明らかにしたい。まず翻訳模造の過程は翻訳借用などの言語接触による変容の下位概念と違い、自らの特殊のメカニズムをもっていることを説明する。また翻訳模造の三つのタイプとして、訓読による日本語文法の複合化、形態化、接語化のような変化を具体的に分析する。

第５章では主として日本語の文法標識の変容を考察し、仏典の訓読のような文法の接触による文法化の特徴を明らかにしたい。まず接触による文法化の動機付けを総括してから、接触による文法化のパターンを分析する。それで、言語接触による文法化の諸要素に基いて、漢文訓読による日本語文法化のメカニズムを提案する。文法化の外的要因と内的要因を分析した上、言語接触による文法化の諸類型を分類する。諸類型の文法化例を考察して、漢文訓読の影響によって、日本語における内容語はどのように文法標識の範疇に移り変わるのかを解明したい。

第６章では主として日本語の構文の変容を考察し、仏典の訓読による統語構造の模造の特徴を明らかにしたい。一般に統語構造の模造の二つのタイプを提示したうえで、仏典の訓読によってもたらした日本語の語順の再調整および構文の模造の様相とメカニズムを示す。完全に異なった統語の構造の影響をうけ、日本語の統語構造はなぜ変容するのかを原因究明したい。

終章において結論と本研究の意義を述べ、今後の課題を述べたい。

第１章
言語接触における漢文訓読の位置

序章に述べたように、漢文の訓読が日本語にもたらした影響は言語接触による言語の変容言語と判断した。いわば漢文の訓読は一種の言語接触と言えよう。論述の冒頭に、漢文の接触はどのような言語接触であるのか、また言語接触の研究範囲にどの位置をつけているのかを明らかにしたい。

言語接触は大きな研究領域と言えるが、漢文訓読のような書記形式の言語活動は言語接触の理論と方法論によって説明し得るのかを検討すべき問題である。これは言語接触の指標とメカニズムで漢文の訓読にもたらした日本語の影響を考察する可能性に関わる重要な問題である。

この問題を解明するために漢文訓読の本質はなにか、一種の言語接触と言えるのか、言語接触においてどんな位置を占めているのか、他の種の言語接触と比べ何の特徴的な存在であるのかというような一連の問題に回答する必要がある。そして、日本語の言語接触の現象は多数に存在しているが、本研究の研究対象として漢文の訓読は日本語の言語接触史にどんな位置に立っているのか、日本語文法の変容になんの歴史的な影響をもたらしたのかは本論文の方法論と論題の取捨選択に関わる問題なので、本章に取り上げたい。

1.1 言語接触としての漢文訓読

1.1.1 言語接触の定義

言語接触の一つの分野として漢文訓読の特性を考える前に、まず第一に言語接触の定義を確かめる必要がある。

言語接触という概念はすでに広汎に使用され豊富な研究成果があるが、言語接触とはなにかについては定説がない。なぜならば、一つは言語接触という用語を導入する研究の対象範囲が広く、問題点も様々で、非常に広範囲である。また、構造主義をはじめとするこれまでの言語学研究から見れば、言語接触という理論は「一般化された理論へと統一されたことなく現在に至っているのではないだろうか...言語接触に付随して起こる現象にしても、統一した定義、見解がなされていない現状である（宮下 2005:50)。

ここで、言語接触の概念を説明するために先に代表的な定義を以下に挙げる。

(1)（言語接触とは）社会言語学に２種類およびそれ以上の言語が同じ社会集団に使用し、接触することと定義する。
(Weinreich 1953:2)

(2) 言語接触は１種類以上の言語が同じ場所で同時に使用されることである。(Thomason 2001:1)

(3)（言語接触）は社会言語学の概念であり、言語間あるいは方言の間の地理的な連続や社会的な隣接（そしてこれによるお互いの影響）の状況を指す。(Crystal 2003:102)

(4) 言語接触はある言語が直接または間接的にほかの言語に影響し、パロールの変化を起こし、この変化が話者の固有属性になり、言語の歴史的な発展に影響するという一般概念である。(Fishman 1968:554)

(1) と (2) は、言語接触はどのような言語現象をさすのかを定義するのに対し、(3) と (4) は言語接触の結果と影響を重んじた定義である。上記の諸説は視点が異なるが、言語接触は言語の併用（bilingualism または multilingualism）に関わる概念の点で一致している。

ところが、上記の諸説を見るかぎり、漢文訓読のような言語現象が言語接触の一分野として考えられるかについてはまだ漠然としている。Thomason（2001）が言語接触の定義を解説したように、言語接触をどう理解するのかについて、まず言語の併用はどう定義するのか、また同じ場所、同じ時間、同じ社会集団のような要素はどう定義するかを再認識しなければならない。

最近の言語接触研究では、言語は、直接的な会話の他に映画、文学作品、インターネットなどの媒介を通して接触するのが可能とされる。言語接触は多元化した手段で実現する「汎言語接触」の提案が盛んになってきている（Thomason 2001:2;Winford 2003:29）。つまり言語接触の媒体が多様であり、二つ以上の言語が共存する場合で言語接触は可能になるという蓋然性がある。このような場合、言語接触がほんとうに発生したのかを判断する基準は言語の併用だけでは不十分であるが、接触の結果を要素として取り入れるべきだと考える。

したがって、以上の諸定義を参考に言語接触を次の（5）のように定義したい。

（5）言語接触とは、ある言語の話者が音声、文字などの媒介を通して他の言語の話者と交流することによって、二つの言語は音声、文法などの類型特徴が互いに影響を及ぼしあうことである。

漢文の訓読はこの定義にあてはまるかを明らかにするために、まず一般言語学から漢文訓読とはいったいなにかを究明しなければならない。

1.1.2 漢文訓読の本質

前項で言語接触の定義に触れたが、漢文の訓読が言語接触の範疇であるかを確かめる前に、漢文訓読という独特の現象を一つの言語学的現象としてどう見るべきか、その本質は何であるかを以下に概念と目的の二点から見てみよう。

まず、「訓読」は書記文献に施した一種の注釈のことである。「訓読」と関連する概念に「訓詁」という注釈の方法がある。古代において経典を解読する際、正確に原文を理解するためによく注釈や注疏などがつけられた。このような注釈は古代中国語で「訓」といい、難しい言葉をわかりやすく説明することを意味する。この「訓」の概念には古代音韻に対する注解、原文の語彙の解説も含まれる[1]。

「訓読」という注釈の手段はもともと古代中国の知識階層が古籍を解読するために思案した方法であったが、漢籍東漸とともに日本に渡来した可能性がある。また、古代中国語に対する注釈法として、朝鮮半島の訓読法の影響がある。訓読の本質について、金（2010:20）は「(漢文訓読は）中国のこの訓詁の方法を借用したわけで、漢字を日本語で読むのは一種の注釈であると考えていたからであろう。訓詁がわかりやすい今の言葉による注釈であるなら、日本人にとってそれは日本語で注釈することにほかならない」と述べ、一種の注釈法を示唆した。この論述を見ると、当時漢文は完全に異なった言語類型の書記形式という概念がなかったので、訓読はただ音声や原文の意味を解読する注釈だと思われていた。しかしながら漢文の訓読は単なる外国語に対する注釈だけではない。

次に漢文訓読の目的から考えてみる。漢文の「訓読」は漢文で書かれた文献の直訳法である。漢文は長い間に漢字文化圏に通用するようになった文章語だが、文法上日本語の類型特徴とは異なる言語である。訓点や角筆記号などをつける目的は日本語の文意に翻訳するためである。漢文の渡来した当初、読み方は棒読みなのか訓読みなのかを別として、原文に対して一般的に読み下しのような文章に転じてから理解するのであろう。いわば、訓読の最終的な目的は漢籍と仏典を学習し誦読するために音声を表記する他に、もっとも重要なのは漢文で書かれた原文を日本語に翻訳することである。ただし、訓読のような翻訳は原文をもとにして逐字に訳を施すのが基本なので、日本語の文法体系では翻訳しづらい表現が頻発した。したがって、国語学の研究に「訓読直訳」や「漢文翻訳文体」といった、異質な特徴に焦点をあてる研究がなされた（山田 1934:3,1935:39;大坪 1994:296 など)。漢文訓読の本質について、山田（1934:4）は「訓点を加へると一口にはいふものの、大体、今いふ翻訳と同じ性質のものであつたと云ふべきである...この訓点は漢文の原文はそのままにしておいて、その文字のままこれを直訳でなく、日本語によみなほさうといふのであるから、ただの翻訳よりは一層の困難な事業であつたと思はるる。それが為に往々国語の法格を破り、又は国語としては生硬な語も生じなかつたとはいはれないであらう」のように言及している。つまり、訓読とは漢文の原文に忠実な翻訳と理解することができ、この翻訳法が日本語文法の変容に影響を及ぼしたといえる。このことから、後に見るように、漢文の訓読にも一般の言語接触と同じような言語に対する影響による特徴が認められる。

上述したように、漢文訓読の本質は注釈記号を用いた特殊な翻訳であることがわかった。このような翻訳は日本語に一定の影響を及ぼした。一般には翻訳は文体論、談話分析、第二言語習得など応用言語学の範疇に属するものとされるが（Brown ed. 2005:409）、言語間のつながりをつくる一方、漢文の訓読のように言語間の影響を生み出す言語行為なので、一種の言語接触として考えられる。

1.1.3 「訓読翻訳」と言語接触

前項で、漢文の訓読は歴史上日本語に影響を及ぼした翻訳手段であったことがわかった。特殊な翻訳法として言語接触の範疇に含まれる根拠を考えてみよう。漢文訓読は一種の応用言語学の現象として、一般的な意味を解釈する翻訳とは異なるので、この区別を明確にするために、便宜上国語学の思想を引き継いで「訓読翻訳」と呼びたい。

最近の研究では、従来の国語学の提案に反論し、訓読は翻訳と似ているが、本質的に異なった現象だと主張する論説が多い。確かに訓読は言語現象として特殊な存在であるが、翻訳に属するか否かを論弁するのを保留して、これらの説に言及された言語学の特徴を見てみよう。

（6）漢文訓読は、漢文を自言語で理解することでは翻訳と似るが、漢文構文の原表記を残したままでそれによりかかりながら自言語で理解する点で翻訳とは異なる。　（吉田ら 2001:2）

（7）訓読とは、そこにある文字の塊を読み手の言語とどのように関連付けて読むかという行為であり、言語と文章との乖離が前提となっている...訓読は、文字を偶然の因数ではなく、不可欠の核として構成された行為である点では、そうした翻訳概念とも区別されよう。　（齋藤:中村ら ed. 2010:16）

（8）訓読では元の文章を残しながら、一字一字逐語的に自国語に置

> き換える点では翻訳と大きく異なる...訓読とは言語 A から言語 B への翻訳というより、言語 A から言語 B への移植といったほうが適切だろう。　　　　　　　　　　（ジスク 2013:10）

上記の諸説は訓読が翻訳ではないと主張しているにもかかわらず、前節で論述した訓読の言語学的特徴と同じような論説、つまり漢文の原文を残したままで原言語を日本語に置き換える過程について述べられている。この過程は一般的な意味での言語接触の過程とほぼ同様であるが、ただ接触の媒介は音声言語ではなく書記形式となった。したがって、漢文の訓読は翻訳として理解しなくても一種の特殊な言語接触の現象だと考えられる。

本論文では漢文の訓読が一種の特殊な翻訳であることを主張したいので、なぜ「訓読翻訳」が言語接触の一現象なのかについて、三つの観点から以下の通り説明したい。

まず、書記形式は言語接触の媒介として考えられる。本節の冒頭で述べたように言語接触とは一般的に同じ時間に同じ場所で起こる現象とされ、すなわち特定の媒介がない音声言語の直接的な接触である。この定義の欠点としてよく挙がる反論は、宗教文典をはじめとする書記資料の流布による言語への影響という実例がある。例えば宗教の典籍の流布によって、ラテン語の中世ヨーロッパ諸語への影響、パーリ語の中古タイ語などの言語への影響、古典アラビア語のトルコ語やマレー語などへの影響という現象があり、これらはすべて言語接触の範例と言える（Thomason 2001:2）。同様に、漢文の訓読によっても、漢字文化圏に言語接触が発生したことが考えられるが、この場合、書記形式のような媒介を通して行われたのである。

また、翻訳は言語接触の重要なアプローチである。これについて三つの視点で探ってみる。第一に、翻訳は単に語句に置き換えるだけではない、重要な言語行為である。Baker（2001:164）は翻訳の言語学的意義について、翻訳は間接的な言語接触で、一種の社会言語活動だと述べている。漢文の訓読とは、単なる漢籍や仏典に記された訓点そのものではなく、歴史的にも一連の言語接触の現象が訓読に関わっている。第二に、翻訳は言語接触研究の重要な調査法である。言語接触における母語干渉などの研究で翻訳は実験方法としてよく利用される。西光（1990）は翻訳の調査法を紹介した上で、言語接触における母語干渉の現象を分析した。西光（2009:39）は「翻訳も言語接触の一種である。翻訳においては原文があるので、程度の差はあれ、影響をうけることとなる」という観点を示した。また、Hickey（2010:353）も同様の意見を述べ、翻訳は方法論的には言語接触を考察するフィールドワークであり、このフィールドワークを通して容易に接触による影響と変容が観察できると主張する。古代日本語における変容を考察すると、漢文訓読には接触による影響があることがわかる。しかも、このようなフィールドワークは訓点を施した当時すでに完成して今日まで残されている。第三に、翻訳の文献は通時的に言語接触による言語変容を考察する最適な調査資料である。Siemund&Kintana（2008:313）は翻訳資料を用いて言語接触による文法変化を考察した上で、翻訳資料と原文の対照や翻案によって接触による変容の漸次的な変化が見えるのを指摘した。接触によって漢文訓読の資料のどの部分に影響があるのか、文法はどう変わっていくのかが、訓点をみれば一目瞭然なので、通時的に言語接触による変容を考察する貴重な資料と言える。

さらに、Whitman（2011）の考察によると、グロッシング注釈は言語接触を観察する手がかりである。漢文の訓読は特殊であるが、孤立した存在ではない。グロッシングとは中世ヨーロッパでラテン語のテキストを自国語に対応して注釈した手段のことである。Whitman（2011:95）はグロッシングの遍在性と訓読の関係を示し、グロッシングのような注釈手段は容易に言語間の語彙や文法の借用を観察でき、顕在化した言語接触を研究する手がかりであるとされた[2]。漢文訓読における訓点はグロッシングと似ており、接触による日本語の変容を考察するよい論証になりうる。

上記の諸説は視点がそれぞれ違っているが、翻訳をはじめ、書記形式は言語接触の媒介であり、接触による言語変容を考察する好例である点において共通している。漢文訓読は本質的に一種の翻訳なので、言語接触の範囲で訓読による日本語の変容を考察するのは問題がないどころか、むしろ言語接触の好例と言える。

---

[1] 金（2010:19-20）の例を見ると、『論語』の漢代の注釈では、「朋」に「同門曰朋」のような意味の解釈がある。また、十二世紀の朱子の注釈では、「説」について「説悦同」という古音韻に関する説明がある。このような注釈は古代の「訓」である。

[2] Whitman（2011:95）の主張に対して、ジスク（2013a:10-11）は訓読とグロッシングの違いを指摘した。グロッシングの主な目的は自国語を通してラテン語を学習すること

にあったので、ラテン語のテキストを自国語に置き換えることではなく、同じ語源の形式の対応を追求することである。グロッシングと違って、訓読が文全体を通した逐語的な翻訳や移調となっていることである。

1.2 漢文訓読の接触類型

1.2.1 言語接触の一般類型

前節の考察によって漢文訓読は一種の言語接触の現象であることがわかった。本節では、具体的に漢文訓読としての言語接触にはどのような特徴があるのか、言語接触の研究においてどのように位置づけられるかを明らかにしたい。

言語接触は広い範囲の問題を取り扱うので、言語接触の類型は多様である。言語接触における漢文訓読の位置づけを解明するには、通言語的な視点で言語接触の一般類型を考察する必要がある。言語接触の類型について、これまでの研究に概括的な定説は見られないので、実例を検討しながら以下のとおり提案したい。

第一に、接触媒介の点から直接的接触と間接的接触に分けられる。直接的接触とは言語の使用者が向かい合って行う音声言語の接触で、特に接触媒介が要らない類型である。間接的接触とは文字をはじめなんらかの媒介による接触の類型である。具体的に三つに分けられる。

まず、一般的に直接的接触は近隣接触（proximal contact）で、間接的接触は遠隔接触（distant contact）である。前者は音声言語の接触なので同じ空間で発生する。例えば Tok Pisin 語のように共通語がない近隣集落の間に英語のピジン語で接触する例（Thomason&Kaufman 1991:180-188）、各地から同じ場所に集まった商人が英語をもとにしてそれぞれの言語を混合した Krio 語の例（Hickey ed. 2010:519,705）、同一地域に共存するタイ・カダイ語の言語連合と西南官話の接触の例（陳 1996:261）はいずれも近隣の空間で発生した言語接触である。それに対して遠隔接触は接触の主体は離れているので音声以外の媒介を介さないと実現できない。前述のパーリ仏典の中古タイ語などへの影響、古典アラビア語のコーラン聖典がトルコ語とマレー語に与えた影響は遠隔接触の一般タイプと考えられる（Thomason 2001:2）。

また、接触の言語特質について、一般的に直接的接触は口語の接触で、間接的接触は文章語の接触である。ピジン語とクリオール語のような直接的接触は「言語の変体として新たに形成したもので、十分に教育を受けていない場合で急速の変容の範例である。このような接触は大多数の歴史言語学と比較言語学に扱われる研究対象と違う。後者はすでに何千年の歴史があり、ほとんど書記形式で、しかも文人によって書かれたものである」（Hopper&Traugott 2003:213）。したがって、直接的接触によって形成された混合言語は定着したにもかかわらず正書法や文字系統がない例が少なくない。例えば、マカオ語は口語用の言葉なので文字系統は確立していない状況で（山崎 2013）、Bislama 語は英語の表音規則やフランス語の表音規則などに基づいた様々な表記が併存しており、正書法がない状況である（Thomason 2001:182,194）。このような言語は最初から文章語の接触とは無縁であろう。これに対し、間接的接触によって輸入されたのは基本的に文章語である。宗教経典の言葉は宣教や講習のために一定の口語の性質を帯びているが（具体的な内容は第二章で説明する）、間接的接触は書記形式を媒介とするので文章語の影響が主流である。

さらに、接触による影響の方向性について、直接的接触では相互影響と一方向の影響の両方の状況が存在するが、間接的影響では一方向の影響しか成立しない。直接的接触では上層言語（Superstratum）から基層言語（Stratum）[1]に一方的な影響を与えるだけではなく、言語間の相互影響の要素を考えなければならない。言語連合のような二種類以上の言語の相互影響のほかに、Afrikaans 語のようにマレー語をはじめとする下層言語が、優勢言語であるオランダ語や英語に大きな影響を及ぼし紛雑な類型特徴の言語になる可能性がある（Thomason&Kaufman 1991:251-256）。それに Bahasa Batawi 語のように労働者の言語は構成が多様なので、相互影響によって言語類型の様相に異質な多くの特徴がある（Thomason 2001:252）。ところが、間接的接触は文化的に優勢であることが接触の要因なので文献の一方的な流布の形がほとんどである。歴史上では文化交流の方向は変わっていくが、間接的接触による影響は特定の時代においては一方向であろう。

第二に、接触期間から長期接触と一時期接触に分けられる。長期接触と一時期接触の基準は言語接触の絶対的な時間ではなく、相対的な概念である。この類型について二点の解釈をしたい。まずこの分類を考量する基準の一つは言語接触の連続性である。長期間の連続的な接触は言語変容の必要条件と考えられる。例えば、Michif 語や Chinook Jargon 語のようなピジン語は、元々は市場で簡単な交易のために使用されていたが、次第に定期的に交易を行うために混合言語として定着することになる（Thomason 2001:3）。このような言語接触の時間は長くはないが、ある程度の頻度を維持している。一方、同じように貿易で使用されたピジン語の中には、商業活動の停止とともに消滅したものもある。このような言語接触は一時期接触であり連続性がない。近代上海の Chinese Pidgin はこの一例である（葉&徐 1981:213-215）。また、もう一つの考量基準は接触による言語変容の度合いである。言語接触の時間が長いか否かは言語変容の必要条件ではない。例えば英語は長い歴史の中でラテン語、北欧諸語、フランス語と接触していたが、「言語接触は統語と形態面で（英語に）もたらした変容はほんの僅かしかない...ただ少量の形態が言語接触に影響されたものである」（Hopper&Traugott 2003:271）。このような数世紀をまたがる言語接触に対して、Navajo 語や Montana Salish 語のようなインディアン部族の言語には英語との百年程度の接触によって大きな変容が発生した（Romaine :Hickey ed. 2010:322,333）。上述した Krio 語などの貿易や奴隷制度による言語接触の時間は数十年程度で言語の変容を起こさせると考えられる。したがって、言語接触の期間は絶対的なものではなく、接触強度（intensity of contact）という要素を考えなければならない。

第三に、接触言語の類縁関係から親族言語接触と非親族言語接触に分けられる。親族言語接触は同じ言語類型の言語間の接触なのでお互いに語彙と形態に多くの借用が見られる。ヨーロッパ諸言語の接触は親族言語接触の代表例である。非親族言語の接触は語彙と形態への影響の他に、語順などの類型的な特徴にも影響する。例えば「擬蒙漢語」はモンゴル語との接触によって VO 言語の語順が変化して、目的格をあらわす後置詞を挟んだ OV 言語になった（太田 1954:253-282;川澄 2003:301-324）。また、スリランカのポルトガルクリオール語はタミル語の語順の影響でポルトガルの前置詞を後置詞として使い、OV 言語の語順に変化した（Hopper&Traugott 2003:229-230）。このような変化は親族言語接触には見られない現象である。非親族言語接触による言語の変容については混合言語の研究で論じられているが、接触のメカニズムはさらに検討すべき課題である。Keesing（1991:316）は Bislama 語と Solomons 語のようなオーストロネシア言語と英語の混合言語を例として、オーストロネシア話者にとって「（英語の）構造はある抽象的な意味上母語と相通している」、言語類型が遠い言語の間でも一種の「対応法則」（formulas of equivalence）のような認知構造が存在している。この理論については第三章で具体的に述べたい。

以上の通り、三つの角度から言語接触の一般類型を提案した。これらの類型特徴は三次元の座標系のように言語接触の位置を考量する指標と考えられる。これらの指標をもって漢文訓読は言語接触の一般類型の中でどのように位置づけられるかを明らかにしよう。

1.2.2 漢文訓読の接触類型

言語接触の一般類型の提案をもとにして、漢文訓読の接触類型およびこのような類型の接触によってどのような変容が発生するのかを分析してみる。

言語接触を引き起こす要因には一般的に移住（immigration）、貿易（trading）、占領（occupation）、言語教育（language education）、文化交流（cultural connection）などが挙げられる（Thomason 2001:15-21）。漢文訓読のような言語接触の動機付けは古代における文化交流である。漢文の訓読を通して、儒教の学説や仏典の奥義を学び、漢文訓読は文化交流を目的とした言語接触の現象と言える。

文化交流の言語接触である漢文訓読は、遠隔距離の間接的接触である。形式上接触の媒介は文字の文献であり、漢籍と仏典の流布によって古代中国語が日本語に一方向的に影響を与える過程である。漢文訓読の言語接触は長い期間にわたり連続的な影響をもたらしたので、語彙の借用の他に、一部の日本語の類型特徴までに影響を及ぼしたのである。以下に日本語の変容を挙げながら漢文訓読の具体的な接触類型の特徴を探ってみる。

特徴一、間接型。漢文訓読は書記形式の媒介を通す間接的接触である。具体的な三つの特徴を説明する。

漢文訓読は地理的に遠隔接触の範疇に属する。漢文訓読は文化交流を目的とした遠隔距離の言語接触である。言語間の影響という広い視点で捉えれば漢文訓読のような言語接触はおもに語彙の借用の面で言語の変容をもたらしたのである（ジスク 2013:1-2）。漢文訓読は近隣接触のように言語の内部構造を変えることがなく、日本語は類型的特徴をほとんど変えることなく漢文の要素を取り入れた。また日本語に輸入されたのは文化交流による新概念なので、言語の深層的構造までに至らないと考えられる。

接触言語の性質から、漢文訓読は文章語の接触である。漢籍と仏典は接触の媒介としてもともと書記形式なので文章語の基本性質を持っている。「言文一致」の意識がない時代に漢文訓読の表現は口語に影響するまでに至らなかった。山田（1934:23）は漢文訓読の表現を例にして、「(漢文訓読の表現は）今の文章に盛んに用いられてある語であるが...口語には用ゐることは先づ無いものであつて、我々の日常の話語には全く用いないと云ってよからう」と述べ、漢文訓読の影響は主として文章語の範囲に集中している点を指摘した。[2]

接触方向の面では、漢文訓読は漢文から日本語への一方向的な接触である。接触の方向は文化の流れの方向と一致する。間接的接触では、一旦書記形式の接触が開始すると、もとにフィードバックする可能性は少ない。少なくとも上代から中世の長い期間、漢文との接触は一方向的な過程であった。したがって、漢文訓読による変容はおもに日本語における変容を指す。近代になると文化交流の方向が変わり、和製漢語の逆輸入、いわゆる「和文漢読法」の創案[3]などの逆方向の接触による影響が始まったが（大坪 1992: 3-26）、特定の時代における接触を見ると、日中両言語の相互影響は見られないであろう。

特徴二、長期型。漢文訓読は上代から近代にかけて長い時代を縦貫する長期にわたる言語接触である。具体的に二点の特徴がある。

接触の連続性について、漢文訓読は漢籍や仏典の渡来によって連続的に日本語に影響を与えてきた。古代日本語の歴史で漢文からの歴史が途絶えた時期はない[4]。漢文訓読自体および日本語に及ぼした影響に連続性が見える。「漢文訓読文の実態は時代によって異なり...江戸時代以来のものと平安時代のそれとはかなり隔たりのある面もある」（月本:山口 ed. 1997:131）。また平安時代の中でも初期の訓読文体系と末期の訓読文体系に明らかな変化が観察できる（小林 2011,2012a,2012b,2013）。そして、漢文訓読による影響を見ると、同じく接触の時代の連続性が見える。訓読の実態の変化に伴い、日本語への影響は最初の「その形のまま取り入れたもの」から「形体に変化を与えて取り入れたもの」への連続性が存在している。このような連続は音韻や語彙の輸入のみならず、文法の変容もこのように移り変わると思われる（山田 1940:452-475）。

日本語の変容に及ぼした接触の強度と頻度について、漢文訓読は間接的接触としてさほど強い強度ではなく、また高い頻度の接触でもないと考えられる。古代において学問の世界や公文書のやりとりでは必ず漢文およびその訓読を使用していたことがわかっているが、その他の場面でどの程度漢文訓読が行われていたのか確認するのは難しい。国語の教育史をさかのぼって文献を調査した安藤（1936:122）は「大体において漢字・漢語・漢文の教養を主としたものであると見られる。しかしてこれは中流武士の子弟の場合であって、これより以下の家庭の子弟にあっては習字と往来物の学習、進んで四書五経の素読といふ程度の教育が一般的なものであったらう」と判断した。したがって、漢文の訓読は一般の庶民にどの程度普及したのかはわからないが、相当広い社会階層に普及されたものであろう。さらに和漢混淆文と軍記物語のような作品の言語特徴を見ると、漢文訓読は長期間にわたってかなり接触の強度と頻度を維持したことがわかる。

特徴三、非親族接触型。古代日本語は古代中国語との類縁関係が遠いので両者の言語接触は非親族接触である。漢文訓読の訓点体系自体は異なる言語類型の文法を解読する傑作である。「乎古止点」は分析言語とした漢文に文法標識を付け加える記号で、送り仮名は漢文動詞のアスペクト、ヴォイスなどを表記する記号で、返り点は漢文の語順を日本語の語順に還元する記号である。語順に関する項目からも、漢文訓読における「再読字」「提示語法」「倒置法」の成立はいずれも漢文の語順を翻訳する方法と言える（大坪1994:300-304,222-256,128-150;山田 1935:353-357;村上 1966:48-59 など)。また、統語面の他に、漢文訓読は漢文の前置詞や接続詞などの文法標識を日本語の習慣に変え、後置詞や接続助詞に改造する規制もある（大坪1994:151-164,790-833 など)。非親族接触には言語間になんらかの「対応法則」の認知構造が存在すると前文に提示したが、漢文訓読のような形式は逐語的に対訳するために漢文と日本語に橋をかけるのは漢字である。漢字という表義記号は漢文訓読の非親族接触において大事な作用を行っている。この点について第四章、第五章で詳しく説明したい。

1.2.3 日本語の言語接触における漢文訓読の位置

漢文訓読のような言語接触の類型特徴が日本語にどのような変容をもたらすのかについて、下記の表のとおりに纏めることができる。

表 1.1　漢文訓読の接触類型による変容特徴

基準	所属類型	下位類型	変容特徴
接触媒介	間接型	遠隔型	借用を主とした変容
		文章語型	文章語の変容
		一方向型	日本語側の変容
接触期間	長期型	低強度型	漸次的な変容
		高頻度型	連続的な変容
接触言語類型	非親族型		一部類型特徴の変容

これまでの日本語の言語接触の研究はほとんど直接的接触に関する成果である。そのなかに、移民や占領などによる日本語と太平洋諸語との接触史（ミュルハウスラー&トゥリュー（朝日 訳）2000:24-38）、満州国の日本語接触によって形成された「協和語」ピジン（桜井 2012a:1-16,2012b:1-15）、日本語と台湾原住民言語との接触によるクリオール（真田&簡 2008:69-76;簡&真田 2011:73-87;簡 2010 42-57）、パラオにおける日本語（Palauan Japanese）の言語接触（Matsumoto&Britain 2003:Hickey ed. 2010:831）、小笠原における日本語の言語接触（Long 2007:24-31,2010 118-131）などの一連の研究があるが、直接的接触で主に音声言語の近隣接触であり、特に影響の方向は日本語から他の言語である。他言語の日本語への影響歴史の研究に、朝鮮半島と唐の渡来人、通事との接触史（保坂 2000:43-50）、文化交流や貿易活動による蘭語と唐白話との接触（岡田 2006）などの一連の研究がある。これらの言語接触には直接的接触と間接的接触が兼有し、ある程度日本語に変容をもたらした。ところが、このような言語接触はほとんど文化交流で歴史上一時的に発生した言語活動なので、接触の連続性と強度がやや弱い。接触は一旦停止すると、日本語にもたらした影響は消滅するか他種類の表現に置き換わる可能性が高い。例えば近代日本語に外国人のことばによる不整合の表現は現代語には見つからない[5]（蜂矢 2005;金水 2004:5-6）。日本語は歴史上西洋の諸言語との接触はあったが、接触の時代が言語毎に違うので、輸入された外来語がオランダ語やポルトガル語から他の外来語に置き換わる現象がある[6]（鈴木:山口 ed. 1997:186）。このような一時的に発生した言語接触より、長期間の言語接触は日本語にもっと深層的な変化をもたらした。例えば、近世から現代までの「欧文翻訳」は日本語のヴォイスなどの構造に深い影響を与えた[7]（Thomason&Kaufman 1991:38; 金水 1991:1-14;青木 2012:86-72）。このような翻訳の言語接触は間接的で、長期

間の接触である。そして、非親族接触は日本語の語順などの類型的な特徴を変える要因である。漢文訓読は日本語の言語接触の歴史上、欧文翻訳と同じような位置づけである。間接的、長期間の非親族言語接触として、漢文訓読の日本語に対する影響は甚だしく、ある程度は日本語の類型的な特徴までに変容をもたらしたが、日本語の「骨格」を改造するまでに至らなかった。しかし、漢文訓読は日本語の歴史変容を引き起こす大きな要因であることに間違いはないので、言語接触の視点でもっと関心を寄せるべきである。

---

[1] Hickey（2010:7-8）の定義により、ここで言語接触の文化面の要因を考える上、下記の定義を下す。上層言語とは言語接触の結果であり、征服者の文化優勢の集団の言語が基本的に文化劣勢の集団の言語に置き換わるものの、前者の言語の特徴が後者の言語に影響を与え新たな言語を出現させる場合に使われる概念である。基層言語とは言語接触において、文化劣勢の言語が元々母語として使われていたが、基本的には文化優勢の言語に置き換わるものの、その特徴が文化優勢の言語に影響を与え新たな言語を生み出す場合に使われる概念である。Superstrate と Strate にも訳す。

[2] 漢文訓読の影響が基本的に文章語の接触と言ってもいいが、仏典の訓読資料には一部の口語の性質があるため、文章語から口語に移行する例が少なくなく、これについては第2章で考察したい。

[3] 近代において中国人が西洋の学術を学ぶには主に日本の本を翻訳したので、大量の日本語の語彙が中国語に逆輸入された。日本語の近代書籍を翻訳する同時に、漢文訓読をまねて、直接に日本語を読解する「和文漢読法」を創立された。詳細は金（2010:83-84）の調査を参照してほしい。

[4] 古代の漢文訓読は碑文や木簡などの金石資料のほかに、現存の訓読資料に最古の句読点と返り点が記入された大東急記念文庫「華厳刊定記」（巻末年記 788 年）から 14 世紀の「古文尚書」などの宋明理学の諸訓点までに 6 世紀の歴史がある。

[5] 蜂矢（2005）に 20 世紀初期のピジン語化された日本語形式をいくつか提示された。このような表現はかなり大きな範囲で日本語に浸透したが、言語接触が停止し次第、日本語に対する影響は途絶えていたことを指摘した。たとえば、「アルヨことば」は代表的な例である。近代の横浜などの居留地によく「遠いあります」「ほう、おとなしい娘さんある」というような表現があった。

[6] 近代において言語接触によって外来語の更新が見えるとされる。例えば、「ハンケチ」「インキ」のようなオランダ語やポルトガル語から輸入した外来語が 19 世紀から「ハンカチ」「インク」のような英語から輸入した外来語に置き換わる例があった。

[7] 代表例としては、日本語の受身文において、「この橋はわが友人によって作られた」のような「非情の受身」の範疇は日本語に固有した形式ではなく、「欧文翻訳」によって輸入された文法範疇である。

まとめ

本章において言語接触の研究で漢文訓読という独特の現象がどう捉えられるべきか、どのように位置づけられるのかを分析した。考察した結果を以下のとおり纏める。

(9)　・漢文訓読の本質は注釈記号を用いる特殊な翻訳である。
・他の翻訳現象と同様に漢文訓読は一種の言語接触の現象として捉えられる。
・漢文訓読は書記形式として言語接触の一つの媒介であり、言語接触の研究において方法論的な意義がある。また接触による言語変容を考察するいい資料である。したがって、漢文訓読は言語接触の好例である。
・言語接触の一般類型において、漢文接触は間接的、長期的、非親族言語の接触類型に属する。
・漢文訓読の類型特徴は日本語に大きな変容をもたらしたが、日本語の言語接触の研究にはこの領域に対してまだ探索する余地がある。

以上から、言語接触の理論と方法論を利用して漢文訓読による日本語の変容を考察するのは可能であり、むしろ言語接触の研究において重要な位置を占める考察例と言える。

第 2 章
調査資料の説明
―仏典の性格と訓読―

前章の分析によって漢文訓読は一種の特殊な言語接触であり、言語接触の研究で独特の位置を占めていることがわかった。漢文訓読が日本語にもたらした変容を考察するには、まず変容の観察に相応しい訓読の資料を確定しなければならない。本章では本研究に用いる調査資料について説明したい。

従来の日本語の研究では、訓読資料は膨大な資料群として注目されてきた。特に中古、中世日本語の研究には 8 世紀から 13 世紀の訓読資料がよく利用されている。従来の訓点語の研究は訓読の資料そのものが対象とされるので言語接触の研究に有益なフィールドワークを貢献した。訓読資料は国語学的資料の整理・分類の研究に、小林（1966）（1967）は「訓読語法」を基準に中古の訓点資料を分類したが、築島（1969）は中古の日本語の変容を研究するために中世までの訓点資料およそ 4000 点を整理した。これらの訓読資料の基盤研究に基づいて、訓読の流派を別とし、言語接触によって成立した訓読資料は大まかに漢籍と仏典に大別される。

築島（1969:24-25）の定義によると、「本来はシナ語を表記するものとして発達した文章であるが、その中にはシナ人自体の撰述に係る、周易・毛詩・尚書・春秋・論語・孝経・文選・文集・史記・漢書など」を「漢籍」と称する。また、「本来、印度等で撰述され、原典はサンスクリット語やパーリ語などで記されていたものを、シナで翻訳して漢文とした、妙法蓮華経・金光明最勝王経・成唯識論など」「及びそれらに基づいてシナにおいて撰述された、妙法蓮華経玄賛・成唯識論演秘・妙法蓮華経儀軌など、注釈・儀軌の類」を「仏典」と総称する。言語接触の歴史を見ると、いわゆる漢籍は基本的に上代儒教経典および中古前期の歴史書などの 3 世紀以前の漢文資料であり、仏典はほとんど3世紀から6世紀までに成立した漢文資料である。また、この両者の渡来は明らかに時代が違うので、訓読による日本語の変容は必ずしも同様ではないと考えられる。したがって、漢籍と仏典が日本語に及ぼす影響については別々に考察すべきである。この両者の訓読資料にあらわれた言語接触による日本語の変容はそれぞれ違う特徴があるだろうと推測する。

漢文訓読による日本語の変容については、山田（1935）、築島（1965）、小林（1966）を代表とする一連の論述があったが、いずれも漢籍と仏典の訓読資料を同一視する視点である。しかしながら、日本語の変容を研究する資料として、漢籍と仏典の訓読資料の性質は異なっている点に注意すべきである。本論文には中古日本語の文法変容を明らかにするので、主として仏典の訓読資料を使用したい。その理由は以下の二つである。

（1）仏典は文法特徴が漢籍と異なり、特徴的である。
　　仏典の訓読が日本語に及ぼした影響が漢籍と相違する。

仏典の渡来及び訓読は漢籍とまったく別の言語接触の過程なので、日本語に及ぼした影響には独特な特徴があると考えられる。仏典の訓読資料の特徴と利用価値について、以下の二点から説明する。

2.1 漢訳仏典の文法特徴

2.1.1 漢文史における漢訳仏典の価値

中古中国語[1]に文法の不整合が多く存在しているので、かなり流動的な性格があると思われる（太田 1991:10-11;魏 2003:102 など）。いわゆる日本語における「漢文の訓読に伝えられた文法」あるいは「訓読直訳体」はこの時代の中国語文法に影響された変容である。特に、中国語における文法の不整合は日本語にも大いに影響したと考えられる。

漢訳仏典は中古中国語の文法変化を考察する重要な資料である。漢訳仏典の価値として主に二点が挙げられる。

第一に、漢訳仏典は膨大な数に上る資料群であり、豊富な文法現象が反映されている。Mair（2009:362）の統計では、中古前期の漢訳仏典だけでおよそ 960 部、4200 万字を超えており、同時代の中土漢籍文献の数量より遥かに多く存在している。このような膨大な資料は漢文の文法研究において重要な位置を占めるに違いない。

第二に、漢訳仏典は独特な文法特徴を持っているので、新しい文法が多く見える資料である。中古期に出現した文法の変化や新しい文法標識は多いが、一般の中土漢籍ではその成立を究明しにくい。これらの新しい文法要素は一般的に最初に漢訳仏典に出現したので、仏典を通して出現の初期から成立するまでの漸次的な変化の様相が観察できる（遇&曹 2010:289）。このような文法特徴があったからこそ、漢訳仏典は文法変化を考察する最適な資料である。

漢文法の研究において漢訳仏典はこのように重要な資料価値があるので、言語接触による日本語の変容についての考察にも大きな利用価値があると考えられる。

2.1.2 漢訳仏典の直訳性と口語性

日本語の研究では仏典と漢籍を一括して「漢文」と呼ぶが、実際には文法的に明らかな差異がある。漢籍と比較してみると、漢訳仏典の文法特徴は主に直訳性と口語性の二点がある。このような性格はいずれも中古漢文に新たな文法特徴をもたらした。2.1.1 で述べたように、中古の漢訳仏典には新しく成立した文法要素が多いに存在している。その原因は一般的に二点が求められる。一つ、漢訳仏典はもともと創作的な漢文体ではないが、翻訳してきた漢文なので生硬な表現が多数に存在している。これらの表現の一部は最終的に漢文に溶け込んで定着することになる。もう一つの原因は漢訳仏典には中古当時の口語など多数存在している。これらの口語の文法は原来の「文語」とは一致しない特徴が見えてくる。もともと文語になかった文法要素は漢訳仏典の口語文法の進入によって、中古漢文に現れ、さらに定着するようになる（Mair 2009:361-373）。以下に具体的に説明する。

第一には、漢訳仏典の文法は直訳の性質がある。

中古期における漢訳仏典はほとんど中アジア諸語や中期インド語から翻訳されたものである。当時の翻訳者たちは一般的に中国語の母語話者ではない[2]ので、母語の干渉によって原典言語の類型特徴が残された。漢訳仏典には膠着語をはじめとする類型特徴が存在し、当時の漢籍の文法と明らかに差異が見えてくる。翻訳された仏典の言語は規範の漢文よりも、一種の「漢文の変体」（朱 2009:1）や「西域のピジン語（Serindian Pidgin）」のような言語（Zürcher 2009:78）と思われる。仏典における直訳調の文法は同時代の漢籍とかなり違っているが、生硬な表現であった。最終的に中国語の文法体系に溶けこんで定着する翻訳調の文法の例は少なくない。このような用法はもともと破格的な性質があるが、中古中国語の類型特徴に相容れるので、新しい文法標識や文法範疇として漢文の文法体系に定着した。

例えば、漢文における完成を表すアスペクト標識は完了の意味をもつ補助動詞「已、畢、訖」から変化してきたものである。このような補助動詞の範疇は上代中国語に存在していないが、漢訳仏典には漢籍より早く頻出する形式であった。「VO 已」のような形式はサンスクリット語の絶対分詞（Absolutive）（あるいは独立式（Gerund）ともいう）の接辞-tvā や-ya から直訳してきたものと思われる（辛嶋 2009:63;朱 2009:17）。

（2）説（此經）已　bhāsi-tvā , 既聞（法）已 śru-tvā , 捨（是身）已 jahi-tvā
到已　upasamkram-ya, 解（是義）已 avabudh-ya, 供養已 abhyavakiri-ya

例（2）のように、仏典を翻訳した当時、中国語に接辞-tvā と-ya に対応する文法範疇がないので、便宜上、完了を表す補助動詞「已」に直訳した。一連の言語内の変化によって「已」などの補助動詞の文法制限がなくなり、最終的にアスペクト標識として漢文の文法体系に確立してきた。仏典の直訳調によって成立した文法範疇の用例は名詞の数（人称複数の「等」の成立であり、4.3.2に詳述する）、格標識の用法（「於」をはじめ、前置詞が目的語を提示する格標識に変容する、3.2.2 に詳述する）、語順の配列（修飾要素の後置と主要部要素前置などの語順変化であり、6.2.2 に詳述する）、動詞構文の構造（感嘆や状態をあらわす動詞が動作主の前に冠する構造に変容する、6.2.3 に詳述する）などの様々な点で見られるが（Zürcher 1977;辛嶋 1997,1998;朱 2001;松江 2009;遇&曹 2010 など）、これらの文法要素はいずれも翻訳によって成立した漢文文法である。

第二に、漢訳仏典の文法は口語の性質がある。

この特徴はすでに多数の研究に証明されている。要するに漢訳仏典には当時の文語と異なる口語､俗語や方言が大量に使用されている(Zürcher 2009:80;大坪 1981:4-5;志村 1984:6;朱 2009:21;松江 2009:115 など)。

以下の仏典翻訳の記載には翻訳者の用語意識が見える。

(3) 佛言依其義、不用飾、取其法、不以嚴。其傳經者、令易曉、
勿失厥義、是則為善。　　　　　　　　　　　　　(『法句経序』より)

仏典の口語の性格は教義を宣揚、流布するために、翻訳者たちが意図的に選択したと考えられる（Zürcher 2009:78;金 2010:190)。さらに仏典の説教に大量の問答や会話の形式があるので、当時の漢籍の文法とは完全に異質な文法を採用した。仏典の文法は一般庶民にとって理解できる口語文法と思われる。したがって、言語変容の実態を把握するために、漢訳仏典は漢籍より調査資料として価値があると考えられる。

例えば、上代中国語における判断文は「A、B 也」の形式であったが、中古以降に「A 是 B」のような繫辞形式に変化した。一般の漢籍資料ではこの変容の過程を解明しにくいものの、漢訳仏典では繫辞の文法範疇の成立及び類推の過程が確認できる（王 1958;太田 1958:181)。中古前期の仏典にすでに次の例のような繫辞のカテゴリーが成立したのがわかる。

（4） a 皆是阿羅漢。

b 本為凡人。

c 誰是汝師者。

d 是為我師。 Zürcher（2009:95）

上例のように、中古の口語ではすでに文末に「也」のような終助詞を使わなくなったが、前後の格関係を結ぶために代名詞や動詞が繋辞のような用法に再分析される過程が見られる。同時代の漢籍の文語にはこうした変化の傾向は見られない。仏典の口語性によって成立した文法範疇の用例は「所」標識の受身構文（「（為）...所 V」構造における「所」は受動標識として成立する、5.4.2 に詳述する）、「動詞＋アスペクト補助動詞」構造の成立（「V＋終・畢・竟／始」などの成立であり、4.3.2 に詳述する）、再帰代名詞の語順と使用（再帰的提示をあらわす代名詞「是」の成立であり、5.2.2 に詳述する）など様々な点で見られる（太田 1958;森野 1974;朱 1992;松江 2009 など）。

要するに、漢訳仏典は直訳性と口語性の文法特徴があり、漢籍と完全に同質の漢文とは言えない。したがって、漢文訓読による日本語の文法変容において、漢訳仏典は考察資料として独特な位置を占めているが、漢籍とは区別して利用する価値がある[3]。

---

[1] この時代の漢文の時代区分について、本研究で前述した太田（1988）の提案に従うが、日本語史に対応して便宜上に 3 世紀から 6 世紀末期までの中国語を「中古中国語」と呼び、それからの唐宋時代の中国語を「中世中国語」と呼ぶことにする。

[2] 朱（2009:12）、辛嶋（2010:226）の考察によると、中古の漢訳仏典の訳者は一般に西域からの僧侶と中国大陸に住んでいた中アジアの移住民である。前者はほとんどであるが、代表者とした東漢時代の安世高、西晋時代の無羅叉、東晋時代の鳩摩羅什などはすべて中アジアの出身で、仏法を宣揚するために中国語を第二言語として使用すると考えられる。また、後者の代表者は東漢時代の康孟詳、三国時代の支謙、西晋時代の竺法護などがいる。移住民としてどこまで古代中国語の文語が使用できるのかは不明であるが、移住地を考察した結果、これらの訳者はすくなくとも当時の洛陽方言と無縁であり、呉地や敦煌などの地方に生活していたことがわかる。

[3] 本章に大まかに漢文を漢籍と仏典に大別するが、もう一種の漢文の「国書」は言語接触に直接に関与していないので、説明を省きたい。定義のみを挙げると、国書とは日本において漢文に倣って漢文による内外の詩書が製作されたものである。例えば、聖徳太子の法華義疏、舎人親王等の日本書紀、弘法大師空海の文鏡秘府論・秘蔵宝論・三教指帰等はその例である（小林 1967:225）。

2.2 日本語に対する仏典の影響

2.2.1 仏典との接触による日本語の変容

前節の通り、漢訳仏典の文法特徴は漢籍とは異なり、仏典と漢籍の訓読がもたらした日本語の変容は同じではないと考えられる[1]。

訓読資料の歴史を遡ると、仏典と漢籍の訓読は違った言語接触の過程だと分かる。最古の訓読資料は『華厳刊定記』は紀元 788 年に訓読されたものと見られるが、漢籍の訓点資料より一世紀ほど早い（月本 1997:129）。また、中古は仏教の時代なので、漢文との接触の主流は仏典の渡来と訓読であった（金 2010:23）。したがってこの時代の日本語の変容に最も重要な影響を及ぼしたのはむしろ仏典である（吉澤 1931:235;Mair 2009:392）。仏典の影響力について以下の二点を指摘したい。

まず、現存する訓点資料を見ると仏典の資料は漢籍より圧倒的に多い。平安時代の加点資料は 4000 点を超えたが、その多くは仏典であり、漢籍は約 20 点しかない（金田一ら 1988:1023）。山田（1940:371）と大坪（1981:4）の論証によると、中古期の仏典の訓点資料の豊富さは遥かに漢籍を超えたのであった。

もう一つは、言語接触の媒介として、仏典の訓読は影響範囲が漢籍より明らかに広い。漢籍の学習は有識階層に集中しているのに対して、山田（1940:403-404）の調査によると、訓読された仏典は一般庶民向けで、日本各地をわたって説教や講義が行われた。したがって仏典の言語は広範囲に大衆化したことが考えられる[2]。この時代の仏典は「俗語をとったものもあったらしく雅馴な詩文の中には見えぬものも少なくない...国語に及ぼした影響も亦非常なものである。それ故に日常語の間には漢語から及ぼしたものよりも深く汎く行き渡っている」（山田 1934:202）という程の影響力があった。仏典の訓読が当時の主要な言語接触になる原因は、宣教するために印刷術などの文権が僧侶階層に独占されたためである[3]（安藤 1936:110; Mair 2009:398）。

仏典は中古期に大きな影響力があったので、これまでの日本語の変容に関する研究では仏典が主要な調査資料とされてきた。特に音韻論と語彙論の研究成果から仏典資料の重要性が見えてきた。

音韻論では呉音についての調査は一般的に仏典資料を利用する。なぜなら、「仏典はだいたい従来の呉音読みを保存したが、部分的に漢音読みに侵食されたからだ。しかし仏典を通じて輸入された漢語は、ほぼ呉音読みのまま日本語にとり入れられた」（藤堂 1971:161）というわけである。呉音と漢音の分布は下記の例の通りである。

表 2.1　呉音と漢音の分布対照

呉音	漢音
経文キャウモン	経書ケイショ
文書モンジョ	文章ブンシャウ
金色コンジキ	金銀キンギン
今昔コンジャク	今古キンコ
世間セケン	中間チュウカン
正体シャウタイ	正方セイハウ
成就ジャウジュ	成功セイコウ
殺生セッシャウ	生殺セイサツ
燈明トウミャウ	明白メイハク
末期マツゴ	期間キカン

上例から呉音と漢音の勢力分布が見えるが、前者は古くから日本語に溶け込んでいる仏典の用語で、後者は漢籍臭の強い表現か生硬な感じをうける漢語式の言葉である。音韻論の調査資料として、仏典と漢籍から異なる日本語の変容を明らかにすることができる。

また、語彙の受容史の研究にも仏典資料はよく利用される。上代と中古の日本語において大量の仏典語彙が日本語に受容されることが証明された。そしてその割合は相当のものであったに違いない。仏典の語彙が上代の古事記、日本書紀、続紀宣命、万葉集、中古の古記録、説話、源氏物語などの資料に溶け込んでいたのは既に明らかにされている（吉澤 1931:116-118;山田 1940:36-37; 小林 1974:489-491; 三浦 1974:55; 今成 1974:237-251; 高木 1992:185-200;柏谷 1993:14-15;藤井 2001:21-27 など）。以下に山田（1940）の調査例を挙げて説明したい。

（5）a 寺々の<u>女餓鬼</u>申さく大神の<u>男餓鬼</u>賜りてその子産まはむ。

b 法師らが鬚の剃り杭馬繋いたくな引きそ法師は泣かむ。
c 壇越やしかもな言ひそ里長が課役徴らば汝も泣かむ。
d 波羅門の作れる小田を食む烏瞼腫れて幡桙に居り。
（山田 1940:36-37）

上例から万葉集における漢語語彙は仏典の語彙が主流であることがわかる。万葉集に「餓鬼」「檀越」「波羅門」「法師」「力士舞」「布施」「塔」などの大量の仏教用語の他に、数多くの漢語は漢籍と仏典の共用語である（山田 1940:36-37）。

さらに、仏典と漢籍の共用語について、説話語彙の翻案調査を通して仏典からの影響は漢籍より割合が多いのが確認できる（藤井 1988,2001; 中村 2006）。藤井（1988;2001）は主に今昔物語集をはじめとした説話集における複合動詞の翻案調査を行った。調査した結果によると、「愛し悲しむ」と「悲しみ愛す」のような前項と後項を入れ替えて用いる例、および「～をはる」のような前項動作の完成をあらわす例はいずれも仏典色の強い複合動詞とされる（藤井 2001:17,28）。中村（2006）が主に語彙調査を行ったが、調査した今昔物語集の語彙の翻案分布は下記の表に纏めることができる。

表 2.2　今昔物語集における語彙翻案の分布

	語彙出自原典	合計
仏典	中土起經　釋迦譜　根本説一切有部毘奈耶　三寶感應要略錄　撰集百緣經　佛說淨飯王般涅槃經　經律異相　法句譬喻經　摩訶迦葉度貧母經　賢愚經　大智度論　佛說九色鹿經　六度集經　三寶感應要略錄　三寶繪　法華驗記　地藏菩薩靈驗記	17
漢籍	孝子傳　白氏文集　史記　日本靈異記　注好選	5

この表より、説話の語彙は仏典から大きな影響を受けたことがわかる。したがって、中古の語彙変容は仏典に深く影響されたので、語彙論の研究にも仏典は高い価値がある調査資料である。

以上の通り、仏典と漢籍の訓読は違った言語接触の過程である。中古期にその影響力で音韻面と語彙面においても日本語に大きな変容をもたらした仏典は、日本語の変容を考察する重要な資料である。

2.2.2 日本語文法に対する仏典の影響

仏典を媒介とした言語接触によって、日本語の音韻と語彙が大きく変容したことがわかったが、文法面でも仏典との接触による変容が存在すると考えられる。日本語と漢文の接触史を見ると、日本語の文法変容に対する仏典の影響には独特な特徴が見られる。以下に三つの角度から説明したい。

第一に、日本人が仏典文法を通して日本語の言語類型を認識した。仏典と接触する以前、日本人は自らの言語の類型特徴をはっきり意識していなかった。当時の漢字文化圏ではこれは普遍的な問題である。中古以前の漢籍訓読について「以方言読九経」「以方言通会華夷方俗名」（金 2010:114-115）のような記載があるが、その原因について金（2010:21）は「古代の日本人や朝鮮半島の人々が、自国語を中国語の方言と同じレベルで考えていた」、中国語が日本語とはまったく別の言語である「実感をより明確な認識に変えたのは、おそらく仏教の影響であった」と指摘した[4]。古代人は漢籍と仏典の文法特徴を比較した上、日本語の類型特徴について次のような素朴な概念を持っていた。

（6）孔子の教へ、作文の道いみじけれど、やまとことばをはなれて、その心を悟らず...梵語はかへりて近く、やまとごとには同じといへり。　　（金 2010:39）

この記載を見ると、仏典の影響によって古代人が日本語の類型特徴を明確に認識したことがわかる。このように認識した原因は仏典の文法には一般の漢籍とは異なる特徴があったからである。この認識は漢文に訓点を下す動機づけとなり、訓読接触による日本語文法の変容の背景と言える。

第二に、和化漢文には仏典にみられる独特な文法が大量に存在する。一般的に和化漢文の文法は正格漢文法と和習の用法が交じり合った特徴があるが、和化漢文には仏典の文法の影響が多く見られる。このような文法は漢籍にはあまり存在していない用法である。これまでの研究では、古事記の接続詞、指示詞、「所以何者」・「～故」などの構文は仏典文法の影響を受けた（及川 1993:130-133）、また、記録体の漢文に前置詞「相」、完成を表す補助動詞「已・畢・竟」「副詞＋以」の構文などの仏典に大量に使用される用法が存在する（堀畑 2000:41-42）との論説がある。和化漢文における仏典文法の浸透は上代から中古まで一貫した特徴である。例えば、最古の金石資料にもこのような例がある。

(7) a 我大御病太平欲坐故、将造寺薬師像作仕奉詔。

b 歳次丙午年、召於大王天皇與太子而誓願賜。

(金 2010:200-201)

訳文：

a 我が大御身の病の太いに平かんと欲し坐すが故に、将に寺を造り薬師像を作り仕え奉らんとすと詔す。

b 歳は丙午に次りし年、大王天皇と太子を召して誓い願い賜う。

上記の「薬師如来光背銘」の用例は奈良期の和化漢文である。例の中に、「故」が従属節の末尾に置かれるのが仏典文法の特徴的な表現と思われ（朱&朱 2006:441; 朱 2009:104)、動詞と目的語の間に「於」を挿入する「V 於 O」も仏典にしか見られない構文である（大坪 1994:798; 朱 2009:17)。この例から、仏典の文法は和化漢文の文法に深く影響していることがわかる。このような用法は言語接触による一般の借用から、漸次的に日本語に溶け込んで、一般化の過程を経て定着することになる。

第三に、仏典の訓読文法は特有の特徴があり、漢籍と相違する。仏典と漢籍の文法差異によって、訓点資料における訓法は明らかに異なる特徴が見られる。この問題について、大坪（1981:4-5）は「仏書は、一般の漢籍と文体を異にしている。漢籍は洗練された文語で書かれているが、仏書は多く六朝以降の俗語や翻訳語を含んだ特殊な口語で書かれている。両者は本文の文体が異なっている上、これを訓読して加点する人も、漢学者と僧侶とに分かれていたから、訓読の仕方は必ずしも同一ではなかった」と指摘した。仏典と漢籍の訓読文法の差異について、小林（1954;1967)、築島（1965;1969）は専門的に考察を行った。以下に二つの例を引用して説明する。

(8) a 至心聽受是經則為供養於我釋迦牟尼應正等覺。

至レル心を（もて）是の經を聽受せば、則スナ（はち）於我釋迦牟尼應正等覺を供養するに為ナリナム。

(西大寺本金光明最勝王経・巻6)

b 得如是伴，則速成就。
是の如き（の）伴を得ては、則チ速に成就せむ。
（蘇悉地羯羅經延喜點・巻 8）

c 欲默，則不能已。
黙（もだ）あらむ（と）欲（す）れば、則能（は）已ヤ（む）こと不。（漢書楊雄傳天暦點 289-290）

d 布政不均則天示之以菑。
政を布（く）こと均ヒ（としから）不とき（に）は、則天之菑を以（て）示ス。（史記延久點孝文本紀 123）
（大坪 1981:6-7）

（9）a 有禮者封殖之。
有禮の者モノをば封殖［之］。（群書治要・巻 2）

b 惠我無疆，子孫保之。
我を惠メクムこと疆カキリ無し、子孫保タモツトイヘリ［之］。（群書治要・巻 5）

c 親友會遇見之。
親友之ヲ會アヒ遇アフテ見ル。（倭點法華經・巻 2）

d 臣當說之。
臣當ニ之ヲ說ク。
（教行信證・巻 2）
（小林 1967:349-350）

以上の二例から仏典と漢籍の訓読文法が著しく違うことがわかる。上の例のように、仏典の訓読は逐語的に直訳する特徴があるので、文法上日本語に相容れない用法を輸入したが、これらの用法は最初不整合や破格の特徴があったと考えられる。ところが、接続詞の「スナワチ」、再帰指示の「コレ」は最終的に日本語に受容され、文法に変容をもたらした。このような変容は仏典の訓読接触に数多く存在する。

以上から中古日本語の変容に仏典文法が大きな影響をもたらしたことがわかった。仏典資料の影響をうけ、日本語の類型特徴を認識した上で、和化漢文には意識的に仏典における特徴的な文法を借用し、さらに訓読資料に漢籍と区別して加点したのである。仏典文法は日本語に溶け込んで、日本語の変容を及ぼしたので、仏典の訓読資料は訓読接触による文法変容を考察するよい資料と思われる。

---

[1] 古代の東アジアにおいて、仏典による言語の変容は普遍的な言語接触の現象である。この現象に対して、漢訳仏典によるウイグル語の文法変容（庄垣内 2003）、契丹語を代表としたモンゴル諸言語の文法変容と表記の創立（傅 2013）などの一連の研究がある。

[2] 山田（1940:403-404）に『正倉院文書』などの古代文献の記録を証拠として列挙した。例えば、「使講無量壽經…以沙門一千為作聽眾」「詔群臣于京内諸寺勸講盂蘭盆經使報七世父母」「遣使於四方國說金光明經…始講仁王經於百國」のような記載が多く見られる。

[3] 仏典の用語が広く流布される原因はもう一つあると思われる。月本（1993:175）は「仏書の訓点は前代からの伝承を墨守するというものではなく、学僧たちが書物の内容を正しく理解しようという努力を重ねて加点し、個人個人が創意工夫を凝らしたものだったのではないかということである。…漢籍の場合、平安中期以降博士家が世襲となり、訓法が固定してそれが伝承されていく過程で新たな検討が加えられたり、変更されることが少なかった…家による訓法の違いが明瞭な形であらわれたのであろうが、その意味では漢籍の訓点は生きた、流動性をもったものではない。これに対して、仏書の訓点は流動する、いわば生きたものということになろう。…博士家の人数が比較的少数であるのに対し、学僧は相当多数いたわけであるから、個人差がより大きくなりやすかったということもあるのではないだろうか」と述べ、訓点面の要因を指摘した。

[4] Whitman（2011:95）の調査によって、漢籍の訓読と同様に、ラテン語聖書を訓読した場合、中世ヨーロッパに通用語（cosmopolitan）と現地語（vernacular reading）の認識までに留まる。これと同質の現象である。宗教経典の訓読において自国語の言語類型に対する認識の曖昧さは普遍的な現象である。

まとめ

本章に調査資料の選択について説明した。本研究では主として仏典の訓読資料を使用するが、その理由は以下の通りである。

表 2.3　本研究の主要調査資料

資料名	訓点時代	類別	資料依拠	以下略称
西大寺本金光明最勝王経古点	9 世紀頃	仏経	春日（1985）『西大寺本金光明最勝王経古点の国語学的研究・資料編』	金光明
東大寺図書館蔵本地蔵十輪経元慶七年点	883 年	仏経	中田（1979）『古点本の国語学的研究・訳文篇』	地蔵
石山寺蔵本法華経玄賛淳祐古点	950 年頃	仏典注釈	同上	玄賛
石山寺蔵本法華経義疏長保四年点	1002 年	仏典注釈	同上	義疏
石山寺蔵本大唐西域記長寛元年点	1163 年	仏教文学	同上	西域記
聖語蔵御本成実論天長五年点	829 年	仏教論書	鈴木（1955）（1956a）（1956b）研究資料	成実論
石山寺蔵沙弥十戒威儀経角筆点	9 世紀中頃	仏経	小林（1987）『角筆文献の国語学的研究・資料篇』	威儀経
天理大学図書館蔵・国立京都博物館蔵南海寄帰内法伝古点	1050 年	仏教文学	大坪（1968）『訓点資料の研究』	寄帰伝
竜光院蔵本妙法蓮華経古点	1058 年	仏経	同上	法華経
興福寺本大慈恩寺三蔵法師伝古点	1071 年	仏教文学	築島（1965）『興福寺本大慈恩寺三藏法師傳古點の国語学的研究・資料篇』	法師伝

（10）・漢訳仏典の文法特徴は直訳性と口語性があり、特徴的な漢

文法である。
- 中古期の言語接触において仏典は漢籍より影響力が大きいので、日本語に大量の変容をもたらした。
- 日本語の文法変容に対して、仏典の影響は漢籍と相違して、独特な特徴がある。

以上に基づき、本研究は訓点研究の先学の研究を踏まえて、表 2.3 の仏典訓読資料を選び出して、本研究の調査資料として利用したい。

第3章
漢文訓読に基づく文法模造の素性と類型

前章では、漢文資料における仏典の訓読資料の性格について論述した。仏典をはじめとした漢文との接触が日本語にもたらした文法の変容については、これまでの国語学の研究では一般的に「漢文の訓読によって伝えられた語法」と呼ばれる特殊な「語法」とされ（山田 1934:3）、体系的な解釈がなく、特殊例として個別分析に限られた。また、「語法」の説を引き継いで、訓読による文法の変容は「訓読直訳体」や「漢文翻訳文体」と呼ばれ、異質な文体的特徴と捉える見解がある（大坪 1994:296）。遠藤（1952）、井手（1955）、春日（1956）、築島（1965）、小林（1964）（1967）、佐藤（1967）、于（2009）らは、この二種類の観点から論説している。こうした先学の貢献に対し、訓読接触による日本語の文法変容という課題を言語学の範囲でどのように体系的に把握するのかはまだ議論すべき課題である。

近来の文法研究では、訓読接触による文法変容に関して、その言語学的性質が活発に議論されたが、概ね「文法化説」と「借用説」の二つの観点に大別される。

文法化説について、Matsumoto（1998）、Naruse-Shima（1997）、日野（2001）などの研究では、日本語の後置詞などの成立は主に日本語内部の変化とされる。この観点によると、「漢文の訓読によって伝えられた語法」の一連の表現は漸次変容（clines）の連続体（continuum）の特徴があり[1]、類推（analogy）や再分析（reanalysis）などの言語内部変化のメカニズムによって成立したものと思われる。この過程は一種の文法化（grammaticalization）として知られている。

借用説では、楊（2002）（2007）（2010）、陳（2005）などの研究の中で日本語における一部の後置詞や再帰提示のような用法は主に外的な影響によって成立したものとされる。つまり、漢文訓読を経て日本語に輸入された形式と機能は一種の「翻訳借用」（loan translation）である。また、ジスク（2013a）（2013b）は、日本語の内部的な変化については言及していないが、これらの用法は言語接触の結果であり、借用体系における転成借用（loan pos-shift）と統語借用（loan syntax）に該当すると主張した[2]。

この二つの観点は日本語の変容について、内的な変化と外的な影響の間にはっきりした境界線を引いている。陳（2005:123;125）は「借用は言語体系内での意味変化を経ないので、そのようなものが存在するなら、内容語から機能語への変化として文法化理論から説明することは不適当である」と述べ、さらに「日本語における文法化研究では，借用現象を混同しないことが重要なこと」であると主張した。これはこれまでの研究の代表的な見解と見られ、つまり日本語の変容の要因として、内的な変化と外的な影響は相容れないということである。この問題については言語接触の視点でまだ検討する価値がある。「訓読接触による日本語の変容」という命題が成立するかどうかに関して、まず下記の三点を明らかにする必要がある。

（1）a 文法の変容に、内的な変化と外的な影響の間に一線を引くのは妥当であるのか。その代案はあるか。
　b 言語接触による文法変容は本質上どのような現象であるのか。その動機付けとメカニズムは何であるか。
　c 言語接触による文法変容は具体的にどのような現象によって構成された体系であるのか。その関連を表すモデルの提案はあるか。

本章では上記の課題についての論述を通して、言語接触による文法変容の具体的分析に先立ち、その理論の基礎とフレームワークを概観したい。

[1] Hopper&Traugott（2003:3）によると、漸次変容の連続体は文法化の基本概念である。内容語は一挙に機能辞に変化するわけではないので、漸次的に連続体の段階を経過するのである。隣接する連続体の間には類似した文法機能がある。この概念は文法化通

路（grammaticalization channels）、文法化連鎖（grammaticalization chains）とも呼ばれる（Heine,Claudi&Hünemeyer 1991:222）。

[2] ジスク（2013b:5）が提案した言語借用モデルによると、転成借用と統語借用の概念は「代用」における「文法借用」の下位概念である。翻訳借用は造語借用の範疇に属し、成句や複合語のことを指している。翻訳借用に対する理解は完全に前述した諸説と違う。例えば、陳（2005:125）が提示した翻訳借用は統語標識の借用のことを指す。

3.1 内外要因の相互作用による文法変容

3.1.1 外的影響による文法変容

従来の言語学研究において言語変容は外的変化（externally motivated change）と内的変化（internally motivated change）に区別された。言語は穏やかな系統であり、独自の規則を持っているので、言語の変容はシステム内部の調整であると考えられる（Saussure 2010:46;Meillet 1977:69）。文法は強固なシステムで、言語の類型的特徴に結びついているので、語彙借用（lexical borrowing）のように外的な影響によって変容するのが難しいと思われる。これまでの研究では、文法成分の借用は制限されるとされてきた。殊に Meillet（1977:76-101）は統語的な成分は借用されないという極端な見解を提出した。宮下（2007:58）は「派生と変化の語尾はけっして転用されない」、語尾変化などの形態的な特徴は言語に「取り入れられるのはさらにまれである」という主張を示した。Bynon（1977:239）は「受容言語の文法に関する借用の影響は、ほとんどが音韻論と形態論に制限され、統語論は影響を受けないまま残されている」と、外的な影響による文法変容の可能性が一般に低いことを論じた。

Thomason（2001:8）は言語接触の研究において、言語変容の内部要因の他に、外的な影響を受ける接触による変容（contact-induced change）という現象を提案した。言語接触の視点では、言語接触は言語変容をもたらした重要な原因であり、「ある言語の体系は他の言語の影響を受けずに、独立した状態で変化するわけがない」とされる。Thomason（2001:71-71）、Winford（2007:23）などは、言語接触によって、語彙の借用だけではなく、音韻、文法の体系も変容する可能性を示した上で、下記のような言語接触による言語変化の「借用階層（borrowing hierarchy）」を提案した[1]。

（2）語彙項目（非基本語彙）＞文法構造／音韻構造＞形態範疇

この階層は言語接触による変容の容易さと蓋然性を示した。具体的には、言語接触による変容の中で、語彙項目は文法・音韻構造より起こりやすいが、形態特徴は最も影響されにくい。また、ある特定の時期、特定強度の言語接触によって、語彙項目の変容の確率は最も高く、文法・音韻構造は適度に変化し、形態特徴はあまり変容しないことを示した。この借用階層から、文法変容はどこまで外的な要因に影響されるのかがわかる。Thomason（2001:70-71）は各接触段階における借用階層の提案に基づいて、各借用階層の文法変容の様相を提案した。この提案によると、接触による文法の変容の様相と位置づけをまとめると下記の通りである。

表 3.1　借用階層における文法変容（Thomason 2001:70-71）

接触強度	変容階層	文法の変容
低強度接触	非基本語彙のみ	少数の機能詞
中強度接触	多くの非基本語彙; 少量の文法・音韻構造	一部の接語; 新しい統語機能及び機能制限; 特定の構文
高強度接触	大量の各種語彙; 適度な文法・音韻構造	一部の接辞; 新しい統語構造と文法範疇; 句レベルの語順
超高強度接触	大量の文法・音韻構造; 適度な形態範疇	殆どの機能辞; 統語構造、語順に大きな変化; 異質の形態範疇の増加と消失

この表を見ると、接触の強度が高くなると、文法の変容はより多方面で発生するようになる。言語接触の階層が高くなるに従い、文法の類型的な特徴にまで影響される可能性がある。漢文の訓読接触による日本語の文法変容はこの「借用階層」の「高強度接触」の段階に位置していると考えられる。大量の各種語彙及び適度な音韻構造が漢文の訓読に影響されるだけではなく、漢文の訓読にもたらされた文法構造の変容も著しく見られる。

従来の国語学の研究は、漢文の訓読接触によって日本語の機能詞、接語、統語構造などにわたって広く変容したことを証明した。山田（1935）は「漢文の訓読に伝えられた語法」凡そ42項目を列挙して分析した。大坪（1981）は「訓点語の翻訳文法」合わせて229項目に対して品詞ごとに分類して考察を行った[2]。ところが、「副詞に関するもの」「助動詞に関するもの」のような分類は曖昧である一方、漢文と日本語の品詞体系は必ず一語一句対応するとは限らないので、訓読接触による文法変容を体系的に把握するために、通言語的なカテゴリーを用いて変容する文法項目を見直す必要がある。

表 3.2 訓読接触に影響された文法項目

文法項目	具体的な変容
語構成	形態素の複合規則の変化； 接辞の成立
文法標識	接語標識の成立； 文法範疇の豊富
統語構造	構文の成立； 語順の調整

上記の考察から、日本語の文法は訓読接触によって広範囲に大量の変容がもたらされたことがわかった。訓読接触はこれらの変容を引き起こす外的な誘因（trigger）と見られ、重要な動機付けである。しかし、文法は厳密なシステムなので、語彙借用のように外的な影響だけで受容されるとは考えにくい。漢文訓読の影響で日本語の文法構造はかなり変容したが、日本語の類型的な特徴は改造されるまでに至らない。その原因は、漢文における文法要素を加工せずにそのまま取り入れるのではなく、日本語の類型特徴に相容れる形式に転移し、消化する過程を経るからである。この「日本語化」のプロセスは日本語内部の変化であると考えられる。したがって、このような文法変容を単なる外的影響による文法構造の変容に「借用」あるいは「目録追加（additions of an inventory)」で帰結するのは、あまりに単純であるため、借用レベルで括ることができないと思われる(Weinreich 1953;Winford 2006:51)。

言語接触による文法変容の動機づけとして外的影響は重要な誘因であるが、「借用」と違い、外的な影響に限られた現象ではないので、内的な変化を考えなければならない。

3.1.2 文法変容における内的な変化

漢文訓読による日本語の文法変容は「借用」のような外的な影響のみで解釈しにくい。外的な影響は重要な変容の誘因であるが、外来の要素を日本語化する過程も変容の一環として考えられる。なぜならば、いわゆる「漢文の訓読に伝えられた語法」は漢文の文法標識や文法範疇をそのまま日本語に輸入された形式ではなく、形態・構造上日本語の類型特徴に置き換わった形式として吸収されたものである。つまり、起点言語（source language）としての漢文にはある文法項目が存在するが、受容言語（recipient language）[3]の日本語にはこの項目をモデル（Model）[4]として参考にし、日本語内部の素材で同じような機能の文法標識・範疇を創造する。この過程は主に言語内部の変化なので、一般的に語彙受容のような「借用」とされない。

言語接触による文法変容において、外的な影響を受けた上、言語内部にどのような変化が起こったのかについて、言語接触の論説に各自の見解を以下に示した。Weinreich（1953）は言語変容の要因として、「干渉」（interference）という概念をあげた[5]。借用と異なり、干渉は高度な構造を持つ（highly structured）範疇において異質の要素が持ち込まれることでパターンが再編成（rearrangement of patterns）されることである。この過程で異質の要素は自国語の要素に置き換わり、受容されるようになる。Haugen（1956:37）は外的な影響による変容を「移入」（importation）と「代用」（substitution）に大別した。前者は「他の言語形式そのものが取り入れられる」変化で、後者は「他言語の言語形式に倣って、新たな固有成分が造り出されていることである」。「代用」は一般に起点言語からある言語形式のモデルを導入し（import the Model）、受容言語の既有の要素を利用して、新たな言語形式を作成する母語化（nativization）の過程である[6]。Harris&Campbell（1995:122）は文法変容のメカニズムが類推、再分析、借用に分けられる点を指摘したが、「借用」に新たな含意を与えた。この説における「借用」は「外来の文法形式は、起点言語における供与パターン（donor pattern）を通して受容言語の言語構造に取り入れられる」ことを指している。Heine&Kuteva（2005:6）は従来の「借用」「干渉」「代用」はいずれも接触による言語変容の専門的な用語ではないので、意味の混淆を避ける代案として、「転移」（transfer）を提案した。「転移」は具体的に起点言語の要素が受容言語に移植され、受容言語の文法体系になんらかの干渉を加えた過程であるとされる。

上述の諸説は視点が異なるが、言語接触による文法変容に共通する論点に関して、下記の通りまとめることができる。

（3）a Ls における Gs がそのまま Lr に取り入れられるのではなく、Lr の文法体系に相容れる Gre に転移する過程である。

b Ls と Lr の間に Gs から Gre に変容するモデルか供与パターンが存在する。

c Gs から Gre への変容は、個別的な借用ではなく、Ls が Lr

の文法体系にもたらした影響である。
(Ls : 起点言語　Lr : 受容言語　Gs : 起点形式　Gre : 受容形式)

漢文訓読の接触による日本語の文法変容が上述の特徴に合っているか実例で検証してみよう。

第一に、(3a) に示したように、日本語の文法は漢文と異なった類型特徴を持っているので、輸入された形式が日本語の文法体系に相容れない場合、日本語化する。例えば、日本語に対する漢語動詞の影響は接触による文法変容の代表例である。まったく形態変化がない動詞が日本語に取り入れられるのは、単なる形態そのものを「借用」する過程だけではなく、下例のように、膠着的な変化機能を有する接辞が付けられ、日本語化する必要がある。

(4) a かぐや姫の要じ給ふべきなりけり。
(竹取物語・蓬莱の玉の枝)
b いとねぶたしとて起き給はねば、なほこよひ御覧ぜよとて聞こゆれば…　(落窪物語・巻 1)
(5) a 唐めいたる舟、作らせ給ひける、急ぎ装束かせ給ひて…
(源氏物語・胡蝶)
b 灯こそいと懸想びたる心地すれ…　(源氏物語・玉鬘)

上例のように、日本語に輸入された漢文の動詞「要」「御覧」「装束」「懸想」は、そのままの形態で動詞とはならず、日本語化して膠着的な形態変化が起こった。一般的に「ス」「ズ」をつけて、サ変動詞に置き換わるか、または「そうぞく」「けんそふ」本来の形態を巧妙に利用して「ク」「ブ」の活用の形態に変形する。この作業を通して、もともと形態変化がない漢語動詞は「御覧ゼサス・ゼラル・ジル・ジャル」などのような一連の膠着変化が可能となった。この過程は日本語の動詞体系に相容れる形態に調整する、内部的な変化である（月本:山口 ed. 1997:130-132)。

第二に、(3b) に示したように、日本語化とは、漢文の文法のモデルを導入し、日本語内部の素材で新しい形式を再編成する過程である。例えば、中古の漢文における「属性形容詞」[7]は形態的に変化せずにそのまま動詞として使用される。山根（1994:15）、郭（2000:200）が提示した用例を見ると、「匠人小之」（孟子・梁恵王下）、「強其骨」（老子・三章）のような例に、もともと形容詞であった「小」と「強」は動詞化した。もともと形容詞であった「小」と「強」のあとに「之」と「其骨」が現れる。この場合、「小」と「強」は形容詞でなくなり、「之」と「其骨」に「小」と「強」の性質と状態を付与する他動詞となった。「小さい」と「強い」という状態を動詞化すると「小さくなる」「強くなる」であり、目的語の「之」と「其骨」はその動作を受けることになるので、「之を小さくする」「その骨を強くする」という意味合いになる。形容詞は動詞の機能を表す[8]ようになった。日本語はこのように形態的に変化せずに、属性形容詞の MAdj＞MVt の機能転換がなかったが、漢文における MAdj＞MVt の変容モデルを導入し、膠着的な接辞が付けられ、日本語なりの品詞転換モデルを編成した。

（6）a 益加恭敬、曲躬低頭、合掌向佛。
益、恭敬を加（え）て、躬を曲め頭を低（くし）て、掌を合せ佛に向（ひ）て…　（法華経・第 2）
b 断髮長髭、有城郭之居。
髮ヲ断リステ髭ヲ長（く）ス、城郭（の）居有（り）。
（西域記・巻 1）

（7）a 汝、莫輕彼國、生下劣之想。
汝、彼（の）国を軽（みし）て、下劣の想を生（する）こと莫れ。　（法華経・第 24）
b 二者皆得安心、思惟讀誦。
二者皆心に安みすること得て、思惟し読誦（せ）む。
（金光明・巻 3）

上例のように、漢文における「低」「長」「軽」「安」のような属性形容詞は動詞の用法に移行する MAdj＞MVt パターンがある。普通の語順なら「髭長」は形容詞文の「髭が長い」であるが、「長髭」の語順に調整すると、動詞文の「髭を長くする」になる。このモデルが日本語に輸入され、「形容詞語幹＋クス」「形容詞語幹＋ミス」のような日本語化した RAdj＞RVt の転移規則ができる。さらに、このような変化は一般化にして、形容詞の体系に「正しくす」

「詳しくす」「甘むず」「重むず」の形態変化のモデルが成立するようになった[9]。この過程は輸入されたモデルがどのように日本語内部の文法規則に転移するのかを示した。

第三に、(3c) に示したように、漢文の訓読は日本語の文法に個別的な用法の影響に限らず、文法規則の転移を通して最終的に日本語の文法体系に変容をもたらした。例えば、漢文の訓読によるサ変動詞体系の成立はよく指摘される代表的な例である。この体系の成立は本質的に漢文法における「動詞化」のモデルである。古代漢文には動詞と形態上名詞や形容詞にはっきりした境界線がないので、日本語は「ス」活用によって「動詞化」の体系を確立したのである。例 (4) ～ (7) はこの体系の受容を示した例である。もともと訓読文において、漢文の動詞化の表現に対して、例 (8)、(9) のように「漢語語幹＋ス」の訓読と一般の和語動詞の訓読が併存していたが、類推によって、「漢語語幹＋ス」の体系は例 (10)、(11) のような用例にも及んだ。

(8) a 我今演說十二分教、利益有情。
　　我レ今十二分教を演説して、有情を利益（せ）むをは、トオモフ。（金光明・巻 1）
　b 演說微妙伽他、明懺悔法。
　　微妙の伽他の懺悔の法明すを演べ説くといふ...（金光明・巻 4）

(9) a 有欲取開發中寶者、此藥叉神變現異形。
　　開発（し）て中（の）宝を取（らむと）欲（する）者有（らば)、此の薬叉神変（して）異形を現す。（西域記・巻 1）
　b 廻駕之日、乃可開發。
　　駕を廻サム［之］日、乃（ち）開ケ発ク可（し)。（西域記・巻 1）

(10) a 安上ノ一門許開テ、人皆、此ヨリ出入ス。（今昔・巻 9）
　b 醫師、彼ノ病スル人ノ許ニ至テ、病ヲ見テ...（今昔・巻 23）

(11) a 悪シク申タル者ヲ罪ミスベキ也。（今昔・巻 5）
　b 木共皆久ク成テ、樹神モ住スベシ、紅葉スル絡石這懸レリ。（今昔・巻 27）

例（8）、（9）から、サ変動詞の体系が成立した初期段階は一種の「動詞化」の手段として使用され、一般の動詞形態と併存していることがわかる。個別的な借用の語法から、「漢語語幹＋ス」の動詞化の形態は一般化して、サ変動詞の体系が成立するようになった。このような影響によって、例（10）に和語語幹としての「デイリ」「ヤマヒ」にも「ス」が付けられ動詞として使用されるようになる。極端な例だが、（11）の和語名詞の「ツミ」「モミヂ」もサ変動詞の体系の影響を受けた。したがって、接触による文法の変容は初期段階においては個別な「借用」の用法かもしれないが、日本語に取り入れられた漢文動詞の語幹はそのまま動詞として使えないので、「ス」のような標識をつけて形態上に日本語化する必要がある。このような形態変化は言語内部で広範囲に使用されると、類推によって文法の規則が一般化して、文法体系に影響するようになる。この過程は単なる外的な要因による変化だけではなく、内的に構造に適合される形で変化させるのも重要な原因である。

以上の分析に基づき、漢文の訓読接触による日本語の文法変容は外的な影響と内的な変化の相互作用の結果であると考えられる。外的影響は文法変容をもたらした誘因であるが、漢文における文法要素をそのまま日本語に借用するのではなく、文法のモデルを導入した上、受容言語の類型特徴に相容れる日本語化の形式に置き換わる内的な変化を経る必要がある。このような変容は日本語の文法体系までに影響を及ぼした。

---

[1] 従来の言語接触の研究に、言語要素の借用の順序、規則、制約などを概括するために、借用階層と同じような概念が提出された。例えば、「借用可能階層」（hierarchy of borrowability）（Lass 1997:189）、「輸入可能階級」（scale of adoptability）（Haugen :1956:224）、「借用可能漸次変容」（cline of borrowability）（Sankoff 2002:658）などがある。

[2] 山田（1935）は体系的な把握よりも用例の個別的な記述研究を行ったが、理論基礎として、山田（1934:67）は漢文の訓読に影響された語法を「漢文の訓読によったがために、古代語遣の現今にも伝わっているもの」「あてた漢字の意義性質より感化を受けてかつて無かつた語遣を生じたこと」「あてた漢字の訓讀からしてかつて無かつた語遣を生じたこと」に分類した。大坪（1981:300-304）は品詞別を基準に、訓点翻訳文法を 8 つの類別に分類した他、文構造面で倒置と提示の用例を追加した。

[3] 起点言語と受容言語の概念について、宮下（2007:56）によると、ある言語が他言語から何らかの特徴を獲得する場合、特性を獲得された側の言語は起点言語であり、特性を獲得する側の言語は受容言語である。受容言語という用語は主に Heine&Kuteva

（2005）、宮下（2007）の用語を引き継いたものであるが、言語接触による文法変容を検討する場合に使用される。その他、目標言語（target language）、借用言語（borrowing language）などの用法もある。

[4] モデルという用語は最初 Heine&Kuteva（2005）によって一般的な概念として使用されたが、ここでは専門的な用語として使いたい。モデルとは文法模造において、模造された文法項目の原型であると定義する。

[5] 干渉という概念は使用者によって揺れていることが指摘された（呉 2007:18-19;宮下 2007:51,55-56）。借用の相対概念として、干渉は接触による言語の変容を表す一般の概念である。一方、第二言語習得の面では、特に母語が第二言語の構造に与える影響であるとされる。この概念のゆれに影響された、Thomason&Kaufman（1988）と Thomason（2001）における「変換による干渉」（shift-induced interference）は同じような使用傾向が見える。ここでは接触による言語変容の一般概念として使用する。

[6] ジスク（2013b:2）はこの概念を借用し、再解釈した。代用の下位概念として、成句借用（提供言語の成句や語句をその直訳したもの）と統語借用（提供言語の語順や格関係の影響を受けた統語形式）があるとした。

[7] 「多い」「長い」「大きい」のような事物の性状をあらわす形容詞は「性状規定」形容詞（寺村 1982）、「性状形容詞」（山口 1985）、「属性形容詞」（細川 1989）などと呼ばれるが、ここで細川（1989:103）の説に従い、属性形容詞と称す。

[8] 古代漢語の動詞形態の変化について、劉（2013）は上代漢語は屈折的な形態変化によって、動詞の能格性を表すか、他の品詞別に置き換わる可能性を示した。ところが、中古までに、屈折変化がまだ残っている確証がないので、ここでは無形態変化の視点で捉える。

[9] 類推の定義について、Hopper&Traugott（2003:22）は「類推は構造関係の一般化の過程である。…主に表層的統語位置と使用モデルで現れる変化である」と指摘している。この定義に基いて、類推は新たに生成した言語要素の一般化の過程と思われる。

3.2 文法模造の特徴とメカニズム

3.2.1 文法模造の概念

前節の考察から言語接触による文法変容は内外要因の相互作用の結果であることがわかった。前述したように、漢文の訓読は一種の翻訳である。訓読との接触によって日本語に輸入された文法形式は「訓」によって成立したもので、文法形式そのものの形態ではない。したがって、日本語の変容に対する漢文訓読の影響は主に文法機能や統語関係に集中しているが、漢文における文法形式の音声形態には直接的な関わりはないと考えられる。以下に日本語の変容をもたらした漢文訓読の影響の過程とその特徴、メカニズムは何であるのかを探ってみたい。

前文の（3）に示した変化の過程に対して、Heine&Kuteva（2005:2）は四種類の言語接触による文法要素の変容のパターンを提案した。

（12）a 形式（form）：音声形式あるいは音声形式の結合（combinations of sounds）
　　b 意味（meaning）：文法的な意味あるいは文法機能
　　c 形式・意味（form-meaning）：形態素
　　d 統語関係（syntactic relations）：文法要素の語順と構造

上記の四つのパターンの中に、（12a）と（12c）は語彙レベルの借用現象と同じく、文法形式の音声や形態がそのまま受容言語に取り入れられる過程であり、「文法借用」（grammatical borrowing）とされる。これに対して、（12b）と（12d）は文法機能や統語関係が受容言語に輸入され、モデルに基づいて母語化する過程であり、「文法模造」（grammatical replication）と呼ばれる。文法模造において、模造される文法のモデルを提供する言語は「モデル言語」（model language）、文法のモデルを模造する言語は「模造言語」（replica language）と定義される。Heine&Kuteva（2005:3）は以下のように「文法模造」を定義した。

文法模造とは、模造言語の話者がモデル言語のある特定の文

> 法モデルを真似て、模造言語における固有の言語要素を利用して、自分の言語に新たな文法機能や統語構造を造り出すことを指す。

「文法模造」という用語は一見して曖昧な用語である。この概念について、「文法」と「模造」の二つの面で解析してみる。

まず、「文法」は一般的に「文の構成法則。文より小さい語・文節・句などの構成法則を含むのが普通であるが、語構成は語彙論などに回すことも多い...構造言語学依頼、形態論（morphology）と構文論（syntax）とを文法論の二領域とすることが一般化して、音声は文法と別の分野のこととされている」（宮地:大川・林 ed 2000:77)。この定義に従い、「模造」の対象は音声形態そのものではなく、語・文節・句・文などの「構成法則」である。

また、「模造」は最近までに一般的に受け入れられなかった言語接触の用語なので、その妥当性はさらに検討する余地がある。「模造」の過程は、モデルとなる言語における文法的な意味や統語機能など構成規則が他の言語へ転用されてゆく過程である。完全にモデル言語における文法要素の音声形態とは関わりがないので、文法要素がそのままコピーされるというよりも、むしろ、一種の機能、構造などの法則の「移植」「模倣」「模写」と理解されてよい。この過程において単なる文法要素の模写だけではなく、要素の母語化も含まれている。そこで、このように、他言語における文法規則をモデルとして模倣し、自らの言語における音声形態の素材を利用して同様な機能や構造を創出する過程は「模造」と呼ぶ。日本語で「模造」という表現自体は理解しにくいが、宮下（2006:40)、松瀬（2006:186)、山口（2013:82）などの研究はいずれも「文法複製」に訳したので、用語代案の争論よりも、「模造」は一般意味ではなく術語として理解し、そのまま援用したい。

「文法模造」の定義から、文法模造と文法借用の区別は主に転移する要素が音声形態の形式を含める文法標識なのか、「構成規則」なのかにある。つまり文法標識などの要素そのものが音声・形態の特徴を維持したままで取り入れられる変化は文法借用に該当するが、「構成法則」を取り入れて音声形態上自らの言語に母語化する変化は文法模造である[1]。この区別について下記のようにまとめることができる。

（13） 文法借用：文法要素の音声と形態の移転（起点言語⇒受容言語）
文法模造：文法機能や統語構造の模造（モデル言語⇒模造言語）

次に一般的な例を通して「文法模造」と「文法借用」の区別を見る。

Campbell（1987:255）によると、ピピル語（Pipil）の比較構文（comparative sentence）の標識「mas...ke」はスペイン語との接触によって、スペイン語における比較構文標識「mas...que」を借用してきた結果とされる。この過程に、文法標識「mas...que」は原来の形態特徴を維持したままでピピル語に取り入れられた。また、呉（2013:65）の調査によると、チワン語、トン語、マオナン語における関係節標識（relativizer）「ti・tji」は中国語における「ti」から借用してきたものだとされている。このような接触による変容は文法標識がもともとの形態特徴でそのまま他の言語に輸入されたのである。

一方、「文法模造」の対象は要素の形態と関係なく、構成法則である。例えば、Harris&Campbell（1995:126-127）によると、ピピル語にはもともと接置詞の範疇がなかったが、スペイン語における前置詞の統語規則に影響され、自ら言語の中の関係名詞（relational noun）「pak・pal・wan」などを利用して前置詞を創り出した。成立した前置詞の「pak・pal・wan」はスペイン語における前置詞と形態的に関わりがないとされる。また、呉（2009:414-420）によると、チワン語、トン語、ミャオ語は目的語を前置する提示標識がなかったが、中国語における目的語の前置標識を模倣して、それぞれ言語における「to take」動詞を利用して目的語標識の「dawz」「təi」「ta」を創出した。これらの形式の変化は一般の「借用」ではなく、言語接触によって輸入された対象はもともとの形態と関係なく、むしろ一種の新しい形態・統語範疇や構成規則である。

文法模造と文法借用の違いについて、下記の「乃至」の訓読例を通して分析してみたい。「乃至」はそのまま音読するのが一般的である[2]。大坪（1994:162）は「ナイシ」は日本語の接続詞の中に文法借用によって成立した唯一の例だと指摘した。一方、仏典訓読を調査してみると、「ニイタルマデ」「スナワチ...ニイタルマデ」のような形式もある。

（14）a 聞法歡喜讃、乃至發一言、則為已供養一切三世佛。
法を聞（き）て歓喜し讃したてまつりで、乃至（し）一言をも発（い）ふいは、則（ち）已に一切の三世の佛を供養（し）たてまつるになりぬ［為］。　（法華経・巻9）

b 眾苦所逼、乃至無有歡樂之心。
衆苦に逼（め）所レ、乃至歓楽の［之］心有（る）こと無（か）リキ。　（金光明・巻9）

（15）a 從四天王天、乃至淨居一切諸天。
四天王天従り浄居に乃至るマ（で）にノ一切の諸天...
（守護国界主陀羅尼経平安点・巻8）

b 佛乃至有頂樂、亦不貪著。
佛はに有頂の楽に乃至（る）マでに亦貪著（し）たまは不ず。（大智度論天安二年点・巻2）　（大坪 1994 より）

（16）a 所愛之物皆悉捨、乃至身命心無吝。
所愛の［之］物を皆悉ク捨すること、乃身命に至（るま）でして心に吝ルこと無かリキ。　（金光明・巻9）

b 為有情類示現入胎乃至涅槃種種化相
有情の類の為に入胎するより乃（ち）涅槃に至（るま）での種種の化相を示現せる（を）モテ　（玄賛・巻3）

例（14）の音読の形式は今日まで引き続いて用いられる用法であり、すでに日本語に定着した形式である。「ナイシ」は接続詞としての文法機能だけではなく、漢語音がそのまま取り入れられる例であり、文法借用である。同時代に併存する例（15）、（16）の用法を見ると、中古日本語に接続詞の体系はまだ成立していないので、「乃至」には日本語の膠着形態に置き換わる試みの痕跡が見られる。（15）では「乃」は読まずに、「至」を「ニイタルマデ」と読み、これは完全に接続助詞的な用法である。（16）では、漢文における接続詞の特徴を表すために再読文字の訓法を用いて「スナワチ...ニイタルマデ」のような分析的な機能詞と膠着的な接語の配合の用法になった。この二つの訓法には日本語化の特徴が見られるが、もともとの「乃至」の音声形態と関係がないので、文法模造の例である。ところが、必ずしも母語化した文法形式が定着するとは限らない。接続助詞的な訓法はいずれも正確に「乃至」の機能と意味を表せなかったため、そのまま音読の「ナイシ」は一般化され受容されるようになった。

上述の例を通して文法模造と文法借用の区別が見えてきた。漢文における「乃至」は二つの接語が複合した形態である。複合語としての接語の文法機能は「乃」と「至」の累加ではなく、新たな機能に変容したわけである。したがって、各形態素を分解して訓読するよりも、「ナイシ」は機能語としてそのまま借用され受容されるようになった。

複合に対して、派生の形式の場合は同じように文法模造と文法借用の二種類の変容があるが、やや複雑である。以下に「所」の例で分析してみよう。

(17) a 將傳所聞之言。
　　将に聞（く）所の〔之〕言を傳えむ。　（義疏・序）
　b 如所説修行、是者則能度。
　　説（き）たまふ所の如（く）して修行する、是の者い則（ち）能（く）度ル。　（成実論・巻13）
(18) a 聲聞者所聞教聲。
　　声聞（と）いふは［者］、所聞の教の声なり。（玄賛・巻3）
　b 於諸如來所説經中最為深大。
　　諸の如来の所説の経の中（に）［於］、最も為れ深大なり。　（法華経・第23）
(19) 所説　所願　所言　所求　所得　所欲
　　説ク所　願フ所　言フ所　求ムル所　得ル所　欲ス所
　　（「西域記」索引 より）

上記の例のように、漢文における名詞化を表す派生接辞が日本語に取り入れられる場合、例（17）と（18）のような二種類の形式がある。前者は文法模造の結果であり、模造する対象は「名詞化」の文法機能である。この過程において、日本語における形式名詞「トコロ」を利用して、「コト」などの形式を真似て膠着的な名詞化辞のような形式に日本語化するのである。これに対して、後者は文法借用の結果であり、派生接辞の「所」がそのまま輸入される。この過程は文法形式の転移よりも、語彙の借用により近いと思われる。なぜならば、借用の動機づけはもともと「所」という名詞化の形態素を輸入するのではなく、（19a）のような修飾された名詞句を借用することと考えられるからである。この「所～」の語彙体系の借用を通して、「ショ～」は一種の派生接辞として定着した。この接辞に対応して、（19b）のような動詞にうける「トコロ」の接語の用法が併存していた。

本節において日本語の例をはじめとした接触による言語変容の例を通して、文法借用と文法模造の区別を明らかにした。漢文の訓読接触による日本語の文法変容はほとんど文法模造の過程である。文法模造の対象は音声形態を含めていないモデル言語における文法機能や統語構造である。これは模造言語である日本語はモデル言語である漢文のある文法モデルを輸入し、日本語における固有の要素を利用して新たな文法形式を作り出す過程である。

3.2.2 文法模造の動機づけとメカニズム

文法模造は文法借用と違い、文法形式をそのまま取り入れる過程ではなく、文法機能や統語構造を母語化する過程である。この過程は一般の言語借用よりはるかに複雑な変化である。古代日本語と漢文はまったく異なった類型特徴の言語であるが、なぜ一見して無関連の文法要素の間に機能や構造面で共通点があるのか、そのかけ橋は何であるのかは吟味すべき問題である。

遠類型特徴の言語間の文法模造について、Keesing（1991:316）は言語間の機能や構造はある抽象的な意味あいで共通していて、一種の「対応法則」（formulas of equivalence）のような認知構造が存在していると指摘した[3]。つまり、二言語に対応する文法要素がある際に、その二つが相対してよいと思われる法則である。この観点に類似して、Weinreich（1953:7-8,32）は言語要素の転移の動機づけが言語間の「同一化」（identification）に基づいたものであることを示した。Aikhenvald（2002）は言語間の文法形式の転移が特定の形式と構造の「同構化」（isomorphism）に依拠したと捉えた（Heine&Kuteva 2005:4）。これらの意見は言語の間にある機能と構造の対応の機制が存在していると考える点で一致し、これは文法模造の動機づけであると考えられる。

先行の諸説に引き継き、ここで「対応」（equivalence）という用語を用いて主張をまとめ、言語間の対応法則を下記の通り定義したい。

> 言語間の対応とは、模造言語における言語要素 Gr が機能や構造の面で、モデル言語の中のあるモデル Gm に類似点が

あり、そして Gr を通して Gm を解釈し、母語化することをいう。

この定義から、対応は文法模造の重要な動機づけであることがわかる。文法模造は言語間の文法機能や統語構造の対応に基づく変化の過程である。漢文訓読は逐字翻訳の過程なので、漢字の表意の特性は文法機能の対応にとって役割が大きいと考えられる[4]。ところが、同じ漢文の文法項目は訓読が多数に存在しているが、日本語と漢文の文法項目の間にどのように対応するのかを検討すべき問題である。次に漢文における前置詞「於」の訓読例を通して、「対応」の本質を分析する。

（20）a 故先於六根永斷諸貪欲
故に先ツ六根の於（ウヘ）に永に諸の貧欲を断（ち）たまふ。（地蔵・巻 1）
b 於大乘法常樂受持
大乗の法の於（ため）に、常に楽みて受持す。
（金光明・巻 1）

（21）a 昔於某城而失是子周行求索
昔某城に於（あ）りて而是の子を失（ひ）て、周行（し）て求索（せむ）とす。（法華経・巻 1）
b 於諸大眾中而為廣分別
諸の大衆の中に於（いま）して、而為に広（く）分別（したま）ひき。（法華経・巻 1）

（22）a 於一切眾生平等說法。
一切衆生に於イテ平等に法を説（く）べし。
（法華経・巻 5）
b 於此怨賊當得解脫
此（の）怨賊に於イテ當（に）解脱（す）ルコトヲ得テむ。
（法華経・巻 8）
c 當於此穢土得無上菩提
當に此の穢土に於テ無上菩提を得ム。（地蔵・巻 1）
d 大乘於一時而得。

大乗は一時に（於）して而得トイフ。　　　（義疏・巻 2）

以上の例を見ると、「於」の訓読の定則がないが、文法機能の共通性が見えてくる。「ウヘニ」「タメニ」のような名詞形式であろうと、「アリテ」「イマシテ」のような動詞形式であろうと、いずれもすでに内容語としての機能がなくなり、「ニシテ」「ニオキテ」と同じように、名詞の項や従属節にうける後置詞[5]の用法である[6]。これらの訓読は漢文における「於」の前置詞としての文法機能に対応していると考えられる。前置詞「於」は主に動作が発生する時間・場所の範囲や、動作の対象を限定する用法である。この機能を理解した上で、日本語の「限定」を意味する素材を利用して、訓読を施した。[7]したがって、訓読による文法模造の中で、模造された具体的な形態が必ずしも統一されるとは限らないが、文法機能の対応を原則として、機能や構造の統一が求められている。

言語間の文法対応は形式だけの対応ではなく、認知的なメカニズムに駆動された文法要素の意味・機能・範疇の多方面の対応である。したがって、文法模造は「意味対応」「機能対応」「範疇対応」という三つの項目で対応するのを提案したい。この三つの項目は文法変容の研究によく言及される変化である（大堀 2002:184; Hopper&Traugott 2003:99)。これらの要素の対応は文法模造にとっていずれも不可欠である。

まず「意味対応」は意味上の直訳を通して、モデル言語の文法要素が模造言語に取り入れられる過程である。この過程では、意味上の類似性が最も重要な対応基準である。

漢文訓読によって、日本語の話者は意味上の類似性に基づき、漢文の文法項目を直訳して日本語に取り入れる。例えば、漢文の前置詞「因」を「ニヨッテ」の形式として日本語に輸入するのは直訳に基づく意味対応である。下記の訓読例のように、模造の動機は動詞としての「因」と「ヨル」の間の意味対応にある。

（23）a 因宅火生。

宅に因（り）て火生ず。　　　（玄賛・巻 6）

b 九河灑潤因厚地而通流

九河潤（ウルホヒ）ヲ灑ク、厚地ニ因（リ）テ［而］流ヲ

通ス。　　　　　　　　　　　（三蔵法師伝古点・巻7）

c 因佛光所照悉見彼大眾

佛の光に照（さ）所に因（り）て、悉（く）彼（の）大衆を見き。　　　　　　　　　　　（法華経・巻1）

以上の二例における「因」は動詞の用法であり、＜close to;rely on＞の意味合いである。日本語の同じような意味の動詞「ヨル」で訓読する[8]。したがって、漢文の前置詞「因」を輸入する場合、動詞の訓読を参考にして「ヨル」を直訳するようになる。この段階において、対応の基準は意味上の類似性である。すなわち、文法項目の意味対応は内容語の直訳から類推して行われる。下例のように、漢文の前置詞「依」は「因」と同じ文法機能ではないが、動詞では「因」と同じ意味なので、「ヨル」と訓読され日本語に取り入れられる。

（24）a 依川據險分為二十七國

川に依（り）険（に）拠（り）分（れて）二十七国為リ。

（西域記・巻1）

b 從此西行依河之濱有窣堵波

此従（り）西に行（き）て河（の）［之］浜（に）依（て）窣堵波有り。　　　　　　　（西域記・巻9）

「範疇対応」は外的な影響で輸入された文法項目の文法範疇を再構築する過程である。意味対応で成立した要素が、モデル言語の文法項目の機能を真似て、もともとの文法範疇から脱出し、改めて範疇化することである。この過程では、文法範疇の類似性が対応の基準となる。

漢文訓読には逐語的な対訳の特性があるので、日本語の文法体系に相容れない用例が生じたのである。その原因は構造対応である。例えば、漢文の前置詞「因」の影響を受けて、「ヨル」が脱範疇化して、動詞の機能がなくなり、機能語として使用されるようになった[9]。下記の例では、「ヨル」はすでに動詞の範疇に属していない。

（25）a 因令彼天起無常念、世間最勝於欲不染。

因て彼の天を（し）て無常の念を起（さ）て令（めむ）と

てなり。世間に最勝に（し）て［於］欲に染（ま）不。

（玄賛・巻 3）

b 焚燒寶台。冀因救火、眾人潰亂。

宝台を焚キ焼カム（とす)。冀（く）は因（て）火を救ハム、衆人潰乱セム。（西域記・巻 5）

c 生忿怒心、因此損國政。

憤怒の心を生（し）ナむ。因（り）て此の国の政を損シ。

（金光明・巻 8）

d 世以女為王。因以女稱國。

世に女を以（て）王と為（す)。因て女を以て国に称す。

（西域記・巻 4）

上例を見ると、「ヨル」はすでに動詞としての統語制限に制御されていない。つまり「ヨル」は動詞から接続詞のような文法機能に置き換わった。形態上、「ヨル」が連用形の「ヨッテ」「ヨリテ」に固定する傾向があり、名詞項の格形態と完全に関連しなくなった。この過程で、「ヨル」は脱範疇化して内容語の形態から機能辞に再分析され、前置詞「因」と同じく文法標識の範疇に変わった[10]。例（26）の「モツ」の例を見ると、漢文における前置詞の文法範疇を真似て日本語のおける動詞が機能辞に範疇化するのが普遍的な現象であるのがわかった。

（26）a 大悲無限、欲以傳訓。

大悲限無（し)。以て訓を傳（へむ）と欲フ。（義疏・巻 1）

b 法假人以弘宣。

法は人を假（り）て、以て弘宣（せ）ラル。

（玄賛・巻 3）

「機能対応」はすでに脱範疇化した文法項目が、モデルとした文法項目と同じ文法機能に置き換わる過程である。この過程では、統語機能の類似性が重要な対応基準であるが、言語間の類型特徴の差異も肝心な要素である。

日本語の文法項目が脱範疇化しても、必ずしも漢文におけるモデルの文法項目と同様の機能に変容したとは言えない。機能辞として、さらなる文法機能の調整が必要である。例えば、「ヨッテ」「モッテ」のような接続詞の用法は漢文の前置詞の文法機能に対応範疇していないので、下例のように後置詞に再分析される傾向が見えてくる。

（27）a [Pp 因 [S1 生憤怒之心]]損此國政　　>>
　　b [Vp [S1 憤怒の心を生しナむニ]因りて] 此の国の政を損シ⇒
　　c [Pp [S1 憤怒の心を生しナむ]ニ因りて] 此の国の政を損シ
（28）a 欲[Pp 以 [S1 大悲無限]]傳訓　　>>
　　b [Vp [S1 大悲限無しヲ] 以て] 訓を傳へむと欲フ⇒
　　c [Pp [S1 大悲限無し] ヲ以て] 訓を傳へむと欲フ

上例を見ると、「ヨル」「モツ」が再分析によって漢文の前置詞と同じ機能の後置詞に置き換わるのがわかる。再分析した結果、(27a)、(28a) の漢文の前置詞が (27c)、(28c) の後置詞と対応した文法範疇となった。確かに接続詞の用法に漢文の前置詞と同じ構造的な特徴が見えるが、両言語の類型差異を考えると、漢文の前置詞の機能に対応する範疇は接続詞ではなく、後置詞である。また例 (29)、(30) のように、「ニヨッテ」「ヲモッテ」は後置詞の用法が一般化して定着した。さらに、機能対応を通して、漢文の前置詞の文法範疇をモデルにして、日本語の「ニタイシテ」「ニモトヅイテ」「ヲメグッテ」「ヲトオシテ」などが類推によって、後置詞の文法範疇が成立した。

（29）a 因此善根更復出生無量善法。
　　此の善根に因（り）て、更に復出生セラむ無量の善法とをも…　　（金光明・巻 3）
　b 因此法執遂深諍論。
　　此の法執に因（て）遂（に）深（く）諍論シキ。　　（西域記・巻 5）
（30）a 以善化衆生不順於非法。
　　善を以て衆生を化して、［於］非法には順フ(ことたか)レ［不］。　　（金光明・巻 8）

b 總此愛見眾生難可以一乘法度之。

総（じ）て此の愛見の衆生は、一乘の法を以（て）之を度（す）可きこと難（し）となり。　　（義疏・方便品末）

上記に提案した対応の三要素は文法模造の認知的メカニズムである。漢文の文法機能と統語構造は意味、範疇、機能の対応を通して漸次的に日本語に模造すると考えられる。

本節の考察から、漢文の訓読接触による文法変容は一種の文法模造の現象であることがわかった。文法模造の動機づけは言語間の「対応法則」である。対応法則をもとにして、漢文における文法モデルが日本語に輸入され、日本語の文法体系に相容れる文法形式や範疇が成立する。文法模造は意味、範疇、機能の対応を通して漸次的に行われた過程である。

---

[1] これまでの研究に文法借用と文法模造に類似した提案があった。概念の詳細が異なっているが、それぞれ Haugen（1956）に提出した「移入」と「代用」、及び Harris&Campbell（1995）が提出した「形態素の借用」と「文法機能と構造の借用」に対応している。ここでは Heine&Kuteva（2005）に提出された概念を採用する。

[2] 大坪（1994:162）は漢文訓読における接続詞の体系を考察した上で下した結論である。

[3] Keesing（1991:334-335）はメラネシアのピジン英語を例として、機能辞は「一般の文法化によって変容してきたものではなく、基層言語のモデルを真似て造りされたものである」とし、言語間の対応は「意味的なかけ橋であり、借用された形式はこの模造のメカニズムを通して変化を進める」と指摘した。

[4] ジスク（2013b:7）は訓読による日本語の変容の動機づけが漢字の定読であると主張する。すなわち、「漢文訓読では読み方が習慣的に定まっている字に対しては、複数の品詞で用いられても、同じ定訓で訓読しようとしたため、本来の意味用法から離れた直訳的な表現が生まれたのである」。ところが、定訓は文法形式の機能拡張に重要な役を担っているが、せいぜい訓読の形式が日本語に定着する結果であり、文法模造の動機づけとは言えない。同じ漢字に対する定訓は後から形成したものであるが、中古以前の訓読は必ずしも統一した形式に限らない。

[5] 現代語の研究は一般的に「ニオイテ」のような用法は「複合助詞」とされるが、鈴木（1972）、高橋（1983）、田中（1988）などの形態論の研究に「後置詞」として捉える。ここで後者の説に従う。

[6] 「於」の訓読において、一見して漠然とした訓がある。例えば、「於が中に二有リ」「凡夫愚人は於が中に著を生せり」「如来於れが中に」のような「中に」と共起するコレを訓読する例がある。また、「因を果に於（むる）に」「四食を有情に於（むる）が」「前

の功徳を於ムルトキには」など従属節の標識のようなノゾムの訓がある。いずれも名詞節を限定する要素として考えられる。前者は「コレガナカニ」を全体として把握すると、対象を特定の範囲内に限定する機能がある。後者は「…について見て」「…に対して」のような意味があり、話題を限定する素性がある。

[7] 大坪（1994:639;645）は「於」の訓読を１５種類挙げらた。動詞訓を例として、これらの訓読は「…に関連させて」「…に比較して」「…について」のような共通した文法機能を表すとされる。すなわち、動詞の項に対して限定すると考えられる。

[8] 陳（2005:131）は万葉集における「ヨル」の用例考察を通して、「起因」「根拠」を表す機能辞の意味あいを示した。「年魚市潟潮干にけらし知多の浦に朝漕ぐ舟も沖による見ゆ（万葉集：1163)」、「新室の壁草刈りに坐し給はね草の如より合ふ娘子は君がまにまに（万葉集：2351)」、「武蔵野の草は諸向きかもかくも君がまにまに吾はよりにしを（万葉集：3377)」のような用例における「ヨル」の意味合いは「近づいていく」「もたれかかる」「寄せる」であると指摘した。

[9] Hopper（1991:22）は文法化の規則の一つとして脱範疇化（decatagorialization）の概念を創出した。この説によると、脱範畴化とはある内容語が形態特徴と文法範疇特徴がなくなり、もともとの品詞特徴から副次的な特徴に降格する過程である。さらに、Hopper&Traugott（2003:123）は文法変化の一方向性仮説を支持する現象の一つとして、名詞や動詞などがもともとの文法カテゴリーから機能的な形態素に移行する場合、既存のカテゴリーの特徴を失ってゆく現象が脱範疇化であると説いた。

[10] 再分析は言語変容の重要なメカニズムと思われる。Harris&Campbell（1995:61）は「再分析は文法構造の内的関係を改造するメカニズムである。一般的に文法の表層的構造に影響しないが、文法の内在的な変容に影響を及ぼす」と定義した。Hopper&Traugott（2003:52）は「最も典型的な再分析は二つの要素が融合する過程である。この過程に既有した要素間の境界が消失する」「文法化の重要なメカニズムである」と定義した。

3.3 文法模造の類型

前文の考察から、文法模造の動機づけが言語間の対応であることがわかった。法模造は意味、範疇、機能それぞれの対応に関わっているが、模造の結果を見ると、三つの項目の対応のうちどれかが顕著に示される。文法模造によって、どの文法要素が明らかに変容したのかを基準として、Heine&Kuteva（2008:3）、呉（2013:42）は言語接触による文法変容の諸類型及びその関連付けを提案した。この二説に共通する論点を下記の図にまとめる。

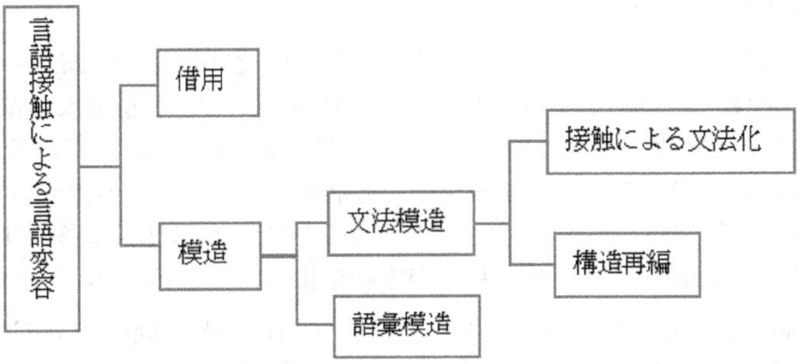

図 3.1　従来の言語接触による文法変容の類型（Heine&Kuteva 2008;呉 2013 より）

上記の分布図を見ると、言語接触による文法変容が文法借用と文法模造に大別された上で、文法模造の下位類型として、主に「接触による文法化」（contact-induced grammaticalization）と「構造再編」（restructuring）があることがわかる。前者は文法機能の模造の結果であり、後者は文法構造の模造である。この二つの文法模造の下位分類はそれぞれ文法模造概念の（12b）と（12d）に相当している。ほかに、文法借用や語彙変容などのカテゴリーは（12a）と（12c）に相当する変化で、文法模造の範疇に属しないとされる。

しかし、文法模造を単に接触による文法化と構造再編に分類することが妥当であるのか、文法模造のすべての状況を体系化することができるのかは検討すべき問題である。文法模造を体系的に捉えるためには、上記の類型を参考として、他の基準で再分類する必要がある。

そこで、文法機能と文法構造よりも、文法変容の要素を分類の基準にしたい。文法の変容には形態、機能、構造の三つの要素の変容が含まれている。

以下に漢文の訓読接触による文法変容の実例を挙げながら、この三類型の変容に基づき、文法模造の類型を見てみたい。

類型一、形態面の文法模造。前文で考察したように、接触による文法変容において、形態がそのまま取り入れられて定着する過程は文法模造の範疇に入っていないが、文法借用である。節 3.2.1 に示したように、形態面の文法模造は文法借用と完全に異質な変化であり、模造のモデルは形態素そのものではなく、形態素の間の「意味構成形式」(semantic organization pattern)である。[1]言語接触による形態素の輸入は一種の「借用」であるが、語を構成する形態素の構成法則の輸入は語構成の範疇に属し一種の「文法模造」と見られる。形態素の意味構成形式の模造によって、模造言語の語形成の規則が変容することになる。

日本語の形態特徴は漢文と大きく異なって見えるが、漢文の意味構成形式をモデルとして、語構成の規則に変容を及ぼしている。例えば、漢文においてよく動詞の接辞を使用し、動作に対する評価や、動作の状態などをあらわす。日本語にはこのような意味構成形式がなかったが、動詞接辞の形式が模造され、動詞の語構成の規則が変わるのがよく見られる。

（31）a 亦不聞正法、如是人難度。
亦、正法をも聞（か）不。是（くの）如（き）人（は）度（し）難（し）。　（法華経・巻 1）

b 人謂佛法易行、沙門易作。
人の謂ク仏法は行（ヒ）易（ク）アリけり、沙門（ハ）作リ易（クアリ）けり。　（威儀経・巻 1）

c 大王知已、數數召集。
大王（い）知（ろし）メシ已（り）て数々召集して...　（地藏・巻 2）

d 與彼獼猴白象於此相問。
［與］彼の獼猴（と）白象と此（に）於（て）相（ひ）問ハク。　（西域記・巻 7）

上例のように、漢文における動詞接辞の意味構成形式を真似て、「ガタシ」「ヤスキ」「ヲハリ」「アヒ」が複合語の一部として使用されるようになる。

そして、これらの要素は複合語の一部として、より生産的な文法要素になり、それぞれ助動詞などのような文法要素を生じると考えられる。この過程は接辞形態の借用ではなく、語構成の形態素として、接辞の構成規則を模造する過程である。この過程を「語構成模造」と名付けたい。形態模造は語構成に関連するが、語彙借用レベルの変化ではなく、形態素の語構成規則に関わる文法模造の範疇に属している。この類別の特徴については、第四章で詳しく分析したい。

類型二、機能面の文法模造。機能面の文法模造はモデル言語のある文法標識や文法範疇の機能を模造する過程である。文法標識と文法範疇は文法化によって内容語から機能辞に変容してきたものなので、機能面の文法模造は一般的にモデル言語の影響を受けて、模造言語の内容語がモデルとした文法機能に文法化する過程である。

日本語にもともとなかった文法機能を模造する場合、漢文における文法化の過程を真似て、内容語が新たな文法機能を有する文法標識や文法範疇に文法化する。例えば、漢文における「是」が代名詞としての機能の他に、判断文において繋辞のような用法に文法化する[2]。日本語では繋辞の文法範疇がないので、漢文に影響され「コレ」が繋辞に文法化する可能性はない。ところが、漢文における繋辞の文法化の過程に影響されて、代名詞の「コレ」が再帰的な指示用法に文法化し、さらに形式的な機能を持つ要素に変容する。この場合に、「コレ」は繋辞ではないが、漢文の繋辞と同じ統語位置に現れる。

（32）a 文殊是燃燈之師。
文殊は是（れ）燃燈の（之）師なり。　　（義疏・序品初）

b 現不聞法是罪體故。
現に法を聞（か）不いは、是（れ）罪の体なるが故に（なり）。　　（玄賛・巻3）

c 此是法佛性。
此は是レ法仏の性なり。　　（玄賛・巻3）

d 是二是用。
是の二は是（れ）用なり。　　（玄賛・巻3）

上例のように、漢文の「是」の文法化の影響を受け、「コレ」が代名詞から

「再帰提示」の用法に文法化する傾向がある[3]。特に（32c）、（32d）のように、「コレ」が指示詞の主語と併存しても機能上で互いに重複しない。なぜならば、「これはコレ N なり」のような文に、「コレ」はすでに一般の代名詞ではなくなり、形式的に指示の機能を果たしている。このような用法は文体的に限定されているので、最終的に繫辞として定着しなかったが、漢文訓読に現れた「コレ」の形式的用法は漢文訓読にもたらされたものだと考えられる。これは「コレ」が漢文における「是」の繫辞の文法機能を模造する過程である。機能面の文法模造とは本質的に内容語がモデルとした文法機能に文法化する過程を模造することであり、「接触による文法化」と言ってもいい。この類型の特徴については、第 5 章で詳しく説明したい。

類型三、構造面の文法模造。構造面の文法模造はモデル言語の語順や構文など構造を模造する過程である[4]。この類型は一般的に遠類型特徴接触の場合に発生する。また、訓読のような直訳はもう一つの条件として考えられる。

日本語の語順は漢文と異なっているが、漢文訓読において日本語に相容れない統語構造が取り入れられる。ところが、統語構造の模造はほとんど固定した構文の形で漢文の構造を模造するが、日本語の基本的な類型特徴に影響するまでに至らないと考えられる。例えば、次の例のように動詞の項が動詞の後にうけているが、このような構造だと意味的に制限されるので基本構造に影響を及ばせない。

（33）a　由斯生苦惱哀愍願消除。
斯に由（り）て苦悩を生す。哀愍して願フ、消除（せし）メたまへ。　（金光明・巻 2）

b　不知稱師意不。
知（ら）不ズ師ノ意ニ称ヘリヤ不ヤ。
（三蔵法師伝古点・巻 8）

c　此行易得自緣身故。
此の行は得易し、自（ら）身を縁するが故に。
（成実論・巻 14）

d　願得速成無上尊。
願フ速に無上尊と成ルこと得む。　（金光明・巻 2）

上例のように、動詞の「ネガフ」「シル」「エル」はいずれも目的節の前に位置する。これは漢文の語順を模造した結果である。ところが、(33) のような統語構造は条件的な用法であり、動詞の意味と目的節の構造に制限されている。したがって、統語構造の模造は一般的に日本語の類型特徴にまで干渉することは難しい。この類型の特徴については、第6章で詳しく説明したい。

以上の検討をまとめると、文法模造には形態、機能、構造の三つの要素が含まれている。これらの要素の特徴を見ると、文法模造が「語構成模造」「統語機能模造」「統語構造模造」の三つの類型に大別されることがわかった[5]。そこでこの三つの類型をもとにして、以下に図示する言語接触による文法の変容のモデルを提案したい。

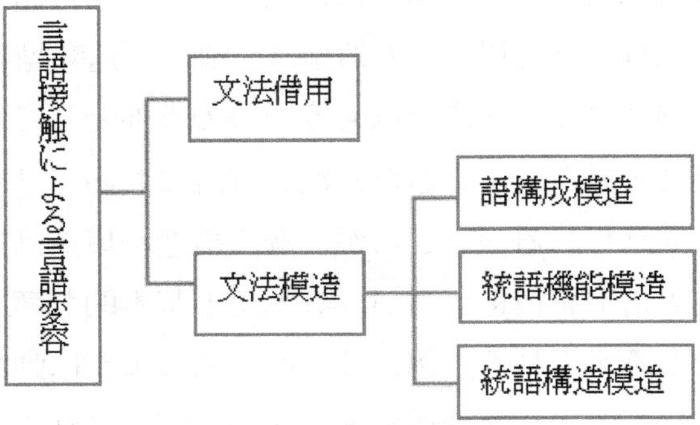

図 3.2　言語接触による文法変容のモデル

---

[1] 意味構成形式の概念に関しては先説に定義がないが、語構成の過程の中で、形態素の間は恣意的に組み合わせるのではなく、意味上の一定的な制約関係によってある決まった構成のパターンが存在することを定義したい。

[2] 「是」が繋辞に文法化する時代について統一する説はないが（王 1958;Li&Thompson 1977 など)、ここで Shi（2002:14-15）に提案した 2 世紀から繋辞として使われる説を採用する。したがって、本論文における仏典資料にあらわれた「是」はまだ繋辞として定着していない状態なので、一応「繋辞のような用法」と呼ぶ。

[3] 山田（1935:353）再帰提示は本来目的語があるべき統語位置にコレを置き、コレをして先行した目的語を提示することを指す。この文法項目について統一した用語がないが、山田（1934)、(1935）に「再帰格」「提示語再帰法」、大坪（1994）に一種の「提示語法」、楊（2003）に「再帰格名詞述語」が提示されている。ここでは再帰提示という用語を使用する。

[4] ここでの構文は構文論における一般概念ではなく、特定の構造を用いて表現する句のことをさす。つまり、ジスク（2013b）が使用した「成句」(phrase）に相当する概念で

ある。例えば、「たとえ…ても」「‥しなければならない」のような表現に対して、イディオムレベルの理解ではなく、統語レベルの理解であるため、「構文」という用語を使いたい。

[5] 前節に示したように、「文法」は語・句・節・文を構成する法則と見られる。提案した文法模造の諸類型はそれぞれ語構成、句・節の構成に関係する標識、文の構造に関わる項目である。したがって、このような分類は構成法則のすべての面を体系化することができる。前述したように、音声は構成法則の一環とされないので論外とする。また、形態素は文法要素を構成する最小単位なので、それ以上分解することができないと思われるので、ここで「語構成」の模造は形態素の構成ではなく、形態素による語の構成を指している。

まとめ

本章では、言語接触による文法変容の基礎理論とフレームワークを概観し、以下の問題を明らかにした。

- 言語接触による文法の変容は外的な影響と内的な変化の相互作用の結果である。漢文の訓読接触による日本語の文法変容において、漢文の影響は文法変容をもたらした外的誘因である。輸入された要素が日本語の文法体系に相容れる形式に置き換わる過程は内的な変化である。
- 言語接触による文法変容は文法模造の過程である。文法借用と異なり、文法模造は文法項目の形態と関係なく、文法機能と統語構造の転移である。漢文の文法モデルを真似て、日本語における固有の要素が新たな文法項目に変化したのである。この過程において、意味、範疇、機能の「対応」は文法模造を一貫したメカニズムである。
- 文法模造は「語構成模造」「統語機能模造」「統語構造模造」の三つの類型に大別される。この三つの類型はそれぞれ形態素の意味構成形式、接触による文法化、語順の構造などの具体的な変化に関わっている。

結論として、漢文訓読による日本語の文法変容は一種の文法模造であることがわかる。上述の文法模造の特徴と類型に基づき、次の章からは具体的に文法模造を考察する。

第4章
言語接触による語構成の模造

第三章で述べたように、「語構成模造」は文法模造の一類型として挙げられる。従来の言語接触の研究に、語構成の変容は借用による変化とされるが、接触でおこる語彙の変容はほとんど自由形態素（free morpheme）を主としたものであるとされてきた（Meillet 1921,Sapir 1921:宮下 2007:95）。拘束形態素（bound morpheme）をはじめとした形態素の間の構成規則の変容は言語接触の研究では重要視されていない課題である[1]。

そこで本章では「言語接触による語構成の模造」の位置について、下記の２点を説明したい。

第一に、言語接触研究における位置。先行の言語接触研究では語彙に関して借用による「語彙目録」（lexicon category）の変化[2]に重点が置かれており、語彙目録の変容は語彙項目の全体の変化であると考えられる。これに対し、語彙項目がどのように構成されたのかについては、あまり重視されていない分野である。「語構成」（word formation）はある言語における語彙の内部的な構造であり、語を構成する規則である（Aronoff 1976:31,Kiparsky 1983:22）。いわば、語構成の変容は語彙項目を構成する形態素の構成規則の変化と言える。言語接触による語彙体系の変容は借用語（loan-word）の現象に限らず、語構成の模造も重要な一分野である。

接触による語構成の変容は、外的な影響と内的な変化の相互作用の結果と考えられる。自由形態素として借用された語彙は受容言語に定着するまでに、受容言語は起点言語の複合、接辞付加、品詞転換などの語構成の規則を模造し、母語化する過程を経ると思われる（加野 2004:55-57）。また、借用語が受容言語の中で長く使用されると、語構成の特徴が受容言語の語構成の規則にある一定的の影響を及ぼす可能性があると思われる（Brinton&Traugott 2005:98）。このような言語内外の相互作用によって、語彙項目は単なる語彙目録が増減するだけではなく、語構成の規則も大きく変化すると考えられる。

したがって、言語接触の面において、語構成の模造は語彙項目の借用と違い、接触による形態構成の規則の変容である。

第二に、歴史的な研究における位置。これまでの研究は主に連合的（paradigmatic）な語構成規則が重視されてきたが、言語接触によって、語彙項目を構成する形態素の間にどのような統合的な（syntagmatic）関連づけがあるのかについてはまだ検討する余地がある[3]。

これまでの歴史的な文法研究では、統語レベルと形態レベルの項目は大いに関連するとされる。統合的な規則を見ると、語構成の規則は統語規則と一致すると考えられる。Givón（1971:413）は「今日の形態は昨日の統語である」と指摘し（邦訳は宮下（2006:25）に参照のこと）、統語形式から形態形式に変容する歴史的な一般原理を提案した。また、Hopper&Traugott（2003:7）は文法性の漸次変容（cline of grammaticality）を描写する連続体（continuum）のモデルによって統語的標識から語内要素（intra-word component）に変容する規則を示した。これらの先行研究からも、語構成の規則は、単なる連合的な類推関係だけでなく、統合的な再分析も重要な働きをかけていることがわかる。

したがって、歴史的な形態変化の面から見れば、語構成の模造は、語彙論レベルの問題だけではなく、形態統語論（morphosyntax）レベルの問題でもあり、言語の統合的な特徴に関わっている。

日本語の語構成の変容については、「借用」による漢語の構成変化に関する研究が多いが（藤堂 1967;宮島 1977;佐藤 1979;野村 1987 など）、漢文との接触が日本語本来の語彙構造に及ぼす影響について検討すべきである。また、日本語の形態要素の歴史変化は一般的に言語内部の変化と考えられており（阪倉 1966,1977;蜂矢 2010;山口 2011 など）、言語接触によってもたらされた外的な影響は従来の形態論研究ではあまり重視されていない。日本語と漢文の接触は非親族言語の接触であり、分析的な（analytic）語構成規則[4]が日本語側にどのように受容されるのかは未だ課題として残っている。

上記の研究位置に即して、語構成の模造は言語接触と歴史的な形態変化の交差点に位置すると考えられ、言語接触による文法模造の重要な一分野となっている。本章では語構成の模造の特徴を明らかにするため、主に以下の二点の課題について考察したい。

（1）a 言語接触による語構成の模造はどのような動機づけとメカニズムがあるのか。

b 漢文訓読の影響を受けて、日本語の語構成の規則にはどのような類型の変化が起こったか。

---

[1] 自由形態素と拘束形態素の関係について、宮下（2007:95）は、「拘束形態素とは、基本的には自由形態素に対立する概念である。形態素の出現、あるいは他の形態素との共起という観点から形態素を分類した場合、一般に語彙的なものを自由形態素とし…動詞語尾のような屈折接辞や派生接辞をして拘束形態素という概念で概括する。形態素のうち、特に文法的な関係を表すためにのみ用いられるものを文法的形態素として区別することもある。拘束形態素と自由形態素の境界というのは曖昧なものであり、ある形態素は文中で語彙的な役割をすることもあれば、文法的な関係を表すためにも用いられる」と指摘した。本章でこの説に準ずる。

[2] Weireich（1953）の論述によると、「語彙目録」は話者の認知の中に容認される語彙の全体であるが、借用は一般に外的な語彙項目が語彙目録への追加の過程だとされる。

[3] Saussure（1972）の定義によると、統合的関係は同一レベルの言語要素（例えば形態素と形態素、語と語など）は線的に排列する関係である。この関係は言語の構造規則に制限されている。連合的な関係はある音韻、統語の位置に現れた互いに置換できる要素の間の関係である。これらの要素は同じ機能を持っているので、置き換わっても機能や構造上で変化が発生しない。

[4] ここで言語類型の特徴について「総合的」と「分析的」の用語を利用する理由は、「膠着語」「孤立語」のような従来の呼び方は絶対化の指標だと考えられるからである。例えば、日本語には「膠着」の特徴の他に、語順や接置詞などで文法機能をあらわす特徴はないではない。したがって、「より膠着的」「より孤立的」な特徴を表すために、最近の言語類型論に提案された「総合的」「分析的」の用法を利用する。

4.1 語構成模造の概念と動機づけ

4.1.1 語構成模造の概念

語構成模造の概念を考察する前に、先人が提案した「語構成」の概念について明確にしたい。

(2) すでに形成されて存在するある言語単位について、これが、いかなる部分要素の結合によって形成されているかということを「語構成」という。　（阪倉 1966:5）
ことばのつくられかたには、なにがしかの法則性がみられ、言語や時代をこえて、共通するものもある。このようにことばのつくられかたにおける、種々のパターンや法則性を造語法（語構成）という。　（野村 1977:248）

上記の定義を見ると、語構成は言語単位としての語の形成法則である。第３章の考察から、言語接触にもたらされた変容には言語単位そのものだけではなく、言語要素を構成する規則も含まれる。言語項目の「構成規則」は単なる「借用」で取り入れられるものではない。言語接触による語構成規則の変容は、模造言語が「対応法則」に即して自らの言語要素でモデル言語の構成規則を「模造」する過程と考えられる。したがって、文法模造の定義に基づき、下位類型とした語構成の模造について下記のように定義したい。

(3) 語構成の模造とは、模造言語の話者がモデル言語のある特定の語構成の規則を真似て、模造言語特有の言語要素を利用し、自分の言語に新たな語構成規則を造り出すことを指す。

上記の定義に基づき、日本語の漢文との接触による語構成の模造は（4）のように概括できる。つまり、漢文における形態素 MORc1 と MORc2 の語構成の規則である WFc が存在しているが、このような語構成はもともと日本語に存在していなかった。訓読接触によって、日本語に MORc1 と MORc2 に対応となる形態素、MORj1 と MORj2 の結合が出現した。一連の日本語内部の再分析を経て、新たな語構成の規則、WFj が成立する。いわば、WFj は漢文の語構成規則 WFc を模造して成立したものである。WFj は WFc と同じような形態素結合の規則を表す。

（4） WFc (MORc1+MORc2) ⇒WFj (MORj1+MORj2)　WFc=WFj

以上の説明から、語構成の模造は言語間の深層的な統合的関係の対応に基づいた変化であることがわかった。模造言語は外的な語構成の規則を取り入れ、母語化の過程を経て、形態素間の結合関係が変容した。

4.1.2 語構成模造の動機づけ

第３章に説明したように、「対応」は文法模造の重要な動機付けである。文法模造の下位類型として、語構成の模造の動機づけは模造言語とモデル言語の間の語構成の規則の「対応」と考えられる。

語構成規則の対応とは、模造言語とモデル言語における語彙項目の形態素の対応という含意ではない。例えば、下記の（5）翻訳借用（loan translation,calquing）の例を見ると、両言語の語彙項目の形態素の対応は単なる結合形態素の意味合いを投射する過程である。形態素の対応という前提は、両言語に同じような語構成の規則がすでに存在していることを意味し、翻訳借用のような接触による変容は語構成の模造に属さない。

（5） 日－英：空港－airport　思想犯－thoughtcrime　摩天楼－skyscraper　脚注－footnote
中－英：軟件－software　牛仔－cowboy　足球－football　超人－superman
Wa（MORa1+MORa2）　Wb（MORb1+MORb2）　MORa1⇒MORb1　MORa2⇒MORb2

また、接触による語構成の模造は語彙論的なレベルで働きかける変容ではなく、文法模造の射程で把握するのが妥当である。言語接触による語構成の規則が統語的なレベルで対応となるのは可能である。Chafe（1970）は語彙項目の内部構造は句と文の構造と同質であり、統合的に見れば文、句、語構成の間にはっきりした境界線がない連続体であると提案した。語幹と接辞の構成関係は句的環境（context of the phrasal）ないし統語レベルで考量すべきである（Hopper&Traugott 2003:141-142）。Briton&Traugott（2005:98）は、語彙項目は構文、統語などの構造から生成されたと指摘した。語構成の規則は統語範疇の統合的な規則と一致するのが通言語的な原理と思われる。Kageyama（2001:245）は語彙項目と句の統合的な関連について、語構成の面で統語論と形態論は共通し、語構成の規則と統語規則の一致性を示した。これらの論説の他に、Zwicky（1983）、Baker（1988）、Shibatani&Kageyama（1988）などの多数の論説で同様の観点がみられる。影山（1993）はこのような語彙項目と統語項目の構成規則に共通する特徴を「モジュール形態論」[1]と呼び、(6)のようなモデルにまとめた。

(6)

語構成 ─┬─ 語彙部門：語彙的な語構成
　　　　└─ 統語部門：統語的な語構成 ── 音韻部門　論理形式部門

(6) のモデルでは、語構成の形態特徴が語彙部門と統語部門の双方にあることがわかる。語構成の模造は語彙論的なレベルで処理しきれるものではなく、言語接触による統語的なレベルで観察する必要がある。

統語的な語構成の視点から、日本語と漢文の語構成規則の対応は具体的に分析的（analytic）な規則と総合的（synthetic）な規則の対応と思われる。

漢文訓読の両端にある日本語と漢文の語構成は、よく「分析的なもの」と「総合的なもの」と捉えられる（阪倉 1966:471）が、その本質は両言語の語構成の類型上の特徴の対立である。日本語は漢文の影響を受け、日本語本来の総合的な語構成規則に準じて形態素の関係を調整する。この過程で、日本語が漢文の分析的な規則を吸収し、接辞の付加や複合などの形態で総合的な規則に転化させる[2]。その結果、漢文における統語レベルの規則が再分析されて、日本語には形態レベルの形式で現れるようになった。

本節では言語接触による語構成の模造の概念と動機づけを説明した。語構成の模造は言語接触による形態素結合の規則の変容であり、言語内外要素の相互作用の結果である。語構成の模造の動機づけは模造言語とモデル言語の間の形態素結合の規則の対応である。漢文訓読による語構成の模造の過程に、形態素結合の対応は分析的な語構成と総合的な語構成の対応である。

---

[1] モジュール形態論は影山（1993）、由本（2005）などが提唱した形態論の仮説である。その中心的な思想は語構成のメカニズムが多様であるということである。語構成の形態論的特性は接辞付加、複合、転換、逆性などがあり、語構成が起こる部門は語彙部門の他に、音韻部門や統語部門があるとされる。これらの語構成の部門の間に連続的な関係であると指摘される。

[2] 内的派生は井手（1971:66-70）の説明によると、上代日本語に内的派生による語構成は中古においてほとんど生産的ではなくなっていたという。中古日本語の分析的規則は一般的に接辞の付加と複合を指す。

4.2 言語接触による語構成模造の類型

これまでの語構成の研究では、複合（compounding）、屈折（inflection）、派生（derivation）、短縮（clipping）、品詞転換（conversion）、混成（blending）などの語構成の類型があるとされる（松本ら 1997:12-22;Brinton&Traugott 2005:32）。このような分類は語彙的な形態論の一般的な見解であるが、言語接触によって統語的な要素が形態的な要素に移り変わる過程については把握しにくい。そこで、形態素の歴史的な変化の観点から語構成の類型を見直す必要がある。

従来の歴史的な研究では語構成の変容過程と形式が同一視されている。Meillet（1958）は古典的な語構成の要素のパターン（7）を提出したのに対して、Bybee（1985:88）、Traugott&Heine（1991:3）はこの過程が普遍的な現象とは言えず、むしろ共時的な現象しか現れないと批判した。その理由は語構成の通時的な様相を簡単に複合、派生、屈折などの概念で概括することは通言語的にできないからである。例えば孤立語の語構成の歴史様相は一般的に「派生形式＞屈折形式」のような変化がないと考えられる。

（7）複合　⇒　派生　⇒　屈折

古典的語構成の変容の類型に対して、Heine&Reh（1984:32-33）は語構成の要素の結合性（coalescence）を基準として（8）のような語構成の類型を列挙した。「派生」や「屈折」などの言語類型を絶対視する指標ではなく、複合詞、接語、接辞のような普遍的な形態を考量するパラメーターを採用した。(8）における三つの類型について、「複合化」「接語化」「接辞化」はいずれも語間境界（word boundary）を語内形態素間境界（word-internal morpheme boundary）に再分析する形態統語論的な過程（morphosyntactic progress）であるが、「融合」[1]は語内形態素間境界が不明確になり、一つの形態素に統合する過程とされる。本章では統語レベルと形態レベルの統合的な拮抗性に基づいて調査を行うため、主に「語間境界＞形態素間境界」のような語構成の変容過程を考察する。形態素間の境界線がなくなり一つの形態素になる「融合」の変化は語構成の範疇に属しているが「統語＞形態」のような変化ではなく、形態論自体の変化なので本章の考察対象としない。したがって、本章では「複合化」「接語化」「接辞化」を語構成の三つの類型とする。

（8）複合化（compounding）⇒ 接語化（cliticization）⇒ 接辞化（affixation）

歴史的な研究では、形態素の結合性の緊密度によって上記の三つの類型が語構成変容の連続的な三段階とされる。内部的な変化と違い、言語接触による「複合化」「接語化」「接辞化」はそれぞれ以下のような特徴がある。

複合化の特徴：複合化は「自由形態素＋自由形態素」の語構成のパターンである。モデル言語に特定の語彙項目の連続が存在している。模造言語がこのような語彙項目の連続を模造し、再分析することによって、統語レベルから形態レベルに変化して、一語になる過程である。例えば、漢文に自由形態素の構成規則 WFc が存在しているが、意味制限などが原因で日本語には対応となる構成規則がなかった。WFc は自由形態素の FMc1+FMc2 の結合であるが、訓読接触によって、日本語には FMj1+FMj2 に直訳すると、語彙項目の連続から一語に再分析することが可能になる。FMj1+FMj2、FMj3+FMj4、FMj5+FMj6、…、FMjx+FMjy のような一連の輸入によって、WFc の語構成規則は WFj に類推できる。この過程は以下のようにまとめる。

WFc：FMc1+FMc2,FMc3+FMc4,…,FMcx+FMcy
WFj：FMj1+FMj2,FMj3+FMj4,…,FMjx+FMjy
WFc＝WFj

接語化の特徴：接語化は「自由形態素＋拘束形態素」の語構成のパターンである。モデル言語にある特定の語彙項目の連続が存在している。模造言語でこの連続が模造、再分析されることによって語構成の要素の一部は接語になり、語幹に付加される。例えば、漢文にはよく FMc1+FMcx、FMc2+FMcx、FMc3+FMcx、…、FMcy+FMcx のような語連続がある。日本語にはこのような形態素の結合はなかったが、訓読接触によって、自由形態素としての結合 FMcy＋FMcx を FMjy＋FMjx に直訳する。これは高頻度で使用されるため、もともと自由形態素だった FMjx が拘束形態素 BMjx に変容し、漢文における分析的な統語要素 FMcx は訓読によって日本語に接語化することになった。この過程をまとめると下記の形式となる。

WFc：FMc1+FMcx,FMc2+FMc,…,FMcy+FMcx

WFj：FMj1+FMjx,FMj2+FMjx,…,FMjy+FMjx⇒FMjy+BMjx

WFc＝WFj

接辞化の特徴：接辞化は「拘束形態素＋拘束形態素」の語構成のパターンである。モデル言語にある語彙項目が特定の統語機能を果たしている。模造言語はこの語彙項目を拘束形態素として取り入れ、母語化し、統語機能の対応にしたがって、模造言語に既有の文法要素が接辞として付加されるようになる。例えば、漢文における自由形態素 FMc1、FMc2、FMc3、…、FMcx は語順の調整やゼロ接辞（zero affix）[2]などの分析的な形態で特定の統語機能 FMcx'をもっている。訓読接触によって、漢文の自由形態素 FMcx は日本語の FMjx に直訳されるが、FMcx'の統語機能に対して、日本語における本来の文法要素 BMjy で表し、もともとの自由形態素を総合的にあらわして BMj1+BMjy、BMj2+BMjy、BMj3+BMjy、…、BMjx+BMjy の形式であらわす。BMjy の生産性が減少するに伴い、一部の BMjx+BMjy の形式が固定した語彙項目になる。したがって、BMjy は語内の接辞に類推できる。この過程をまとめると下記の形式となる。

WFc：FMc1、FMc2、…、FMcx⇒FMc'1、FMc'2、…、FMc'x

WFj：BMj1、BMj2、BMj3、…BMjx⇒BMj1+BMjy、BMj2+BMjy、
　　BMj3+BMjy、…、BMjx+BMjy

WFc＝WFj

上記の複合化、接語化、接辞化は語構成の模造の三つの類型であるが、このような変化は本質的に文法化や再文法化（regrammaticalization）[3]などと違い、語構成の模造において「意味の漂白化」（bleaching）および統語要素の「脱範疇化」（decategorization）が必須条件ではないので、より文法的な範疇に変化する過程とは言えない。それよりもむしろ統合的な関係の境界が緊密になり、再分析によって結合する過程と言える。

複合化、接語化、接辞化は意味や機能の変化はないが、再分析によって語彙項目が構成される過程である。接触による語構成模造の過程を「一語化」（univerbation）の概念で括ることができる。「一語化」は「いくつかの固定に現れる語が結合して、一つの語に融合する通時的な変化である」（Brinton&Traugott 2005:48）。一語化には「語幹と接辞の結合や、複合による語の成立」などの変化が含まれている（Hopper&Traugott 2003:145）。漢文訓読によって日本語に取り入れられる要素は形態素ではなく語彙項目であったが、これらの語彙項目間の統合的な規則が模造され、日本語に一語化されて一つの語となる。一語化のプロセスでは、新たな語を構成する要素が語内要素に変容する。もともと語彙項目の結合要素はそれぞれ語内要素に変容し、語を構成する形態素になる。一語化を伴った形態素への変容は「形態化」（morphologization）の過程である（Fox 1995:102;Trask 1996:115;Joseph 2003:478）。形態化は「ある独立の語が接語などの形式を経て語内形態素に移行する過程」である（Hopper&Traugott 2003:135）。複合化、接語化、接辞化は形態統語論的な視点から見ればいずれも形態化の過程であると考えられる。日本語にはもともとなかった語構成の規則が模造され、訓読によって取り入れられた語連続の語間境界がなくなり、一語化される。語構成の規則が日本語化するにしたがって、もともとは語内要素ではなかった要素が形態化して語構成の形態素に変容する。

以上のように、語構成模造にもたらした形態化の程度を基準として、複合化、接語化、接辞化の三類型に大別したが、次の節でそれぞれどのような特徴があるのか詳説する。

---

[1] 融合（fusion）は言語の歴史変容によく言及された概念であるが、これまでの研究に定義が統一されていない。Heine&Reh（1984:21-22）は「融合」を形態結合の一類型として提案したが、Croft（2003:256）は文法化における音韻的変化の「侵食」（erosion）か「消失」（loss）と同等する概念として提出した。これらの「融合」の概念原型はSaussure（1972）に指摘された「膠着」（agglutination）（言語類型の膠着と違い）だと思われる。「膠着」は二つ以上の要素が同一の句によく使用されることによって分離できない単位に合成する過程だとされる。この概念に対して、Brinton&Traugott（2005:105-110）は「融合」というのは形態の境界線が消失する過程だと概括した。「融合」は語構成の最終的段階として必ず起こる現象であるが、文法化においてほぼ「侵食」と同じ概念で

あり、必須の現象ではないとされている。したがって、「融合」は統語面の動機づけによって引き起こされたのではなく、形態音声面の調整だと考えられる。これは文法化の要因というよりも、文法化が及ぼした結果と言える。

[2] ゼロ形態（zero morph）は理論上で存在すると見なすものであるが、実質上存在しない形態である（Crystal 1985:199）。Yakhontov（1960）、Pulleyblank（1973）、Li（1983）によると、上代漢文において豊富な形態変化があるが、中古になると屈折変化が生産的な語構成の手段ではなくなった。接辞などの形態変化が消失したが深層的に形態上の対立関係はまだ残っていた。例えば上代漢語における動詞の使役は接尾辞*-s で表したが、中古に*-s が消失して、ゼロ形態になった。

[3] 一般的に文法化は内容語から機能辞への変化だとされるが、Greenberg（1991）、Hopper&Traugott（2003）、Traugott（2004）の考察によると、文法化の一方向性の変化において、すでに文法化が起こった機能辞はより文法的な要素になり、形態上もっと拘束的な要素に変わり、再度文法化する可能性がある。この過程を再文法化と呼ぶ。広義的な文法化で把握すると、再文法化は文法化の後期段階に発生する現象であり、文法化の範疇に属すると思われる。

4.3 語構成模造の諸類型の考察

4.3.1 複合化

4.3.1.1 複合化に対する構成規則影響の可能性

言語接触による複合化とは、外的な影響を受け「自由形態素＋自由形態素」の語を構成する過程である。これまでの研究では、言語接触がもたらした語構成の変容について、松下（1927:161）は日本語における客体関係の語構成には「分析的」な特徴があり、「客体関係は日本語固有の原辞構成法ではない。漢文の連詞構成法である」と述べ[1]、漢文の影響を指摘した。また影山（2010:10）は、複合語における「語プラス」（word plus）の語構成の要素が中国語の統語要素から影響されたものであると指摘し、日本語の語構成における外的な影響の存在を明らかにした。日本語の複合語の語構成は漢文における統合的な規則からどのような影響を受けるかについて、ほかに仁田（1980）、影山（1993）、野村（1999）などの論説があるが、挙げられた例証はほとんど漢語の語構成である。上記の諸説は言語接触による複合語の語構成の変容の可能性を示したが、漢文の影響によって日本語本来の語構成の規則がどのように変化するのかに対しては「模造」の視点で再考する必要がある。

前述したように、語構成の模造の対象は語彙構造を構成する統合的な規則である。複合語は自由形態素の結合なので、構成規則は形態素の間の「意味構成形式」（semantic organization pattern）であると考えられる（影山・由本 1997:76）。漢文訓読が日本語の複合化に与えた影響は「意味構成形式」の変容で判断するが、「意味構成形式」は抽象的な考察対象である。この対象を考量するために「語彙概念構造」（lexical conceptual structures:LCS）をものさしとして利用したい[2]。

4.3.1.2 構造要素の複合化

複合化は言語接触による統語レベルから形態レベルの要素への変化である。形態素に複合化される前に、語内要素はもともと項構造などの統語構造を組み立てる構造要素である。言語類型によって統語構造が違うので、漢文における構造要素が日本語に取り入れられ、複合語の形式で現れる。このようなものは従来の「語彙的複合詞」の視点でその語構成を把握しにくい。なぜならば、漢文における構造はもともと語彙部門ではなく統語部門に属する範疇なので、日本語に取り入れられて、統語部門で起こる語構成であり、「統語的複合詞」該当すると考えられる。つまり、詞としての存在であるが、統語的語構成に起こるものである（由本 2005:8-9）。

ある形態素間の意味構成形式が通言語的な規則なのか、言語接触によって成立した形式なのかは判断しにくい問題であり、構成要素の歴史的な変遷を見ないと把握できない。「手段－結果」の意味構成形式はこの一例である。従来の日本語の複合動詞の研究に影山（1993）、影山・由本（1997）、陳（2012）などがあるが、例（9）、（10）のような「手段－結果」の意味構成形式は通言語的な現象として捉えられ、英語と中国語にも同じような意味構成形式が存在し、日本語と「うまく適合する」とされている（影山・由本 1997:76）。

（9）V1 の結果、V2

溢れ出る、溺れ死ぬ、折れ曲る、崩れ落ちる、死に絶える、
染みつく、流れ着く、泣き濡れる、滲み出る、抜け落ちる、
飲み潰れる、走り疲れる、降り積もる、待ちくたびれる...

（10）V1 することによって、V2

打ち上げる、折り曲げる、噛み付く、切り砕く、騙し取る、
飛び上がる、拭き取る、焼き切る、駆け寄る...

（陳　2009:83）

上記二例の意味構成形式は（11）の語彙概念構造に概括できる。このような構造は単なる動作の連続という複合ではなく、V1 と V2 に関連する項構造に大いに関わっていると考えられる。したがって、V1 と V2 を構造要素として通時的に「手段－結果」の意味構成形式を観察する必要がある。

（11）LCS1＋LCS2　⇒　[[LCS2] BY [LCS1]]

古代日本語における意味構成形式について[3]、野村（1971）は V1 と V2 の関係は「標示対立」「累加的並列」で最も多く使用されると言及した。関（1977）は他動性に基づき、V1 と V2 の意味関係を「補助」「修飾」「一致」に分類し

た。また、徳本（2009）は上代の複合動詞はV1とV2の意味関係は「対応」「前項中心」「後項中心」の分類を提案した。これらの説によると、中古以降の日本語に常用される「手段－結果」の複合動詞の用例はほとんど見当たらない。徳本（2009:116）の統計を見ると、上代資料に「手段－結果」[4]の意味構成形式の複合動詞は「万葉集」に15例、「記紀歌謡」に0例である。

一方、藤井（1989,1990）青木（2006）の研究はいずれも漢文との関連性が強い複合動詞を示し、複合動詞の語構成に対する漢文訓読の影響を指摘した。これらの研究に挙げられた漢文から浸透した語構成の用例はほとんど「手段－結果」の意味構成形式であることがわかった。

上記の諸説を手掛かりにすると、意味構成形式「手段－結果」の複合動詞は漢文から模造したものだと考えられる。徳本（2009）の調査データと比較するために、訓読資料における複合動詞の用例調査を行った。本節の末尾の附表4.1に列挙した複合動詞は訓読資料の各一巻のテキストから抽出した「手段－結果」の用例、全86例である。調査した複合動詞の「異なり語数」は合わせて728例あり、11.8%の比率を占めている。

徳本（2009）の調査結果を見ると、万葉集における「手段－結果」の意味構成形式は15例しかないが、収集された複合動詞の異なり語数1035例の1.4%を占めている。上記の調査結果と比較してみると、かなり差があることがわかることから、「手段－結果」の語構成は漢文に影響された意味構成であると考えられる[5]。

また、中古和文資料に漢文訓読の影響が見られる。東辻（2003）の平安時代の複合語索引を調査資料として、総数56ジャンルのテキストで用例調査を行った。調査対象は「手段－結果」の意味構成をあらわすV2の複合動詞6項目である。調査結果を節末尾の附表4.2にまとめる。

この調査から、典型的な「手段－結果」の複合動詞はほとんど漢文に大きく影響された和漢混淆文などのジャンルに存在することがわかった。中でも仏教説話のジャンルに最も用例数が多い。附表4.3に、異なり語数2語以上のジャンルを列挙する。

以上の二つの調査から、「手段－結果」の意味構成形式は漢文から模造されたものだと判断することに異議はないと考えられる。古代日本語は「統語的能格言語」とされてきた（柳田 2006;Yanagida&Whitman 2009）。日本語の能格性は主に形態的な格標示と語順の制約にあらわれるが（柳田 2006:181）、動詞には能格性の特徴が見られない[6]。一方、中古中国語における能格性は動詞の形態対立から変化してきたものなので、能格性の対立がまだ動詞の統語構造に残留していて、日本語の項構造とはかなり異なっている。この理論に基づくと、中古中国語の動詞構造は自・他の二項対立ではなく、他動詞・非能格動詞（unergative verbs）・非対格動詞（unaccusative verbs）の三項対立である[7]。他動詞と非能格動詞の場合は中古日本語と大差ないが、非対格動詞の項構造は下記のように纏められる。

（12）S+Vua　　　　S=O
　　　A+Vua+O　　（A によって O が Vua）

（12）の項構造を見ると、非対格動詞の統語構造は他動詞と同じである。いずれも X＋V＋Y の形式である。したがって、中古中国語に X＋Vt＋Y と X＋Vua＋Y は統合的に再分析される可能性がある。つまり、二つの統語構造が同じ X、Y の項を共有することが可能となる。X＋Vt＋Vua＋Y の概念構造は（13）のように纏められる。

（13）LCS1＋LCS2　⇒　[[LCS2(Y Vua)] BY [LCS1(X Vt Y)]]

Whitman&Frellesivig（2012）、Frellesivig（2013）は上代日本語には VtVua のような動詞の複合がないと指摘した。下記の訓読資料の例を見ると、漢文における Vt＋Vua の結合はそのまま日本語に訓読された。Vt と Vua は中古の漢文における構造要素であるが[8]、日本語の統語構造に相容れないので、それぞれ複合化して一語化した。

（14）a 寺有窣堵波相輪摧毀。
　　　　寺は窣堵波相輪有（り）テ摧キ毀レル…　（法師伝・巻２）
　　　b 王今更立伽藍不敢摧毀。
　　　　王（今）更に伽藍を立（てよ）。［不］敢摧キ毀ラジ。
　　　　　　　　　　　　　　　　　　　　　（西域記・巻１）
（15）a 訖利多種復自稱王。斥逐僧徒毀壞佛法。
　　　　訖利多種復（た）自ラ王と称（し）僧徒を斥ケ逐テ、仏法

（を）毀ヒ壞ル。　（西域記・巻3）

b 為師毀卻文書。即於前裂壞之。

師ノ為ニ文書ヲ毀リ卻テテム、即チ前ニ於テ之（ヲ）裂キ壞ル。　（法師伝・巻1）

（16）a （国王）招集國中敢勇之士得三千人。

国の中の敢勇（の）［之］士を招キ集（む）ルニ、三千人を得ツ。　（西域記・巻3）

b 即便召集國邑人民。共所薦推取一王子。

即便（ち）国邑の人民を召し集メて、共に［所］薦メ推ラレテ、一の王子を取レバ...　（地藏・巻1）

（17）a 那呬羅山彷彿相望便即崩墜。

那呬羅山ト彷彿（として）相望て、便即（ち）崩レ墜（ち）ヌ。　（西域記・巻1）

b 唯恐失墜忝負先王。

唯（し）恐ラ（く）は失ヒ墜（シテ）サムコトヲ、忝（く）先王に負（く）ことカムヤ。　（法師伝・巻3）

さらに、和文の定着に従い、漢文における非対格動詞が日本語に V2 として他動詞であらわれる例が多くなる。中古日本語では、同じ語構成の複合動詞の V2 は活用変化によって非対格形式と他動形式の二種類の構造要素が共存する。次の例は一般的な用例である。

（18）a ものどもにとりかかりて、つかみこぼし給ふ。

（宇津保物語）

b おそばへて、「あれ押しこぼちてむ」と腹立ちののしれば。

（落窪物語・巻1）

（19）a 此ノ城ノ内ノ地、皆、熱キ灰ニシテ、焼ケ砕タル火深シ。

（今昔物語集・巻9）

b なにのかひかあらん。身ひとつをのみきりくだく心ちす。

（蜻蛉日記・中）

（20）a 中の君の御方に参りて見たまへば、うち破れたる屏風一具ばかり...　（宇津保物語）

b 蔵ノ前ニ来テ見ルニ、蔵ノ戸打チ破タリ、人入ニタリト見ユ。　　　　　　　　　　　　　　　　（今昔・巻10）

上例のような他動形式の用法は、意味構造の面で非対格形式となんらかの関連があると考えられる。影山（2004:122）は（18a）（19a）（20a）のようなV2の他動用法への転化は一種の「使役変化」と指摘した。つまり語彙概念構造は（21）から（22）に再分析される。V2は使役変化(w CAUSE [Y BECOME [Y BE AT-z]])を、V1は働きかけ(X ACT ON-Y)を表し、概念構造ではV2の使役主(w)の位置にV1の[X ACT ON-Y]全体が埋め込まれるから、使役事象のyと結果事象のyが共通の項としてリンクされる。構造要素の複合化の副次的な変化として、このような変化は漢文動詞の本来の素性によっておこる。漢文における非対格動詞は本来強い使役の性質を持っており「使役動詞」（causative verb）とも言われ[9]、非対格動詞をあらわす接辞の付加は一種の動詞の使役化（causativization）と考えられる（呂 1978:劉 2013:61）。漢文における非対格動詞の影響を受けた日本語における「使役変化」は、動詞の能格性の顕在化の過程である[10]。

（21）[Y BECOME　[Y BE AT-z]　BY　[X ACT ON-Y]

（22）[X ACT ON-Y]　CAUSE　[Y BECOME [Y BE AT-z]

以上の調査によって日本語における「手段－結果」の語構成の規則は漢文訓読を模造したものであるのがわかった。この模造の本質は構造要素としての非能格動詞の日本語化である。この過程では、漢文の非能格動詞が日本語に取り入れられ、複合動詞の後項V2として複合化する。構成要素の複合化は、モデル言語における統語構造をあらわす要素が模造言語に模造され、形態化を経て複合詞の語内要素に変化する過程である。

4.3.1.3 余剰要素の複合化

上述した構造要素の例の他に、余剰要素（redundancy）の複合化も見られる[11]。モデル言語によく使用される統語構造が模造言語に取り入れられると、余剰要素になる。このような要素は統語構造にとって必要以上の存在なので、語内要素に再分析され、複合語の形態素になる。

古代日本語における動詞の複合は「動作の連続」のような用法が圧倒的に多く（吉澤 1952;青木 2012)、例（23）の形式である。また徳本（2009）の分類に、動作の連続の他に、例（24）のような動作の「同時進行」の意味構成もあり、V1 は V2 が発生した当時の状況であると考えられる。徳本（2009）の統計によると、この二種類の用例は上代から高頻度で使用されていたことがわかる。これに対して、古代日本語における「並列動作の累加」の意味構成形式はかなり使用度が低いと思われる[12]。ここで上代の三つの文献における「並列」と「動作の連続」を表す複合動詞の調査データを附表 4.4 に示す（徳本 2009:116)。

（23）a 麻衣に青衿着けひたさ麻を裳には織り着て髪だにも掻きは梳らず。（万葉集・1807）

b 大船に葦荷刈り積みしみみにも妹は心に乗りにけるかも。（万・2748）

（24）a 伊勢の海ゆ鳴き来る鶴の音どろも君が聞こさば我れ恋ひめやも。（万・2805）

b 秋風は日に異に吹きぬ我妹子はいつとか我れを斎ひ待つらむ。（万・3659）

c 誰も皆消え残るべき身ならねど行き隠れぬる君ぞ悲しき。（栄花物語）

d あはれとききしるべき人もあらじ。（徒然草）

上記の調査によると、ジャンルによって並列複合動詞の使用率に大きな差が見える。和文体における低使用率に対して、漢文の影響が強い続紀宣命における使用率がかなり高い。次の例（25）のような並列複合動詞が宣命の中に大量に現れる原因について、藤井（1989:15）は「仏教語や詔勅語を中心とする漢語を取り入れており...漢語的表現が多く見られること」を挙げ、言語接触の影響を指摘した。同じ「対応の並列関係」である複合動詞の語構成は他の漢文に影響された文体にもよく見られる。例えば、例（26）は藤井（1989）に挙げられた日本書紀の古訓の用例である。

（25）a ネガヒモトム：夫君の位は願求を以て得事は甚難。

（続日本紀宣命・第 45 詔）

b アラハシシメス：天皇御靈たちの惠賜ひ撫賜ふ事依て顯し示給ふ物在しと念召。（宣命・第 13 詔）

c オコシサカエシム：猶し法を興隆しむるには人に依て繼ひろむる物に在。（宣命・第 41 詔）

d オヂオソリ：御命を頂受給り歡び貴み懼ぢ恐りて…

（宣命・第 25 詔）

（26）不久如言被其抄掠（カスミカスマ）。（十九・70）

誰能激揚大節。可以顕著（アラハシアラハル）。

（十五・402）

次弓削守屋大連手脚摇震（フルヒワナナキ）而誅。

（二十・116）

率性任真。無所矯飾（ナホシカザル）。天皇愛之。（六・175）

靡不具給。敬重（ウヤマヒアガム）特異。（二十四・202）

此神有勇悍以安忍。且常以哭泣（ナキイサツ）為行。

（一・10）

また、上例のような並列複合動詞に対して、よく「一訓」や「同語反復」などの形式で訓読される例がある（藤井 1989:9;阪倉 1966:439）。例（25）、（26）のような訓読を見ると、もともと並列複合動詞のような語構成は日本語の意味構成形式にはないと考えられる。二語で生硬の訓読でなくても並列の漢文動詞を訓読し得る。「一訓」や「同語反復」の訓読例を収集した結果、例（27）、（28）が示すように、中古仏典の訓読によく見られる現象であるのがわかった。

（27）a 甚深空性皆已了知。

甚深の空性とを皆已に了（しら）し知（しら）して、復疑惑無し。（金光明・巻 1）

b 歸還各向其君長稱歎法師之美。

帰り還（リ）テ各其（ノ）君長ニ向（ヒ）テ法師（ノ）[之]美ヲ称歎シテ…（法師伝・巻 1）

c 循環表柱、宛轉而上升高雲際。

表柱に循環シテ宛転（し）而高雲の際に上（ノボ）リ升（ノボ）ル。　（西域記・巻1）

（28）a 將非以秉執規矩局釋大方耶。

将に規矩を秉執（ト）リテ以て局て大方を釈するに非（ず）や［耶］。　（義疏・序品初）

b 僧徒肅穆、精勤匪怠。

僧徒粛穆（ツツシ）ムデ精勤（し）て怠（ること）匪し。

（西域記・巻1）

c 佇立宮門、瞻望所至。

宮門に佇立（タダズマ）フて至（る）所を瞻望す。

（西域記・巻1）

上記の例を見ると、動詞の並列は日本語の語構成にとって必要以上の意味構成形式であるが、並列複合動詞が中古以降の日本語に多く使用されているのは事実である。その変容の原因を遡ると、やはり漢文訓読の影響がある[13]。中古の訓読資料における並列複合動詞の用例調査では、訓読資料6作品の各一巻のテキストから並列複合動詞の用例、全237例を抽出した。調査したテキストにおける複合動詞の異なり語数は合わせて728例で、全体の32.6%を占めている。この調査結果は表4.5にまとめる。

表4.5の調査結果を見ると、並列の意味構成形式は漢文訓読によく現れる語構成である。この構造は日本語に余剰的な語構成であると言える。V1とV2は同じ語彙概念構造を表すので、どちらかがなくなっても意味構成は変わらない。たとえばV1＋V2＝V1の語構成があれば、V2は余剰要素と言える。したがって、並列複合動詞の語構成の過程は余剰要素の複合化である。ところが、中古中国語の一つの重要な特徴として、動詞の屈折的な形態がなくなり、分析的な形式への変容がある。形態的な変化が消滅するにしたがって、二音節（disyllable）の動詞が必要となった（魏 2003:78）。中古中国語の資料における漢訳仏典は最も多く二音節の動詞が存在するテキストと思われる（朱 1992:11; 魏 2003:78;朱 2009:14 など）[14]。また、中古中国語において類義の他動詞や非能格動詞の累加がよく見られる統語構造である。このような統合的な関係を模造され、日本語では余剰要素が複合化して語内要素に変容する。日本語には「動

作の連続」と「同時進行」の語彙概念構造の他に、漢文訓読の影響によって「並列」の概念構造も成立した（藤井 2001:17）、例えば（29）における例はこのような概念構造の語例である。この概念構造を見ると、V1 と V2 は完全に同等の意味を持っている。実際には、V1 と V2 が同時に発生する動作というよりも、むしろ両者は同一の動作をあらわすと言える。

（29） a 有聞是經能為他演說。
若有（ら）むヒトは是の経を聞キ、能ク他の為に演べ説キ…（金光明・巻 1）
b 久修諸苦行聞生悚懼心。
久（しく）諸の苦行を修（する）をば、聞クヒトハ悚ヂ懼ル心を生ず。（地蔵・序品）
c 迴駕之日乃可開發。
駕を廻サム［之］日、乃（ち）開ケ発ク可（し）。（西域記・巻 1）
d 即當自手掃除持出棄之持水澡灌瀉水。
即（チ）當（ニ）自（ラ）手をモチテ掃除（シ）て持チテ出（シ）て之を棄イよ、水を持（チテ）澡（ヒ）灌イテ水（ヲ）瀉ス。（威儀経・245）

収集した上記の用例を見ると、「演べ説く」「悚ぢ懼る」「開け発く」「澡ひ灌く」のような語例はいずれも V1 と V2 が同時に発生することを表す。また、例（30）を見ると、漢文訓読の影響を受け、このような余剰要素の複合化が中古から和漢混淆文をはじめ、他のジャンルに使用される可能性がある。この用例を観察すると、もともと余剰要素であった同等意味の動詞が語内要素として日本語に受容され、一種の強調や類義補足などの複合語に変化した[15]。

（30） a その事を承りたる人二人ながら怖ぢ恐れ、汗を流して寄らざりしかば。（水鏡）
b 是を嘲り笑ひし者どもは皆死にけり。（宇治拾遺・巻 2）
c 眞言の事は、ふみはなくてただとはせ給ひければ、ことの有さま、又申しのべなどしけり。（今鏡）

d 但シ、師子ノ時ニ至テ、講ジ説キ止ナムトス。

（今昔物語集・巻７）

以上の調査から、日本語における「並列」複合動詞の語構成の規則は漢文訓読を模造してできたものであることがわかった。この模造の本質は動詞連続の日本語化である。この過程で、漢文における二音節の動詞が日本語に取り入れられ、同等意味の動詞が累加される。このような動詞連続の構造は日本語では余剰的な動詞表現であるが、同等意味を持つ動詞が複合化して一語化するようになった。このケースから余剰要素の複合化とは、モデル言語における統語上の余剰要素の結合が複合言語に模造され、強調などの特定の意味を持つ複合詞に変化する過程である。

上記の構造要素と余剰要素の複合化に対する考察を通して複合化の特徴が見えてきた。複合化は言語接触による語構成の模造の一類型である。モデル言語にある特定の語連続が存在しているが、模造言語はこの連続の意味構成形式αを模造し、複合語の形式であらわれる。取り入れられた語彙項目はそれぞれ形態化し、語内要素に変容する。その結果、模造言語において意味構成形式αをもつ「自由形態素＋自由形態素」の複合動詞に一語化する。

複合化の過程は下記の公式であらわす。

条件：{c1,c2,c3, …,cy} ∈FMcy　{c’1,c’2,c’3, …,cx} ∈FMcx

変化： FMcy+FMcx＞FMjy+FMjx⇒WORD（jy+jx）

4.3.2 接語化

4.3.2.1 接触による接語化の方向性

言語接触による接語化は外的な影響を受け、「自由形態素＋拘束形態素」の語を構成する過程である。この過程で語を構成する形態素の一つは接語に変化する。

「接語」は接辞のような拘束的な要素ではないが、独立性が弱い形式であり、統語的にも音韻的にも語幹に付着しないと機能が変わる。言語形式の連続性の観点で見ると、接語は「独立の語と接辞の中間的な位置に介する形式」である（Jeffers&Zwicky 1980,Hopper&Traugott 2003:6）。接語化は一般に文法化の一段階として捉えられる。Hopper&Traugott（2003:7）が提案した文法化の漸次変容において、接語は「語」と「接辞」の特徴を兼有する重要な役割を果たす[16]。

（31）content item> grammatical word> clitic> inflectional affix

（31）のような漸次変容は「一方向性」（undirectionality）に制限され、より内容的な項目からより機能的な項目に変化するが[17]、「一方向性」の制約は言語内部の通時的変化の一般傾向であるものの、絶対原理ではないと考えられる（Greenberg ら 1978; Croft 1990）。そこで、言語接触は一方向性の変化に干渉するパラメーターを提案する。

一方向性は言語内部の歴史的な変化の傾向を示す仮説ではあるが、言語接触の影響により必ずしもこの説が成立するとは限らない。言語接触によって、接語はより実質的な（material）要素から変化するだけでなく、より形式的な（formal）要素から生成される可能性もある。漢文との接触によって日本語に取り入れられた意味構成形式がどのようにあらわれるのかは一方向性に制限されていない。この過程は言語内部的な要因によって誘発された変化ではなく、外的な影響から駆動された変容である。漢文の意味構成形式を日本語化するために、自由な要素だけでなく、拘束的な要素も接語化する可能性がある。

日本語の接語に対する漢文の影響について、これまでの研究に松本（1997）、影山（2010）などは「全国立大学」「各地方」「非合理的」「前首相」「同貿易会社」のような漢語系の接語は形態と統語の特徴を兼有し、語と接辞の中間に位置する機能であると指摘した（影山 2010:18）。ところが、これらの接語は模造によって成立した語例ではなく、漢語接語の借用である。本節で考察する接語化は語構成の模造の過程である。接語は「実質的・語彙的」要素と「形式的・補助的」要素[18]の中間位置に存在するので、接触による接語化の過程はこの二方向から考察したい。

4.3.2.2 実質的要素の接語化

形態素の間の結合度を見ると、接語の付加は接辞ほど緊密度が高くはない。また、実質的要素から接語化された要素は完全に拘束的な要素とは言い難い。したがって、従来の語構成研究では、実質的要素の接語化は一種の複合であると捉えられている。例えば、例（32）のように、古代日本語における時制をあらわす迂言的な表現の「～ハジメル」「～ヲハル」は一般的に複合動詞の後項だとされる（藤井 2001:25;徳本 2009:119;青木 2012:1)。また、例（33）のように、動詞の評価をあらわす形容詞要素「～ガタシ」「～ヤスシ」は「動詞＋形容詞」の複合動詞の後項だとされる（阪倉 1966:445;佐藤 1982:89)。実質的要素の接語化を複合化と区別することは難しいが、結合度を見ると、これらの形態素は複合語の語内要素より拘束的な素性があると判断できる。ここで接語の結合度の判断基準として、本節の後文に「機能範疇の特定」と「形態上の拘束」の二つの要素を取り上げ、接語の結合度の程度を判断する。これらの要素はもともと動詞や形容詞などの実質的要素であったが、漢文訓読の影響で、自立した語から必ず他の形態素に結びつく拘束的な要素に変容する。漢文訓読はこのような接語化の動機づけであり、実質的な意味合いを持つ「ヲハル」「カタシ」は漢文における「～已（畢・竟・終・訖)」と「難～」の語構成を模造して接語になる。

（32）a　寺主、見已テ懺悔シテ、此ノ罪ヲ除カム事ヲ願ヒキト云ヘドモ。　　　　　　（今昔物語集・巻 2）
　　　b　万物も萌もえ始て好かるらむと念に...
　　　　　　　　　　　　　　　　　　（続日本紀宣命・第 46 詔）
（33）a　今宵は耐へがたく、身もすくみてはべり。
　　　　　　　　　　　　　　　　　　　　　　（紫式部日記・13）
　　　b　来リ易テ返難キハ、此レ、閻魔ノ廳也。
　　　　　　　　　　　　　　　　　　　　（今昔物語集・巻 17）

中古漢文において、「已（畢・竟・終・訖)」と「難」のような要素はそれぞれ実質的意味をもつ動詞と形容詞として使用される（辛嶋 2006:457;龍 2007:35-38;遇 2008:123;松江 2009:116-120 など)。すなわち、「Vp＋已」は「～ことを已」、「Adjp＋難」は「～ことが難」のような統語構造で現れる。例 (34)、（35）を見ると、このような統語機能は日本語における動詞「ヲハル」と形容詞「カタシ」の内容語としての機能に匹敵する。このような統語構造を訓読する場合、Np の項構造が複雑でなければ、一般的に自立語としての動詞「ヲハル」、形容詞「カタシ」のように訓読することが可能である。探した用例の

（36）と（37）は実質的要素としての訓読例である。

（34）a あが待つ君がことをはり帰りまかりて。（万葉集・4116）

b 丈夫の心をもちてありめぐりことしをはらばつつまはず帰り来ませと。（万・4331）（大坪 1989 より）

（35）a 白露と秋萩とには恋ひ乱れ別くことかたき我が心かも。（万・2171）

b 人となることはかたきをわくらばに。（万・1785）

（36）a 翻譯始畢。

翻訳すること始メて畢ハル。（地藏・巻 1）

b 我今得道以了。

我が今道を得（る）こと以に了ハリぬ。（東大寺本百法顕幽抄平安中期点・35）（大坪 1989 より）

（37）a 如是苦海難堪忍。

是（の）如キ苦海の堪へ忍（ふ）ルこと難キ。（金光明・巻 2）

b 卒入難解故名為深入。

卒に入（り）て解クこと難（き）が故に、名（づけ）て深入と為ふ。（玄賛・巻 3）

「Np＋已」と「Np＋難」のような意味構成形式を日本語に取り入れる場合、（36）、（37）のような訓読例がある。このような「分析的」な構造をそのまま訓読すると、当時の日本語としてはすこし迂言的な表現であろう。収集した用例を見ると、例（38）、（39）はもっと一般的な訓読である。中古日本語の項構造の特徴を考えると、［［［Np＋V1］こと］V2/Adj］のような迂言的な項構造[19]は未発達なので、このような分析的な項構造が取り入れられて、［Np［V1+V2/Adj］］の構造に再分析されると日本語の語構成規則に相応しくなる[20]。

（38）a 聞已合掌喜慶。

聞キ已（リ）テ掌ヲ合（セ）テ喜慶（ス）。（法師伝・巻 10）

b 繫念而住。至天曉已。

念に繫（け）て［而］住せり。天の曉ケ已ルに至（り）ヌ。

（金光明・巻2）

c 諸佛滅度已若人善軟心。

諸佛滅度（し）已（り）て、若（し）人善軟の心あり。

（法華経・第2）

d 如是取已憶念分別則貪欲生。

是（の）如く取り已（り）て憶念の分別するときに則（ち）貪欲生ず。（成実論・巻13）

（39）a 精進難壞如金剛寶。

精進壞レ難きこと金剛宝の如し。（地藏・序品）

b 一切難捨無過己身。

一切の捨て難キモノは、己が身ヨリ過（ぎ）たるは無し。

（金光明・巻10）

c 如是事難信 佛亦如是。

是の事信（し）難（き）か如（く）、佛も、亦、是（くの）如（し）。（法華経・第15）

d 踊躍之懷筆墨難述。

踊躍シテ［之］懐、筆墨ニ述（へ）難シ。（法師伝・巻7）

言語接触による項構造の変化は、語構成の模造を誘発する要因と言える。上例の再分析の過程は（40）のように纏められる。つまり、「ヲハル」「ガタシ」のような要素に関連する対象は補文節から主節動詞に再分析される。この再分析の過程は「已」「難」のような内容語の語彙概念構造が日本語化する過程である。

（40）[Np+V] V/Adj pro ⇒ Np+[Vp+Auxi] pro

再分析の結果は、「ヲハル」「ガタシ」は動詞に付加する拘束的形態素として成立するようになった。この発端は下記の例（41）、（42）から見える。動詞との間に目的語や副詞的要素の挿入があっても訓読文における「V＋ヲハル」「V＋ガタシ」の語構成の規則はすでに固定しており、実質的要素はもう動詞要素の接語に変容したと判断できる。

（41）a 親於佛前聞妙法已歡喜踊躍。
親リ［於］佛（の）前にして、妙法を聞キ已（り）て、歓喜し踊躍し。（金光明・巻 2）

b 二者澡師手已乃卻自澡。
二（ハ）［者］師の手を澡（ヒ）已（リ）て乃（チ）却（キ）て自（ラ）澡へ。（威儀経・163）

c 授神語訖辭別而還。
神語ヲ授ケ訖（リ）テ辞別シテ［而］還リヌ。
（法師伝・巻 10）

d 思惟是事已即趣波羅奈。
是（の）事を思惟（し）已（り）て、即（ち）波羅奈に趣（き）て…（法華経・第 2）

（42）a 恐難卒成。
恐（ルラ）クハ卒ニ成（リ）難（キ）コトヲ恐ル。
（法師伝・巻 7）

b 蓋難得而言焉。
蓋（し）得而言（ひ）難（し）［焉］。（西域記・巻 1）

実質的要素が接語化すると、機能上の範疇の成立（paradigmatization）と形態上の拘束性（boundness）が変化することが観察できる。

接語化により、実質的要素は原来の機能範疇から特定の範疇にしか使われなくなる傾向がある。この過程は範疇の成立（paradigmatization）[21]と呼ばれる（大堀 2002:182）。接語化にしたがって、「ヲハル」は一般の動詞としての用法が少なくなる傾向がある。大坪（1989）の調査によると、中古時代から、「和文ではヲハルは稀にしか用いず、ハツを用いるのが普通であった」が、「ヲハル」は「単独に用いられることはなく、他の動詞と結合した形でしか用いられない」という機能範疇が変容したことわかる（大堀 2002:912）。一方、「ヲフ」の形態は「体言を目的語として、単独で用いられることが多く、他の動詞の連用形と結合して、複合語の形をとることはまれである」（同上）。中古の文献で「ヲハル」と「ヲフ」の使い分けを見ると、「ヲハル」は漢文の影響によって接語として定着する傾向が見られる。例（43）のように、「ヲハル」は和文において特定の用法に限られる。「～ことをヲハル」のような複雑な項構造の用法は見られない。特に和漢混淆文で「ヲハル」は動詞の接語としての用例が多いが、「ヲフ」にはこのような機能範疇に専属する傾向はない。例（44）の調査を見ると、今昔物語集に「ヲハル」の接語用法が65例あるのに対して、「ヲフ」は6例しか現れていない。したがって、「ヲハル」は漢文訓読の影響をうけ、すでに接語化して機能範疇が成立した。この機能範疇の用法には接語としての生産性が見える。

（43）a 命終らむ月日もさらにな知しめしそ。
（源氏物語・若菜上）

b 初め終りたがふやうなる事など、見せ給ふまじき気色になむ。　（源氏物語・椎本）

（44）ヲハル

言ひ～、受け～、失せ～、打ち～、移し～、発し～、押し～、仰下し～、講じ～、降伏し～、書き～、学し～、語り～、聞き～、行じ～、句し～、供養し～、食ひ～、授け～、慙愧し～、為～、食きし～、認め～、誦し～、修治し～、出家し～、書写し～、過ぎ～、洗浴し～、奏し～、耕へし～、治し～、突き～、尽き～、償ひ～、作り～、告げ～、勤め～、説き～、読誦し～、取納め～、習ひ～、成り～、塗り～、願ひ～、宣ひ～、飲み～、掃き～、引き～、申し～、祭り～、学び～、免れ～、見～、見せ～、廻り～、以来たり～、焼き～、訳し～、焼け～、許し～、読み～、礼し～、分かち～、教へ～

ヲフ

書き～、誦し～、作り～、馴らし～、焼き～、読み～

また、実質的要素の接語化のもう一つの特徴は形態上の拘束性が増加することである。例えば、形容詞「カタシ」は漢文訓読の影響によって動詞の接語としての使用度が高くなり、生産的な用法になる。漢文訓読における「難し」の表記で形態特徴を観察しにくいが、訓読索引を手掛かりとして、基本的に形容詞「カタシ」のままの形態で訓読される。(45) は「法師伝」に基づいた調査例であり、例外なく「〜カタシ」の訓読表記である。ところが、「カタシ」が接語化して和文に定着した場合、拘束的な形態に変容する傾向がある。国研「歴史日本語コーパス」を利用した形態の比率の調査では、平安時代の資料に接語「〜ガタシ」の用例は合わせて633例があり、形容詞の形態「カタシ」の用例は178例あった。例 (46) のような拘束的な形態が内容語より多くなった現象から、実質的要素とした「カタシ」はある程度接語化したことがわかる。拘束性の増加は日本語内的な変化であるが、形態面の変化を誘発する要因は訓読による機能の再分析である。

(45) カタシ

言ヒ〜、得〜、酬対シ〜、述ベ〜、極リ〜、涯リ〜、知リ〜、見〜、測リ〜、守リ〜、留リ〜、尽シ〜、加へ〜、仰キ〜、成リ〜、渉リ〜、壊リ〜、為シ〜、入リ〜、逢ヒ〜、窮メ〜

(46) a つゆも寝られず、まもりまいらせて、ほどさへ堪へがたく暑きころにて、お障子臥させたまへるとにつめられて…

(讃岐典侍日記・上)

b 朝日影さして消ゆべき霜なれどうちとけがたき空の気色ぞ。 (和泉式部日記)

c かぐや姫ののぼりけむ雲居はげに及ばぬことなれば、誰も知りがたし。 (源氏物語・絵合)

d 帝、なほめでたく思しめさるるにと、せきとめがたし。

(竹取物語)

以上、実質的要素の接語化の特徴を考察し、漢文訓読の影響は日本語における実質的要素が接語に変容する一つの要因であることがわかった。漢文における分析的な項構造は日本語に模造され、迂言的な構造であらわれるが、項構造の再分析によって、日本語の語構成規則に相容れる接語形式に変容する。言語接触による接語化には主に機能上と形態上の変化が見られる。機能上では、もともとの実質的要素は接辞となり、機能範疇が成立する。形態上では、自立性がなくなり、ある程度拘束性が増加する。

4.3.2.3 形式的要素の接語化

接語化の過程は必ずしも一方向性の規則に合うとは限らず、実質的要素のほかに、言語接触によって形式的要素が接語に変容する可能性がある。ここでいう形式的要素には実質的な意味合いはなく、すでに意味が漂白化されている。このような要素はモデル言語における語構成要素と対応であり、接語の形で残ってきた。

言語接触による形式的要素の接語化は「範疇の成立」の過程ではなく、モデル言語の意味構成形式の影響によって、模造言語に既有する形式的要素が新たな接語に変容する過程である。例えば、日本語におけるある形式的要素は漢文における意味構成形式に対応となり、類推によって新たな接語の用法が創発される。この過程はある形式的要素のもともとの機能が入れ替わり、新たな機能に類推される過程であり、「再適応」（exaptation）の変化と思われる（ナロック 2005:117）。言語接触は形式的要素が新機能に類推される一つの要因である[22]。

例えば、例（47）のように、古代日本語に名詞の複数をあらわす「ラ」は上代から存在してきた接尾辞である（山田 1951:425;築島 1969:503 など）。ところが複数接尾辞の他に、阪倉（1966:317）は「接尾語」の機能、小林（1954:47）は「副助詞のら」の用法について、上代には存在せず、中古から出現した用法であると指摘した。例（48）、(49）のような「ラ」の用法は名詞の複数をあらわす接辞ではなく、いわば活用形「～如き」、関係助詞「と」に付ける接語の用法であると考えられる。小林（1954）の調査によると、「カクノゴトキラ」「～トラ」は固定された用法なので、一語化した形式と理解してもよい。

（47）a 憶良らは今は罷らむ子泣くらむそれその母も我を待つらむぞ。　（万葉集・337）

b 食す国の遠の朝廷に汝らがかく罷りなば平けく我れは遊ばむ。　（万・973）

（48）a 其間に名誉ある人のしぬれば必ず魂魄定て此の池に没すといへり。かくのごときらの池は多と云とも魚のみあって船はなし。　（延慶本平家物語）

b 人若し善男子善女人ありて、此くの如き等の浄土の法門を説くを聞きて、悲喜を成して…　　　　（念仏大意）

（49）a 一夜寝て憂しと等ことは思ひけめ浮名立つ身ぞ侘しかりける。　　　　（拾遺和歌集・巻 7）

b 人のおもふがごとくならば、大悟底人家常如何とら問取すべし。　（正法眼蔵・大悟上）　　（小林 1954 より）

上例の「ラ」の接語の用法は、名詞の複数をあらわす接尾辞と同一形態の要素である。上例における「ラ」はそれぞれ「憶良のような人」「このような浄土の法門」「如何のように問取すべし」のような様態に近い意味合いである。「〜ら」の前に現れたのはこの類別を代表するものである。接語の「ラ」は一見して機能上は複数の接尾辞とあまり関係がないが、どのように成立したのかは漢文訓読の影響を探ることが求められる。朱（1992:170-172）は漢訳仏典における「等」の用法の発達について、中古の漢訳仏典では「如是等」「與等」のような用法はほぼ成句として使用されており、このような意味構成形式が日本語に模造されて、「カクノゴトキラ」「〜トラ」に直訳されるようになったと指摘した。（50）、（51）は中古仏典の訓読例である。

（50）a 如斯等輩未易具言也。

斯（ノ）如キ等（ノ）輩、具ニ言フニ易（カラ）未［也］。

（法師伝・巻 8）

b 佛已曾世世教化如是等。

仏（は）已に曾し世世に、是（くの）如き等を教化（したま）ふ。　　（法華経・方便品）

c 佛滅度後如是等經受持讀誦。

仏滅度（し）たまひて後に、是（くの）如（き）等の経を受持し読誦し…　　　（法華経・方便品第二）

d 如是等。什法師所翻。

是（ノ）如（キ）等ハ、什法師ノ翻（スル）所。

（法師伝・巻 7）

（51）a 諸國土點與不點等複盡抹為塵。

諸の国土の点セルと点セ不ル與等ヲ復盡ク抹して塵と為

テ…　　　　　　　　　　　　　　　　（法華経・化城喩品）

b 亦説爲有浄土及苦集世間見處三有等。

亦は説て有浄と為す及（び）苦と集と世間と見処と三有と等イウ。　　　　（倶舎論釈疏大治元年点）

c 亦世路言依有離有事等。

亦は世路と言依と有離と有事と等（ラ）ナリ。

（倶舎論）（小林 1954 より）

d 用青蓮花鉢孕儞花葉花枝條餘不説者等。

青蓮花ト鉢孕儞花ト葉ト花ト枝條ト餘ノ不説（の）者（モノ）等（トラ）用（テ）…　（蘇悉地羯羅経承暦三年点）

上例を見ると、「等」の訓法は「ラ」に直訳したことがわかる。この訓読は人称代名詞の複数の訓読から模造してきたのである。つまり、漢文における「我等」「汝等」「爾等」のような人称複数の訓読は「ワレラ」のような「人称代名詞＋ラ」である。「如是等」「與等」に対して相応しい訓読がないので、「ラ」で訓読して、接尾辞から接語の用法に類推された。このような類推は根拠のない変容なわけではない。阪倉（1966:315）は、上代の記紀古訓の用例を考察した上、「ラ」の意味合いは「一つのものを代表的に呈示しながら、その背後や周辺に、これにまつわって存在し、これによって代表されるような事態を暗示的に表現しようとする、一種の朧化法的表現であることであった」と述べ、認知意味上の関連を示唆した。意味合いの面で言うと、漢文における「等」はもともと名詞の複数を表すが、この意味から類推して、「～のようなもの」という一類別のものを指す機能になる。日本語はこのような語構成の意味合いの移転を模造し、「ラ」の様態の特殊用法が成立した。

また、接語に変容するもう一つの例として、形式的要素「アヒ」がよく言及される。山田（1935:197）、藤井（2001:27）はもともと「相互の動作」をあらわす接頭辞の「アヒ」は、平安時代から「意義なく、音調に添えるに止まるもの」として新たな用法を指摘した。例（52）の用法は日本語における本来の接頭辞の「アヒ」の用法である。これに対して、（53）の中古文献における用法では明らかに「相互の動作」という意味合いがない。

（52）a 去年見てし秋の月夜は渡れども相見し妹はいや年離る。

（万葉集・214）

b 我妹子を相知らしめし人をこそ恋のまされば恨めしみ思へ。（万・494）

c されど、われをあひ思はざらん人に見せたらば、世にわづらはしく漏れ聞こえんもよしなし。（讃岐典侍日記・下）

d 思ひわびてねむごろにあひ語らひける友だちのもとに...（伊勢物語）

（53）a 君、信ヲ不失ズシテ、重テ遺愧ノ賀ヲ相ヒ贈クルト。（今昔物語集・巻 7）

b またかれも、なにがし一人をあひ頼む心もことになくてやありけむとは見たまへつれど...（源氏物語・蜻蛉）

c 年ごろ若うより相添ひたてまつりて、六七十になるまで見たてまつり、頼みたてまつりつるにと、またなかりつる。（落窪物語・巻 4）

d その宮の隣なりける男、御はぶり見むとて、女車にあひ乗りていでたりけり。（伊勢物語）

漢文訓読資料には、上例のような二種類の用法が使用されている。（52）における「アヒ」は上代から存在した本来の用法「相互の動作」であるが、（53）の用例は中古から新たに頻出した用法であり、現代語までに「相互の動作」の用法と共存している。後者は「相互の動作」というよりも一方的な動作を表すと言える。（53）のようにもともとの意味合いと無関係になっても「相～」という形態が残った原因は漢文訓読の影響に求められる。中古の訓読文に（54）と（55）の用法が共存している。例（54）は「相互の動作」をあらわす用法であるが、例（55）は単に音節を添える用法である。前者は機能上一種の動詞の接頭辞であり、「アヒ依る」「アヒ対ふ」のような用例において「アヒ」は動作の相互作用を提示する不可欠の意味構成要素である。「アヒ」は接頭辞として動詞と項の格関係を提示する機能を担っている。（54）の例では、動作主の要素「牛羊鶏」「両軍」などは接辞「アヒ」の使用を通して被動者の機能を担っている。これに対して、（55）の例における「アヒ」にはこのような格を標示する機能がない。「アヒ送る」「アヒ問う」のような語彙概念構造は実質的に一方的な動作をあらわす。たとえ「アヒ」が略されても、意味的には原文と大差がない。このような用法について、山田（1935:197-198）は「意義なく、音調を添ふるに止まるものとせり...これは国語本来の法格に基づくものにあらずしてこれ亦漢語の影響によるものなるが如し」と述べ、用法の由来を指摘した。つまり漢文における意義のない「相～」の語構成を模造したものだと考えられる。

（54）a　牛羊雞等亦相依。
牛と羊と鶏等とも亦相ひ依ル。　　　（金光明・巻7）
b　兩軍相對旌旗翳日。
両軍相（ひ）対（ひ）旌旗日ヲ翳ス。　（西域記・巻7）
c　城山相去凡十五里。
城と山と相ヒ去（る）こと凡て十五里（なり）。
（義疏・序品初）
d　自軍他軍更相侵害。
自軍他軍更ヒ（に）相ヒ［に］侵害セシ。
（地蔵・第1）
（55）a　更云施大皮囊及馬相送。
更（ニ）大ナル皮ノ囊（ト）［及］馬（ト）ヲ施ス、相（ヒ）送（リ）テ云（ハク）。　（法師伝・巻1）
b　彼亦下來入烽烽官相問。
彼（モ）下リ来（リ）テ烽ニ入レツ、烽ノ官相（ヒ）問フ。
（法師伝・巻1）
c　恒以十善共相資助。
恒に十善を以て、共に相ヒ資助セヨ。　（金光明・巻6）
d　是相皆與繫性相順。
是の相は皆［与］繋と性相ヒ順（せ）り。（成実論・巻13）

意義のない「相～」の出現の原因について、朱（1992:159;2009:450）、龍（2010:26-29）の研究で、中古の漢訳仏典に「相」「取」「自」「復」をはじめ、一部の内容語が形式的な要素として使用されているとされる。これらの要素は主に一モーラ動詞に付加し、二モーラの語構成で音節の調和の機能を持っている。動詞に付いて実質的意味は持たないが、「恩恵」の伝えなどの動作の授受方向をあらわしている。例えば「相送」は「送ることをする」、「相問」は「問うことをする」という意味をあらわす。このような意味構成形式を模造して、日本語には意味合いのない動詞の接語が成立した。この接語化の動機づけは同じく類推である。漢文における「相互の動作」をあらわす「相」に対して、同等概念の「アヒ」と日本語に訓読する。一方、漢文における二音節の動詞を提示する「相」に対しては日本語に対応する概念がないので、そのまま「アヒ」に直訳し、接頭辞の用法から動詞の接語の用法に類推する。

また東辻ら（2003）の調査によると、中古から「トリ」が接語化し、具体的な意味合いがなく、「トリきめる」「トリ紛れる」のように一種の語勢を強める形式的な意味で使用される。このような要素は漢訳仏典における軽動詞（light verb）「取」の形態化に影響されたと考えられる。さらに、大坪（1994:99-103）によると、漢文における「自」の形態化の影響によって、「ヨリ」は「アラズヨリ」「カナラズヨリ」あるいは一部の単独使用の場合で「何を表しているのかが明確ではない」形式的要素に変容した。これらの変容はいずれも漢文による形式的要素への接語化と言える。本来なら、前記の「トリ」「ヨリ」のように意味がないものは接語として存在するはずがないが、実質的な意味を持つ内容語から形式的な接語になる変化は内部的な理由のみで不可能である。その理由はやはり漢訳の形式をそのまま日本語に取り入れられ、それから発生してきたものである。つまり、日本語には、漢文における「取～」の軽動詞の使い方と「～自」のような動作の方向性を示す対応要素がないが、そのまま既有の形式「トリ」「ヨリ」で訓読して、もともと日本語に相容れない文法範疇を導入するようになった過程である。これらの用法の出現は漢訳を動機づけとして求められると考えられる。

上記の例を見ると、言語接触による形式的要素の接語化は主に類推に働きかける過程である。類推の過程は次のような公式に纏められる。

Gca1：Gja1 ,Gca2：Gja2,⋯,Gca：Gja　⇒　Gcb：Gjb

形態上　Gca=Gcb　Gja=Gjb　結合性 Gja≠Gjb

つまり、漢文における分析的な統語要素 Gca は日本語では接辞 Gja に訓読される。この訓読によって、Gca と同じ形態であった形式的要素 Gcb は Gjb と訓読する。形態上 Gca と Gcb、Gja と Gjb はそれぞれ同様の形態であるが、

Gjb は語幹に付き形式的な機能しか持っていないので、語幹との間の結合性は接辞ほど緊密していない。Gjb は訓読によって直訳してきた要素であり、語幹から切り離してもいいほど結合性が低い。したがって、Gjb はすでに必須となった接辞ではなく、接語に変化したといえる。

上記の部分に言語接触による形式的要素の接語化を考察した。接語化の過程では範疇の成立はないが、主な動機付けは類推である。漢文における実質的機能を持たない音韻形態素に対して、日本語には対応となった訓読形式がないが、同形態の実質的用法の訓読から類推して接辞などで直訳する。したがって、この接辞の既有する機能が失われ、形式的機能しか持たない接語の用法に変容する。漢文の語構成規則は模造され、接辞が新たな機能要素として使用される。この過程は一種の「再適応」である。

以上、実質的要素と形式的要素の接語化に対する考察を通して言語接触による接語化の特徴を明らかにした。接語化は言語接触による語構成の模造の一類型である。モデル言語にある特定の語連続が存在しているが、模造言語はこの連続の意味構成形式αを模造し、接語が語幹に付加される形式であらわれる。取り入れられた語彙項目の一部は形態化し、接語に変容する。その結果、模造言語において意味構成形式αをもつ「自由形態素＋拘束形態素」の形式が一語化する。

接語化の過程は下記の公式であらわす。

条件：{c1,c2,c3,…,cy} ∈FMcy　　cx=FMcx

変化：FMcy+FMcx＞FMjy+BMjx⇒WORD（jy+jx）

BMjx⇒CLITICx

4.3.3 接辞化

4.3.3.1 接触による接辞化の非生産性

言語接触による接辞化は外的な影響を受け、「拘束形態素＋拘束形態素」の語を構成する過程である。この過程で語幹と接辞はいずれも拘束的な形態に変わり、形態音韻面では一つの整体となる。

「接辞」は前述した接語よりも拘束的な要素であり、完全に独立性がなく、自立した形態で存在できない。また語幹は接辞との結合性が高いので、形態上接辞から切り離せなくなる傾向がある。歴史言語学に接辞化は「接辞が語幹に付着する過程」とされる（McCarthy: Brown&Anderson ed. 2005:84）。言語内部の変化から把握すると、接辞は一般的に統語要素から語構成の要素に変化してきたものなので、生産性を持っている。ところが、語構成の模造によって成立した接辞は生産的な要素ではない。

言語内部の接辞化と違い、接触による接辞化は統語標識の機能が語構成範疇に「拡張」する（extension）過程ではなく、衰退する標識が語内要素として残り、「化石化」（fossilization）の過程[23]を指す。具体的には、日本語におけるある機能要素 Gja が、歴史上、他の同機能の要素 Gjb に入れ替わり消滅する傾向にあるが、漢文におけるある要素 Gca の意味構成形式に影響され、特定の語彙概念構造 Gja'として使用される。その結果、Gja の統語機能が衰退する一方、限られた意味構成形式の中で接辞 Gja'として残っている。このような接辞の使用は漢文に影響された語彙概念構造に限られたので、生産的な要素から非生産的な要素に変わってきた。

漢文において、統語機能は分析的手段であらわれる。中古漢文に屈折的な接辞の付加がすでに消滅したので、いわゆる分析的手段は主に接語の付加と構文の調整である。日本語における接辞は分析的な要素というより、総合的な要素であるが、その成立は漢文における接語と構文構造に影響を受けたと考えられる。

4.3.3.2 接辞化及び影響する要素

言語接触による接辞化は生産的な要素から非生産的な要素に変容する過程であるが、具体的に次のような三段階の変化に纏められる。

一まず日本語においてある生産的な文法要素 Gja が存在する。漢文訓読によって、この総合的な要素が漢文における分析的な要素 Gca に対応となる。次に、歴史の変化によって、Gja は他の類似機能の文法要素 Gjb に入れ代えられ、使用度が低くなって消滅する一方、Gca+ α など一部の常用形式の影響で、Gja＋ α の結合が高頻度で使用される。そして、Gja の形態と機能は Gja ＋ α のような幾つかの形式の中にだけ残った。Gja は文法要素としての生産性がなくなり、α と一語化し、非生産的な接辞 Gja'に再分析された。

中古漢文では主に接語と構文の調整のような分析的な手段で文法機能をあらわすので、このような分析的な手段は日本語における総合的な要素の接辞化に影響する。

第一に、接語要素の影響。漢文における接語の影響によって接辞化する例として「〜ユ」がよく言及される。現代語にも使用される「いわゆる」「あらゆる」には「〜ユ」が文法要素としてまれに現れるが、上代語に使用度が高い受動標識である（山田 1951:175）。歴史上の受動標識の入れ代わりについて、「ユ・ラユ」が「ル・ラル」に転じたのは平安時代に入って以降のことであり、上代の受動用法で圧倒的に使用度が高いと思われる（築島 1969:505）。例（56）のような上代語の用法を見ると、「ユ」は受動（自発）をあらわす助動詞である。

（56）a 白玉は人に知らえず（所知）知らずともよし知らずとも。
（万葉集・1018）
b 見るごとに音のみし泣かゆ（所泣）いにしへ思へば...
（万・324）
c 天離る鄙の長道ゆ恋ひ来れば明石の門より大和島見ゆ（所見）。（万・255）
d みどり子の若子髪にはたらちし母に抱かえ（所懐）。
（万・3791）

例（56）を見ると、上代から和文における「ユ」の表記は「所V」がよく使用される。一方、平安初期の訓読文献で「所V」の訓読は「ユ」である形式は少ないが、上代訓読の特徴を保っている。(57)に列挙した古訓のように、平安初期の訓読に現れる「ユ」は上代和文の訓読と同じ、受動（自発）をあらわす「所V」の訓読である。

（57）a 喻此無明暗夜夜昧無所見。
此（れ）ヲ無明暗夜（に）喻（ふ）、夜ハ昧（くして）見（ゆる）所無し。（東大寺諷誦文稿・358）
b 譬如優曇花一切皆愛樂天人所希有。
優曇花譬如キ一切に愛楽（せ）らエ、天人に希に有（り）と（せ）所（ら）ゆて...（法華経・巻9）
c 眾苦所惱亂為是說涅槃。
衆苦に悩乱（せ）ら所ユ、是が為に涅槃を説（き）たまヒ

キ。（法華経・巻 6）

d 種種希求憂苦所逼切。

種々に希求し憂苦に（所）逼切セラユル…（地藏・巻 1）

上記の例を見ると、平安初期まで「ユ」はまだ生産性を持つ助動詞である。上代からの訓読文で「ユ」の表記は一般的に「所 V」の形式なので、漢文における受身の接語「所」に対応となった機能を持つと思われる。ところが、中古から「ユ」の生産性がかなり変わってくるが、和文で「ユ」の受動用法が衰滅するだけではなく、訓読文献にも「所 V」の「ユ」訓が消える一方である。受動接語「所」の訓読は名詞の「トコロ」訓の他に、助動詞の「ル・ラル」はすでに「ユ」に入れ代わったのである。この変化について、築島（1969:505）は「平安時代に入ると、ほとんどすべてがル・ラルに転じ、ユ・ラユは...固定した幾つかの語にだけ残った」と指摘した。例（58）は一般的な「所 V」の訓読例である。

（58）a 老病憂愁水所漂如是苦海難堪忍。

老病憂愁の水に漂（さ）所（ル）是（の）如キ苦海の堪へ忍（ふ）ルこと。（金光明・巻 1）

b 為一切人所尊敬 。

一切（の）人（の）為（に）尊敬（せ）所（れむ）。

（東大寺諷誦文稿）

c 眾生為苦所逼。

衆生い苦の為に逼（ら）所て...（成実論・巻 13）

d 為衆所欽重。

衆に欽重（せ）所レシメむ。（金光明・巻 6）

平安中期以降の訓読文献に受身を表す「ユ」の訓読は「聞ゆ」「覚ゆ」「あらゆる」「いはゆる」のような限られた用例でしか見られなくなる。平安中後期の三蔵法師伝を調査した結果、「ユ」の訓読例は「あらゆる」と「いはゆる」のみ出現した。しかも合わせて八例しかない。「ル・ラル」例の大量使用に対して、かなり衰退した形式と考えられる。調査結果を（59）にまとめる。

（59）有（ラ）所（ル）（巻1・132）　謂（ハ）ユ所ル（巻7・33）
　　謂（ハ）所（ル）（巻7・49）謂（ハ）所（ル）（巻7・353）
　　謂（ハ）所（ル）（巻7・82）有（ラ）所（ル）（巻4・281）
　　謂（ハ）所（ル）（巻4・157）

（59）の調査を見ると、「ユ」の生産性が低下したことがわかる。ところが、「ユ」の統語機能が消滅したにもかかわらず、「あらゆる」と「いはゆる」は上代訓読のままで伝わってきた。漢訳仏典の中で「所有」「所謂（言）」における「所」は受動標識の機能がなくなり、すでに語彙化した固定用法に変容したからである。両者の意味合いは動詞の受身から「すべて・全部」「言ったことは」のような副詞的な要素に変わった。したがって、訓読形式の「あらゆる」と「いはゆる」は受動の意味と無関係になった。平安時代において（60）、（61）のような訓読例は一般的な形式である。

（60）a 所言謙譲門答者。文殊迹在因位。
　　所言（イハユル）謙譲問答といは者、文殊（の）亦（は）因位に在（り）。（義疏・巻2）
　b 所謂殺生乃至邪見。
　　謂（は）所る殺生乃至邪見なり。（地藏・巻4）
（61）a 當先抖擻去中所有。
　　當に先づ抖ゲ擻フて、中に有ラ所ルものを去ケよ。（威儀経・10）
　b 防護當來所有罪障。
　　當来に有（ら）所る罪障を防護せむ。（地藏・巻7）

「ユ」の生産性はなくなったが、漢文における「所有」「所謂（言）」の語彙化の影響で、「あらゆる」「いはゆる」は上代訓読のままで定着した。この過程で、接語「所」の変容の影響から、「ユ」は生産的な助動詞から非生産的な接辞になった。一語化した「あらゆる」「いはゆる」の中で「ユ」は拘束的な語内要素になって、自立性がなくなった。

第二に、構文構造の影響。漢文の構文構造に及ぼした日本語の変容について、「ク語法」の変遷はよく論じられる事例である。山田（1935:53）は「イハク」「オモヘラク」における「ク」の用法は一種の「延言」であり、上代から伝わってきた語法だと指摘した。築島（1969:500）は引用形式であり、「奈良時代の遺存であって、平安時代当時には一般の口頭語にあまり用いられず、一種の文章語となって」、漢文訓読によって発達する訓法であると説明した。いわゆる「ク」語法の機能については、「副詞的」（阪倉 1966:330）と「体言化」（築島 1969:495）の二種類の意見があるが、大坪（1992:145）の提案によって、「上の文節に対しては...用言の機能を持ち、下の文節に対してのみ、名詞としての機能を発揮する」という「二重の性格を持っている」。「ク」語法は上代から日本語に既有する要素であったが、この「二重の性格」は漢文訓読によって発達した機能と思われる。

これまでの研究によると、「ク」は上代から使用されるが、例（62）のような「名詞化辞」（nominalizer）の用法がほとんどである。

（62）a さ寝らくは玉の緒ばかり恋ふらくは富士の高嶺の鳴沢のごと。　　（万葉集・3358）

b うちひさす都の人に告げまくは見し日のごとくありと告げこそ。　　（万・4473）

c 相思はずあるらむ子ゆゑ玉の緒の長き春日を思ひ暮らさく。　　（万・1936）

d 意宇の海の河原の千鳥汝が鳴けば我が佐保川の思ほゆらくに。　　（万・371）（築島 1969 より）

（62）のような用法は一見して「イハク」「オモヘラク」における「ク」とは違い、名詞化の機能のみを果たしている。「ク」はあらゆる動詞に付加することが可能であり、生産性が高い統語要素である。このような用法は漢文訓読の資料にもよく見られるが、上代用法と同じような生産性を持っていても、機能上漢文の構文特徴に制限された形式となった。例（63）のように、訓読文献において「ク」は言説、考え、記録などの内容をあらわす引用形式の提示要素として使用される。この用法は（62）と全く別の用法とは考えにくい。むしろ名詞化の用法から拡張してきた用法と言える。つまり、例えば「イハク...という」はもともと「いうには／いうことには」という意味を表し、明らかにその関連性が見える。言語類型の差異によって訓読文にはそのまま漢文の言説・思考の内容をあらわすために「いうことには」というような原文の構造に近い形式をとり、頻繁に使用され、新たな引用形式の提示要素として受容されるようになったと考えてよいか。

（63） a 頌說曰…滅諸眾生煩惱病。
　　頌を説（き）て曰はク、「…諸（の）衆生の煩悩の病を滅サム」トイヒキ。　（地藏・巻4）
　b 即謂適時之教也。
　　即（チ）謂ハク、「適時（ノ）［之］教なり」と［也］。　（法師伝・巻1）
　c 我即作是念…今正是其時。
　　我即（ち）是の念を作しく、「…今正（し）く是（れ）其の時なり。」とおもホシキ。　（法華経・巻9）
　d 即為授記…應當如是精勤修學。
　　即為に記を授（け）たまはク、「…當に是（の）如ク精勤して修学す応し」とのたまふ。　（金光明・巻5）

引用形式の「ク」は漢文におけるなんらかの接語の訓読ではなく、漢文の引用構文の構造に影響された形式と考えられる。VO言語として、漢文における引用形式は一般的に「曰（謂・言う）＋Np」「思（念・以為）＋Np」「恐＋Np」のような動詞と補文節の構文である。例（63）を見ると、漢文の引用構文におけるNpは往々にして文レベル以上の形式である。訓読する際は、本来なら長い目的語から「という」「と思ふ」「と恐る」の形式であったが、古代語では長い目的語の補文節が未発達なので、漢文動詞の構文位置において、引用内容を表す動詞の副詞的な形式で後続の目的語の統語範囲を提示する必要がある。ここで言語類型が異なる結果として「ク」は引用形式を提示する要素となったが、実質上単に引用を表す用法ではなく、もともとの名詞化の性質を持っている。したがって一般的に「という」などの形式と共起する。例（63）のような「イハク…ト（イフ）」「オモヘラク…ト（オモフ）」は反読の形式がよく見られる訓読である。漢文の構文構造の影響を受け、日本語では「ク」の名詞化辞の機能で「言うことには…」「思うことには…」という意味合いをあらわす。大坪（1992:204-206）の調査によると、時代の推移に伴って「V-aku～とV」の形式が次第に減少し、「V-aku～」が単独で使用される形式が増加することがわかる。例（64）のように「V ク」は動詞と名詞化辞の結合がいっそう緊密化して、副詞になったと言える。

（64）a 王曰爾乎。
王の曰（は）く、「爾ナリ［乎]」。　（西域記・巻8）
b （王）問曰爾何人猶獨棲林野。
（王）問（ヒ）テ曰（ハ）ク、「爾何人ソ、猶（シ）独リ林野ニ栖ム」。　（法師伝・巻5）
c 縱使命淪夕景。希成一簣之功。
縱使ヒ命ハタノ夕景ニ淪ムトモ、希ハクハ、一簣ノ功ヲ成サム。　（寄帰伝・巻1）
d 我今疑弟捨其身。
我も今疑（は）クは弟は其の身を捨（てつ）ラム。
（金光明・巻10）

中古日本語で「ク」の元来の名詞化辞の用法が消滅する一方、言説動詞をはじめ漢文の引用構文の影響によって成立した「イハク」「オモハク」「ネガハク」「オソラク」などの副詞は語内要素として残っている。つまり、「ク」が引用をあらわす動詞に付加されて、非生産的な接辞になった。「ク」の接辞化の過程を見ると、影響要素は漢文におけるなんらかの文法標識ではなく、引用を表す構文構造である。

第三に、統語位置の影響。現代日本語の選択を表す接続詞「アルイハ」の成立は、文頭に位置する主格の役を果たす「アルイハ」から派生してきたものと考えられる（山田 1935:228;大坪 1994:156）。文頭に位置する「イ」の属性についてはまだ定説がないが、主格助詞、係助詞、副助詞、間投助詞などの仮設がある（大坪 1992:111）。中古の「イ」の使用状況を見ると、かなり機能にゆらぎが見られるので、該当する品詞を断定しにくいが、語内要素の接辞ではなく一種の後置詞の用法であると判断できる。(65）の「イ」の一般用例を見ると、もともと用法が多様で生産的な後置詞である[24]。

（65）a 我が背子が跡踏み求め追ひ行かば紀の関守い留めてむかも。（万葉集・545）
　　b 新世にともにあらむと玉の緒の絶えじい妹と結びてしことは果たさず。（万・481）
　　c 故是以子は祖の心成いし子には可在。（続日本紀宣命・第13詔）
　　d みつみつし久米のこらがくぶつついいしつついもち撃ちてし止まむ。（古事記上）（大坪 1994 より）

（65）のような用法は訓読文献にも見られるが、漢文におけるなんらかの要素を訓読する専属形式ではなく、おおざっぱに言えば主格に位置する動詞の提示機能をあらわす要素であり、「スルモノ・スルコト・スルトキニ」のような意を表す。例（66）の訓読例では「イ」の機能はほとんど（65）と同じで、漢文における主格の動詞句に付ける後置詞である。これらの用例において「イ」は単独で使用される文法標識であり、ほかの特定の要素と結合して接語化する傾向は見えない。

（66）a 汝等見者即是彼佛。
　　汝等の見ルいは［者］即是レ彼の佛なり。
（金光明・巻3）
　　b 合掌一心讃歎佛生生常憶宿世事。
　　掌を合せ心を一にて仏を讃歎（し）たてまつるいは、生に生に常に宿世の事を憶するモノゾ。（金光明・巻2）
　　c 若眼識依眼是則有處。
　　若眼識が眼に依（る）いは、是（れ）則（ち）處有なり。
（成実論・巻17）
　　d 生小兒從生習慈能起惡業思惡業邪。
　　小児の生（れ）てより慈を習ヘルい、能（く）悪業を起し、悪業（を）思はむや。（成実論・巻12）

「アルイハ」における「イ」の接語化の動機づけは漢文における文頭の「或・有」訓読の影響だと思われるが、「或・有」の性質はこれまでの訓読研究では

「不定代名詞」とされる（山田 1935:229)。「或・有」が代名詞として文頭に現れる場合、一般的に「あるコト・モノ・ヒト」というような不定要素の提示機能を表す。このような文頭用法は漢訳仏典で常用されているが、一種の翻訳語調と思われる（朱 2009:23)。「不定代名詞」は新情報を指示するので、一般的に主格に位置する。したがって、例（67）のような統語位置に対して、「或（有)」はいずれも「アルイハ」と訓読する。

(67) a 或有不善心而無信。
　　　或いは不善心有（り）て而信は無し。　（成実論・巻 15）
　　b 或文乖旨奥意有躊躕。
　　　或（イハ）文乖（キ）旨奥クシテ意ニ躊躇有レハ...
　　　　　　　　　　　　　　　　　　（法師伝・巻 10）
　　c 有犯斯戒非沙彌也。
　　　斯の戒を犯（スル）こと有（ル）イは沙弥に非（す）[也]。
　　　　　　　　　　　　　　　　　　（威儀経・巻 1）
　　d 若聞法布施或持戒忍辱。
　　　若（しは）法を聞（き）て布施し、或（るいは）持戒し忍辱し...　（法華経・巻 1）

このような訓読例で「或（有)」は文頭にあるので、単なる「アル」と訓読され、その統語的な機能を表わせないので、主格をあらわす後置詞「イ」が付加された。一方、「アルハ」の訓読もよく見られるが、「アルイハ」との区別について大坪（1992:110）は「アルハは、動詞アリの連体形にハの接続したものであるから､アルイハと同様､主語としても用いられるはずであるが、実際には、アルイハを主語に、アルハを連用修飾語として使い分けている」と指摘した。つまり、「或（有)」の訓読に「イ」が現れる原因はその不定代名詞の統語位置が文頭にあることによる。

「或（有)」の訓読によって、「イ」の後置詞としての機能が消失しても、「アル」と一語化して、化石化の状態で定着してきた。この過程で「イ」が非生産的な接辞となり、接辞に変容した。「イ」が接辞化した要因は「或（有)」の動詞用法の影響ではなく、不定代名詞の訓読の影響である。「或（有)」が不定代名詞として「イ」に対応となった要素は意味合いや構文構造ではなく、同じ統語位置を持っているのである。したがって、「イ」の接辞化は漢文における要素の統語位置の影響によっておこる過程である。

上記の考察を通して、言語接触による接辞化の特徴および影響を受ける要素を明らかにした。接辞化は言語接触による語構成の一類型である。モデル言語にはある文法形式が存在しているが、模造言語はこの文法形式を母語化して、接辞付加の形式で現れる。取り入れられた要素は形態化し、接辞になる。接辞化の過程は往々にして模造言語における要素が非生産的な語内要素として化石化する過程である。接辞化の結果は「拘束形態素＋拘束形態素」の形式で一語化する。

接辞化の過程は下記の公式であらわす。

条件：{c1,c2,c3,…,cy} ∈FMcy　　cx=FMcx
変化：FMcy+FMcx＞BMjy+BMjx⇒WORD（jy+jx）
　　　BMjx⇒AFFIXx

---

[1] 古典の言語類型研究の影響を受け、松下（1927）は「原辞構成」と「連詞構成」という用語を使用した。前者は語幹に膠着的要素を付加する語構成であり、後者は語や形態素の線的な並びによる語構成である。この二つの概念はそれぞれ本論文の「総合的語構成」と「分析的語構成」に対応できる概念と思われる。

[2] 語彙概念構造は語の概念的な意味を表示するものさしとされる（Hale&Keyser 1987 など）。影山（1993:32）によると、一般的に名詞は語彙概念構造のみで項構造は持たないに対して、動詞は両方を持っているが、語彙概念構造と項構造が統一している。

[3] 古代日本語に動詞の複合化が存在しているかどうかは定説はない。吉澤（1952）、金田一（1953）、百留（2001）などは古代日本語に複合動詞は存在しなかったが、「動詞連用形＋動詞」の形はただの二語連続であると主張する。もう一つの観点は複合動詞が古代から存在していたが、ただし「形態的緊密性」は弱かった（井上 1962;徳本 2009;阿部 2011;青木 2012）。本論文に後者の研究成果に準じて、複合動詞が古代から存在するのを論述の前提にする。

[4] 徳本（2009）に「原因・理由」と称するが、ここで「手段－結果」の用語に統一する。

[5] 古代漢語における「手段 - 結果」の語構成について、石（2011:47）は認定の基準を提出した。「V＋死」を例として、「百餘人炭崩盡壓死」のような用例では「死」は自立の動詞と複合動詞の一部の中間的な要素であるが、「秦時六月皆凍死人」のような目的語が使用できる用例では「死」は複合動詞の一部だと思われる。この調査では、中世の使用頻度を見ると、「V＋死＋O」の使用率は 143／220 である。また、もう一例の調査では、劉&魏（2000:2）は『朱子語類』の用例を見ると複合動詞の中に「手段 - 結果」に認定できる語例の比率は 619／4878 である。このようなデータから漢文における「手

段 - 結果」の複合動詞は同時期の日本語より明らかに高いのがわかった。

[6] 能格性をもつ言語が一般的に「形態的能格言語」（morphologically ergative language）と「統語的能格言語」（syntactically ergative language）に区別される（Comrie 1978;Dixon 1994)。前者は屈折などの形態的変化で能格性をあらわすが、後者は語順や統語標識で能格性をあらわすとされている。

[7] 上代中国語は動詞に豊富な形態的な変化があり、能格性は接辞の付加などの形態変化によってあらわれると思われる（Yakhontov 1960;Pulleyblank 1973;Li 1983;潘 1991)。中古中国語には屈折的な形態変化が消失したが、能格性の対立がまだ動詞の統語構造に残留している。

[8] 漢文における Vt＋Vua の構造は語レベルの構造なのか統語レベルの構造なのかについて論争がある。王（1964,1989)、呂（1987）など一種の複合動詞とされるが、太田（1958)、Shi（2002）などは Vt＋Vua は一種の「動＋補足」構造と見なす。この問題について、語構成の観点で把握するのを主張したい。つまり、Vt＋Vua の語彙項目は再分析によって「動作動詞＋能格動詞」の統語構造に成立したものだと思われる。

[9] 動詞の能格性の理論が発端した以前、Chao（1968:194）は漢文における対格動詞を「使役動詞」と称する。

[10] 「能格性の顕在化」という観点は複合動詞の対照研究から得られたのである。望月（1990:249）と王（2005:178）の考察によると、日本語には「使役動詞」のような概念はないが、漢文の複合動詞の後項は一般的に能格性を持つ使役動詞である。それに対して、日本語には能格性を持つ形式で後項動詞をあらわす。

[11] 言語学に余剰は一つの情報、意味、機能を一回以上に表すことである（Crystal 2009:406)。言い換えれば、情報にとっては必要以上の表現である。

[12] 「並列動作の累加」を表す複合動詞について、野村（1971:70）は並列動作の累加と呼ぶが、徳本（2009）における「類義」および「並立」の総称に相当する。藤井（1989:2）は「類義」と「対義」の複合動詞の意味構成形式を一括して「並列」と呼ぶ。ここで、「並列複合動詞」の呼び方を採用する。

[13] 中古漢文の二音節動詞における「並列」の意味を表す動詞の比率はかなり高い。中古漢文における「並列動詞／二音節動詞」の比率を比較すると、『論衡』に 1401／2088 があり、『賢愚経』に 2291／4183 があり（顔 1984:117)、『世説新語』に 715／1541 がある（韓 1988:14)。

[14] 朱（1992）の調査によると、中古の漢訳仏典における二音節語彙の比率は同時代の漢籍（中土文献）より遥かに高い。動詞を例として、二音節動詞は『百喩経』に 956 例、『雑宝蔵経』に 2606 例、『賢愚経』に 4183 例がある。二音節の語彙はすでに語彙の主流となったとされる（p24)。

[15] 日本語だけで記述された例で複合動詞が漢文訓読に直接に影響されたと判断しにくいが、これまでの研究に和文における複合動詞の漢文依拠に対する考察があり、参考になった。青木（2006:10）は複合動詞を例として、和文資料において漢文訓読語が多く存在すると指摘した。例えば、「複合動詞に共通するものが多い…『宇津保物語』は和文の中では漢文訓読語の使用が目立ち、文体的には純粋な和文とは言い難い作品である。『水鏡』も漢文体の依拠資料の影響で少なからぬ漢文訓読語が使用されており、漢

文訓読語の混在する和文という意味での共通性はあると言える」と述べた。

[16] Hopper&Traugott（2003:7）が指摘したように、接語の判定は難しいことである。これまでの文法化研究に一般にアクセントの手段で判定する。本論文において、形態上の独立性で把握したい。接辞と接語の間にはっきりした境界線がないが、語幹との緊密度によって区別したい。接語は語幹から分離しても独立した形態で使用できるが、機能上と意味上で独立した状態は付加の状態と区別が見える。また、大雑把に区分すると、付加されたとき、接辞の語幹は一般に拘束的形態であるに対して、接語の語幹は自由的形態である。このような区分は大きなゆらぎがあると思われるが、連続的な概念の間に大概に線を引いたことが考えられる。

[17]「一方向性」仮説は文法の歴史変化によく言及された概念である。Meillet（1912）、Sapir（1921）などに、「一方向性」とは文法の成立は必ず内容語から機能辞に変化するが、逆方向の変化がないとされる。近来の形態論研究に、Hopper&Traugott （2003）は「一方向性」は機能上より文法的へ、形態上より拘束的への変化とされる。ところが、「一方向性」は絶対的な規則ではない。Brinton&Traugott（2005）、Norde（2009）は「脱文法化」（degrammaticalization）は一種の「一方向性」の反例だとされる。

[18] 阪倉（1986）、石井（1988）より引用した用語である。

[19] 迂言的表現（periphrasis）とは、屈折や機能辞のかわりに、一連の句や語の累加によって特定の文法機能を表すことである（Hopper&Traugott 2003:123-124）。総合的言語にとって、分析的言語のような機能表現方式は迂言的表現と思われる。

[20] 大坪（1994:545）は訓点語に影響された前の形式名詞を調査した結果、句節を名詞化する標識としての「こと」の使用率は、『記紀歌謡』は4.5%、『万葉集』は20.0%であり、明らかに訓読文での使用率より低いと指摘した。したがって、分析的な形式名詞よりも、中古以前の名詞化構造は一般的に屈折的である。

[21] 大堀（2002）は「範疇の成立」はある「開いたクラス」に使用される要素は「閉じたクラス」にしか使用されないようになった過程である。つまり言い換えれば、ある要素は特定の機能部門が成立する過程である。

[22]「再適応」は重要な文法変容に関する概念である。ナロック（2005:117）では「外適応」と翻訳した。Traugott（2001:133）は文法化の漸次変容と比較して、「再適応」は文法機能の刷新（functional renewal）の過程だとされる。つまり、ある文法項目は内容語から漸次的に機能辞に変化するによって生成してきたのではなく、完全に機能上の関連がない文法項目から転化してきた過程である。

[23] 第二言語習得の概念と違い、言語の歴史変容における「化石化」はすでに生産性がなくなった言語要素は特定の統語構造において固定した形態で保存してきた過程である。

[24] ここでの助辞「イ」は本来何のものであったのかはまだ定説がないが、これまでの研究によると「イ」はもともと上代日本語に存在していたものに違いない（山田 1935:235-237;大坪 1992:103-114）。大坪（1992:112）は「イ」は「主格表示の用法を派生し、奈良時代から平安初期が丁度その過度期に当っていた…それ以降のものは、時代が下るにつれ、イの使用が衰へ、その原義が忘れられて、主格表示の用法だけが残存した」と指摘した。もともと「イ」は漢文と全く無関係のものであったが、訓読文

にほぼ全用例の「イ」は主格用法なので、「あるいは」のような固定構造に化石化の形式として保存されてきた。漢文訓読は「イ」の用法保存の媒介と言える。

まとめ

本章において、訓読接触による語構成模造を考察した。漢文訓読による日本語の語構成の変容に対して用例調査を行った上で、次の問題点を明らかにした。

- 語構成模造の本質は言語接触による形態素結合の規則の変容であり、言語内外要素の相互作用の結果である。形態統語論レベルの変化として、言語間の深層的な統合的関係に関わっている。
- 語構成模造の動機づけは模造言語とモデル言語の間の形態素結合の規則の対応である。漢文訓読による語構成の模造において、形態素結合の対応の過程は「分析的」な語構成規則と「総合的」な語構成規則に再分析する過程である。
- 語構成要素の結合性を基準として、語構成模造は「複合化」「接語化」「接辞化」の三類型に分けられる。
- 複合化は「自由形態素＋自由形態素」の語構成のパターンである。モデル言語に特定の語彙項目の連続が存在している。模造言語がこのような語彙項目の連続を模造し、再分析によって、統語レベルから形態レベルの統合的な関係へ変化し、一語になる過程である。
- 接語化は「自由形態素＋拘束形態素」の語構成のパターンである。モデル言語にある特定の語彙項目の連続が存在している。模造言語はこの連続を模造し、再分析によって、語構成の要素の一部が接語になり、語幹に付加される過程である。
- 接辞化は「拘束形態素＋拘束形態素」の語構成のパターンである。モデル言語においてある語彙項目が特定の統語機能を果たしている。模造言語はこの語彙項目を拘束形態素として取り入れ、母語化する。統語機能の対応にしたがって、模造言語に既有の文法要素が接辞として付加されるようになる。
- これらの変容はいずれも語間境界を語内形態素間境界に再分

析する形態化の過程である。漢文との接触によって、日本語にはもともとなかった語構成の規則が模造され、語連続の語間境界がなくなり、一語化する。語構成規則が日本語化するにしたがって、もともと語内要素ではない成分が形態化して語構成の形態素に変容する。

第５章
言語接触による統語機能の模造

第４章で言語接触による語構成の模造を考察した。この考察を通して、言語接触による形態素結合の規則変容を明らかにした。語構成の模造は文法模造の形態面の一類型であるのに対して、統語機能の模造は主に機能面の類型である。

従来の研究では「統語機能」は言語接触によって影響される範疇とされない。文法標識は文法機能を表す一種の形式意味単位（forma-meaning units）なので、一般的に言語接触による統語機能の変容は文法的意味（grammatical meaning）[1]の模造とされる。Haspelmath（1998,2001）は文法標識の「借用」は同音（homophony）接触であるのに対して、接触による文法標識の機能変容は多義模造（polysemy copying）か意味借用（semantic borrowing）の範疇に属すると提案した。Heine&Kuteva（2003:533）はこの説に基づき、文法意味模造（grammatical meaning replication）という概念を提出し、機能模造の対象は文法意味であると示した。

従来の説と違い、最近の研究は言語接触にもたらされた統語機能の変容が文法意味の変化にとどまらず、標識の義務性（obligatoriness）、形態の拘束性（boundness）、文法範疇の成立、音声の融合（fusion）など、多方面の特徴に影響を及ぼす点を明らかにした（Heine&Kuteva 2005; 松瀬 2006; Winford 2008; Matthews&Yip 2009; 陳 2011 など）。Heine&Kuteva（2005）は、言語接触による統語機能の変容は、意味、形態、統語、音声の多方面にまたがる変容とし、この模造の過程を「接触による文法化」（contact-induced grammaticalization）と称し、文法化の視点で接触による機能変容を分析する可能性を示した。この観点から接触による統語機能の変容は歴史的な文法変化としてダイナミックに把握することができる。

統語機能の歴史変容を観察するために、「接触による文法化」の理論構造は本章の考察の依拠にしたい。ところが、従来の文法化研究では統語標識そのものの変化のみに注目されている。文法化の過程は「内容語＞機能辞」「文法的＞より文法的」という統語標識の成立過程であるとされてきたが、統語機能の変容において統合的環境（syntagmatic context）は文法化の要素として重視されていない[2]。これに対して、Lehmann（1992:7）は、語彙項目の文法化は実質的に構造全体文法化の副次的現象（epiphonomenon）であり、文法化は「語彙項目＞統語標識」のような孤立した個体変化ではなく、構文（construction）全体の変化であると指摘した。Hopper&Traugott（2003:142）は「語彙項目＞接語＞接辞」の文法化において「語彙項目」は条件的概念であり、「特定の統語上の語彙項目」（lexical item in a specific syntactic context）に該当する[3]。つまり特定の文法環境は文法化の必須条件である。Himmelmann（2004:31）は語彙項目の文法化の前提は新たな統語環境に類推することを主張し、統語標識そのものを観察する文法化研究は「要素文法化観」（element-based view on grammaticalization）と称し、統語環境の全体を対象とする文法化研究を「環境文法化観」（context-based view on grammaticalization）と呼ぶ。以上の先行研究から、最近の文法化研究では「統語環境」が文法化に不可欠の要素として重要視されていることがわかる。「接触による文法化」の過程でも「統語環境」は必須な要素として考えられる。したがって、先行の「接触による文法化」の理論に「統語環境」の要素を加えて、見直す必要があると思われる。

漢文訓読による日本語の統語機能の変容は、統語機能の模造である。「接触による文法化」の理論で観察すると、文法項目と統語環境はいずれも模造の要素である。漢文訓読は一種の翻訳模造なので、文法項目の「意味模造」は接触による機能変容の基礎である。漢文を訓読する場合、言語類型の差異によって日本語に相容れない特定の用法が生じる。これらの用法が日本語の統語環境に頻繁に使用されると、新たな統語機能が成立するようになる。

また、訓読資料には、接触による文法化の変容の中で、各段階に存在する機能特徴が共存（coexistence）している。これらの要素は歴史的な変容を観察する重要な手掛かりである。

（1）a 接触による文法化は一般の文法化と比べ、どのような特徴があるのか。どのようなメカニズムであるか。

b 接触による文法化には統語機能の変容に影響を与える要素と指標があるのか。

c 漢文訓読の影響を受けて、日本語における統語標識の機能はどのように変化したか。

本章では上記の考察を通して、言語接触による統語機能の模造の類型とその特徴を体系的に把握したい。

---

[1] Heine&Kuteva（2005）は Thomason&Kaufman（1988）、Aikhenvald（2002）などの説を参考にして、言語接触による文法の変容を「文法意味」と「構造」に大別した。この説によると、「文法意味」とは屈折変化や統語標識、語順などで表した意味合いであり、、統語構造の対応概念とされている。

[2] 従来の文法化研究は主に統語標識そのものの成立、発達を問題点とした。古典的文法化定義から従来の文法化研究の対象と問題意識が見られる。Heine（1991:2）は文法化は「語彙要素は文法機能を持つようになる、またはある文法要素はより文法的な要素になること」と提案した。Hopper&Traugott（2003:2）は「文法化は、どのようにして文法項目が成立したのか、さらにどのように発達するのか、そして文法項目がどのように言語を形作るのかに焦点となった研究」と述べ、文法化研究の任務を示した。河上（1996:179）は「もともと内容語だったものが次第に機能語として文法的特質、役割を担うようになる現象」と指摘した。これらの説はいずれも、標識そのものの変化を研究対象とした。

[3] Lehmann（2002）、Himmelmann（2004）の観点によると、構文文法の視点で「文法化範囲」という概念を提出した。「文法化範囲」における要素は「語彙項目＞統語標識」のような孤立の個体変化だけではなく、文法化する項目が存在した「文法化範囲」内の構文も必ず変化する。言い換えれば、「文法化項目」は機能辞に変化する「語彙項目」ではなく、「語彙項目」を含める構文である。

5.1 統語機能模造の概念とメカニズム

5.1.1 統語機能模造の概念と本質

第３章の考察から、統語機能の模造は文法模造の重要な下位類型であることがわかった。形態面と構造面の文法模造に対して、統語機能の模造は文法標識の機能を「模造」する過程である。そこで文法模造の概念を参考にし、下位類型である統語機能の模造について次のように定義する。

(2) 統語機能の模造とは、模造言語の話者がモデル言語のある特定の統語機能を真似て、模造言語特有の言語要素を利用し、自分の言語に新たな統語機能を造り出すことを指す。

ここで「統語機能」という用語について明確にし、「統語機能の模造」の過程で模造される対象は一体どのような要素なのかを具体化しなければならない。統語機能は文法関係（grammatical relation）とも言われる。文法関係の役割を果たしているのは一般的に「特定の統語環境における語や句」とされている（Brown&Anderson 2006:501）。したがって、具体的に「統語機能」を果たしているのは「統語環境」と「統語要素」の二つであると考えられる。

言語接触による統語要素の模造は一般的に多義模造に限られるのに対して、言語接触による統語環境と統語要素の全体的な変容は統語機能の模造とされる（Heine&Kuteva 2003,2005;Hasen 2005;Matthews&Yip 2009）。Heine&Kuteva（2005:100-103）の考察によると、統語機能の模造と多義模造には表 5.1 のような区別が見られる。

表 5.1　統語機能模造と多義模造の区別

	統語機能模造	多義模造
模造対象	機能範疇	意味範疇
変容過程	中間段階あり	中間段階なし
一方向性	一方向的	方向性の制限なし

上記の表 5.1 を見ると、多義模造は「範疇の成立」「漸次変容」「一方向性」

などの変容指標に関係ない、単なる意味模造の過程である。意味模造の面では、多義模造は機能模造と類似した形式で現れ、いずれも（3）の変容である[1]。ところが、統語機能の面で多義模造は Mx と My 間、Rx と Ry 間に派生関係はなく、独立した機能を持っている。これに対して、機能模造はモデル言語において Mx＞My の機能変容があり、この過程を模造して模造言語で Rx＞Ry の機能上の派生が現れる。（4）の公式の対比を見ると、多義模造と違い、統語機能模造は文法的意味だけではなく、一種の機能派生の過程を模造する過程と考えられる。

（3）M（x,y）＞ R（x,y）

（4）多義模造　：　機能模造

Mx	My		Mx ＞ My
↓	↓		↓
Rx	Ry		Rx ＞ Ry

もし Mx＞My の変化が内容語から文法機能をあらわす「特定の統語環境」における文法標識への変化であれば、機能模造における Ry の成立は My の文法意味を模造した結果ではなく、模造言語が Mx＞My に文法化する過程で引き起こされたのである。例えば、漢文訓読において、Cx＞Jx の模造は「対応公約」に基づく意味模造である。漢文における Cx は文法化によって Cy の文法機能に変化する。日本語には Cy に相当する機能範疇はないが、Cx＞Cy の文法化の過程が模造され、Jx＞Jy の機能変化が起こった。Jy は新たな日本語の機能範疇となる。したがって、統語機能の模造は実質的にはモデル言語における文法化の過程を模造する変化なので、この接触による変容の本質は「接触による文法化」である。

5.1.2 接触による文法化のメカニズム

これまでの研究では文法化は一般的に言語内部の変化とされるが、最近の文法化研究に「接触による文法化」が文法化の一つの重要な下位類型であるとする論述があり（Heine&Kuteva 2002,2005;Hopper&Traugott 2003;Auwera 2006 など）、その中で文法化は言語内部文法化（internal grammaticalization）と接触による文法化とに大別されている（Heine&Kuteva 2005:13）としている。

機能模造の過程として、接触による文法は内部文法化と同じ、いずれも新たな文法項目や文法範疇が成立する過程である。Heine&Kuteva（2003:553）の考察に基づき、接触による文法化を次のように定義する。

> 接触による文法化とは、モデル言語における文法化の影響を受けて模造言語に類似した文法化が発生し、新たな文法項目や文法範疇が成立する過程である。

この定義を見ると、言語接触は、模造言語における文法化の過程を生じさせるか、あるいは加速させる誘因である。したがって、接触による文法化と内部文法化との区別は単に動機付けの違いだけである。Heine&Kuteva（2005:80）、呉（2009:198）などの研究にも同じ観点が示された。両者の言語内部の変容原理は完全に同じであるが、文法化を誘発するモチベーションはそれぞれ言語内部と言語外部の要因である。これまでの研究では文法化の言語内部の要因に最も重要なのは「語用論的推論」（pragmatic inference）とされる[2]（Heine 1991:150-151;Hopper&Traugott 2003:71-74）。「語用論的推論」はある言語の使用者が言語の経済性（economy principles）および定例化（routinization）によって新たな機能を推論し、言語項目の文法化を及ぼすことである[3]。これに対して、その言語の文法化の外的動機づけは言語接触である。言語の使用者がモデル言語における共時的に共存する要素 Mx、My に基づき、Mx＞My の文法化の過程を推論した上でこの過程を模造する。したがって、一般の内部文法化と比較すると、接触による文法化の動機付けは言語内部の語用論的推論ではなく、言語接触である。他の文法化の要素面で接触による文法化は言語内部の文法化と同様であると考えられる。

動機づけの区別から、接触による文法化はモデル言語における文法項目や文法範疇の文法化によって影響された変容であることがわかる。この変容に働きかけるのは言語接触にもたらされた文法化の推論とされる（Heine & Kuteva 2003:539,2005:92）。この推論の過程は（5）のように纏められる。この四段階の変容を通して接触による文法化のメカニズムが見られる。

（5）接触による文法化

段階１：模造言語（R）の話者がモデル言語（M）に文法項目

や文法範疇 My が存在することに気が付いた。
段階２：模造言語（R）の話者は模造言語（R）に既存する要素で My の対応機能を表す。
段階３：模造言語（R）の話者はモデル言語（M）における My の文法化の過程を模造して、[Mx>My]:[Rx>Ry]の公式で My の対応機能の要素 Ry を類推する。
段階４：以上の動機で、Rx は R y に文法化する。

（5）の変化と同じ、漢文訓読による日本語における文法項目や文法範疇 Jy の成立の過程は接触による文法化の過程である。日本語の話者は漢文における Cy を訓読する場合、対応機能を持つ要素が見つからないので日本語における既有の要素で訓読する。そこで訓点を施す話者は Cy が Cx から文法化したことに気づいた。Cx＞Jx の訓読はすでに存在した対応関係である。Cx＞Cy の文法化に影響され、Jx は Cy の対応機能を持つ Jy に文法化する。この過程で、模造の対象は漢文における文法項目や文法範疇の Cy ではなく、Cx＞Cy の文法化の過程である。また、Cy と Jy の統語機能上の対応は Cx＞Jx の意味上の対応に基づいている。つまり、Cx＞Jx の意味模造は Cy＞Jy の機能模造の前提と条件である。

したがって、漢文訓読による日本語における文法要素の文法化は（6）の公式に纏められる。

（6）Cx＞Cy ⇒ Jx＞Jy　　意味上 Cx＝Jx　機能上 Cy＝Jy

以上の通り本節で統語機能模造の概念とメカニズムを明らかにした。統語機能の模造は統語要素と統語環境の二方面の対応によって模造言語に新たな統語機能が成立する過程である。その本質は接触による文法化である。接触による文法化の動機づけは語用論的推論ではなく、言語接触である。この過程でモデル言語における文法項目や文法範疇の文法化の過程に影響され、模造言語に新たな統語機能が成立するようになる。接触による文法化は意味上の対応から機能上の対応に推論する過程である。

---

[1] 呉（2013:9）は「多義模造はA言語の使用者はB言語におけるある項目の複数の意味を模造する過程である。多義模造によって、A言語における項目はBの言語と同じ複数の意味を持つようになる」という定義を下した。この定義を見ると、「多義模造」は意味論に関する概念であり、模造の対象となる「意味」は語彙の意味と文法の意味が含まれて、「文法模造」の専属的概念ではないと思われる。

[2] 陳（2005:126）の定義によると、「語用論的推論」はある言語形式を含む文脈に構造通りの意味以外の会話的含意（conversational implicature）が頻繁に起こり、それが慣習的含意(conventionalized implicature)になって、当該の言語形式がその新しい解釈に基いて意味的、構文的、形態的な内部構造の修正という再分析を受けるようになる過程である。「語用論的推論」は文法化における再分析と類推のメカニズムを引き起こす重要な動機づけとされている（Hopper&Traugott 2003:71）。

[3] Langacker（1977:101）によると、言語の「経済性」は情報の「最小限の区別によって最大限の効率を生み出すこと」「情報を最大限に活かすということ」という二つの語用論的な効果がある。Hopper&Traugott（2003:72）は「経済性」が文法化に対する作用について、「新情報をすでにある情報に統合させる」と述べ、新しい文法標識の生産は言語の「経済性」に基いたことだと指摘した。また、「定例化」について、Hopper&Traugott（2003:74）は「話し手は、ほぼ同じことを違う言い方で言うよりも、たとえそれがほかの表現と競合するとしても、聞こえをよくするために前に聞いたことのある表現を繰り返す場合が多い。…そういった表現は、新しく見える作られた流行表現よりも、談話でより多く使われる」と説明し、語用論的推論によって文法化した要素はどのように定着したかを示した。

5.2 接触による文法化の変容要素の特徴

5.2.1 文法化の変容要素

前節の考察から接触による文法化は言語内部の文法化と動機付けが異なることがわかる。上記の接触による文法化の四段階のうち段階１～３は文法化を働きかける過程であり、段階４は一般の言語内部の文法化の過程と思われる。したがって、動機付けを除き、接触による文法化は言語内部の文法化と、変容メカニズム及び変化原理の面で共通している。

再分析と類推は言語内部の文法化にとっては不可欠の変容メカニズムとされている（Harris&Campbell 1995:61;Hopper&Traugott 2003:22,52 など）。接触による文法化は同じく再分析と類推に働きかけた変容と考えられる。接触による文法化における再分析と類推の役割について次節の考察で具体的に示したいが、上記の段階１～３の変容自体は言語接触による文法要素の類推と統語環境の再分析が含まれている。文法化において、再分析は主に統合的な変容を、類推は主に連合的な変容を働きかける規則である。この二つのメカニズムは意味、文法範疇、統語環境、音声の一連の文法化による副次的変容を働きかけるのである。文法化には次の通り互いに関連する四つの変容要素があるとされる（Heine&Reh 1984:16;大堀　2005:4; Heine&Kuteva 2005:79-80）。

（7）文法化の変容要素

・脱意味化（desemanticization）:（「意味の漂白化」（bleaching）ともいう）。実質的な意味が消失する。

・拡張（extension）: 新たな統語環境に使用する。

・脱範疇化（decategorialization）: 文法化された項目はもともとの形態統語的特徴を消失する。

・侵食（erosion）:（「音声的縮約」ともいう）音声的な内容が消失するか弱化する。

（7）に挙げた四つの変容要素は接触による文法化にも存在する。ただ「侵食」は場合によっては接触による文法化には現れない。形態化の場合にしか音声的縮約が見られないと考えられる。例えば、漢文訓読による「ナゼニ」

「ユエン」（ユエニの音便化）の成立には音声の侵食がある[1]。

「侵食」の他に、「脱意味化」「拡張」「脱範疇化」は接触による文法化の必須要素として文法化が起こる時にいずれも存在する。例えば、第３章に挙げた「ヨッテ」「モッテ」の後置詞の文法化の過程には「脱意味化」「拡張」「脱範疇化」はどれも不可欠の要素である。「ヨッテ」「モッテ」の文法化における要素の変容については（8）の通り纏められる。

（8）脱意味化：実質的動作＞抽象的論理意味
　　拡張：　動詞句環境　＞従属節環境
　　脱範疇化：動詞としての範疇特徴＞後置詞としての範疇特徴

（8）に示したように「ヨッテ」「モッテ」の文法化は「脱意味化」「拡張」「脱範疇化」がいずれも副次的変化として起こった。脱意味化について、Matsumoto（1998）、陳（2005）が指摘したように、「ヨッテ」「モッテ」はそれぞれ「close to＞depend on＞because of/according to」「take,use＞by means of＞depend on/in accordance with」の意味の変化があり、実質的動作の意味合いから抽象的論理関係を表す意味合いに変容しつつある。この過程は一種の脱意味化と考えられる。拡張について「ヨッテ」「モッテ」はもともと動詞として動詞句に現れるが、文法化によって従属節の末尾に置かれ、一種の後置詞の用法に変わってくる。「ヨッテ」「モッテ」が使用される統語環境の変化は公式[Vp [S1…] ヨル/モツ] ＞[[Pp [S1…] ヨル/モツ] S2]で示される。また、脱範疇化について、「ヨッテ」「モッテ」は動詞としての範疇特徴がなくなる。つまり「ヨル」「モツ」は動詞としての形態統語的な変化を消失させ、格助詞と結合して「ニヨッテ」「ヲモッテ」のような形態特徴で定着するようになった。

「ヨッテ」「モッテ」が漢文との接触によって動詞から後置詞へ文法化した例を見ると、脱意味化、拡張、脱範疇化が一つの文法化の過程における必須要素として必ず同時に現れることがわかる。この例で接触による文法化の変容要素には言語内部の文法化と同じような特徴が見られるが、この他にも、接触による文法化の変容要素には独特の特徴があると考えられる。これについては次の小節で詳しく考察する。

5.2.2 接触による文法化の変容要素の考察

前節の考察から接触による文法化には言語内部の文法化と同じような変容要素の特徴があることがわかったが、共通点以外にも独特の特徴が見られる。次に各変容要素の特徴を考察してみる。

5.2.2.1 脱意味化の特徴

これまでの文法化研究において「脱意味化」は、文法化が起こった項目の意味合いが「漂白化」するか、「弱化」（affaiblissenment）する過程だとされている（Meillet 1912:Hopper&Traugott 2003:94）。つまり、文法化の項目は内容語としての意味合いが抽象的になりつつあり、完全に語彙的意味がない文法項目になっていくと思われる。この変化は言語内部のメタファーやメトニミーなどの認知的機制によって働きかけた過程であり、一種の語用論的推論とされる（Hopper&Traugott 2003:74）。

一般の言語内部の文法化における脱意味化に対して、接触による文法化の場合では、文法化項目の意味変化は「実質的意味の消失」ではなく、むしろ外的な影響による意味の再分布（redistribution）や意味の転換（shift）である。接触による文法化で文法化の項目はもともとの意味合いを存続させたまま、モデル言語における意味の変化を模造して新たな意味合いを成立させ、文法項目になる。この過程を下記の公式で表す。

(9) 言語接触による文法化の脱意味化

Mx＞My ⇒ Rx → Rx
　　　　　　　→ Ry　　Ry＞文法項目

(9) に示したように、接触による文法化の意味変容は Rx＞Ry の一線的変化ではない。まず Rx の意味合いは抽象化される傾向がない。そして Rx と Ry の意味合いは置換関係ではなく共存する関係である。この脱意味化の動機づけはモデル言語における意味変容に対する模造である。

漢文との接触による文法化には一般的に (9) のような脱意味化の過程が見られる。例えば、「間（アヒダ）」の機能の変容はよく言及される文法化の例である。山田（1934）、峰岸（1959）、舩城（1989）は「アヒダ」が和化漢文の影響によって空間名詞から時間をあらわす従属節標識に変化する点を指摘した。ところが、中古の漢訳仏典における「間」字の意味合いは「空間＞時間」の移転が観察され、「間」の文法化は中古末期から始まったとされる（張 2007:8;羅 2013:4)。このことから中古後期の漢文訓読の資料に「アヒダ」の時間用法と空間用法が共存することが観察される可能性は高い。「アヒダ」の文法化は和化漢文の影響だけでなく、漢訳仏典の影響もあると考えられる。あるいは、和化漢文における「間」の用法はそもそも漢訳仏典にもたらされたものだと言える。「アヒダ」の訓読の空間用法は中古初期から末期まで使用されている。

（10）a 從芳林門至慈恩寺三十里間爛然盈滿。
芳林門従リ慈恩寺ニ至（ル）マテ三十里ノ間爛然トシテ盈チ滿（テ）リ。（法師伝・巻 9）
b 覆鉢勢上石隙間流出黒香油。
覆鉢勢（の）上（の）石隙の間（アヒダ）より黒香油を流出す。（西域記・巻 1）
c 如來從此至拘尸城娑羅樹間當取涅槃。
如來は此従（り）拘尸城の娑羅樹の間に至（り）タマフ。當に涅槃を取（り）タマハむ。（金光明・巻 3）
d 至沙河間逢諸惡鬼。
沙河ノ間ニ至（リ）テ諸ノ惡鬼ニ逢（ヒ）ヌ。
（玄贊・巻 1）

例（10）は空間的範囲をあらわす概念なので「間」を「アヒダ」と訓読する訓法はすべての中古の訓読資料に見られ、「消失」する傾向はない。「アヒダ」を空間用法から時間をあらわす従属節標識へと文法化する例は中古初期には見あたらず、特に平安初期の訓読資料に時間をあらわす用法は認められない（峰岸 1959:57)。峰岸（1959）の見解と同様に、本稿の調査結果でも時間をあらわす「アヒダ」は中古末期の「法師伝」と「法華経」の訓読資料にしか見られない。次の（11）は代表的な訓読例である。

（11）a 云何世尊於少時間、教化如是無量無邊阿僧祇諸大菩薩。
云何そ世尊の少時の間（に）[於]、是（くの）如（き）無量無邊阿僧祇の諸の大菩薩を教化（し）て...
（法華経・第15）

b 如是時間經五十小劫。
是（くの）如（き）時の間（に）、五十小劫を経ふ。
（法華経・第15）

c 至水未下間飛箭已至。
水ニ至（リ）テ下（ラ）未（ル）間ニ飛箭已ニ至ル。
（法師伝・巻1）

d 沈默經月餘。未發之間涼州訪牒又至。
沈黙シテ月余ヲ経（テ）発（セ）未（ル）［之］間ニ涼州ノ訪牒又至（リ）テ...　（法師伝・巻1）

（11）の例を見ると、中古末期の訓読資料には時間をあらわす「アヒダ」が登場する。一般の形式名詞として使用される「アヒダ」もあるが、「...するところを...が起こる」という従属節の表現もある。後者は一種の文法標識に文法化された例と言える。そして（12）の例から、中古末期には「アヒダ」の空間用法と時間を表す従属節標識の用法が共存していて、もともとの空間用法は脱文法化によって置き換わってはいなかったことがわかる。

（12）頃間忽有軍眾数百隊滿沙磧間乍行乍止。
頃クノ間アリテ忽ニ見（レ）ハ軍衆有リ、数百隊ニシテ沙磧ノ間ニ満（テ）リ、乍イハ行キ乍ハ止ル。（法師伝・巻1）

「アヒダ」の時間用法は文法化によって（13）のように和文に定着するが、空間用法の意味合いも衰退する傾向がなく、現代語まで使用されてきた。

（13）a 池のほとりにいたりでせりをつみ付るあひだ、猛者のいつきの姫ぎみ出てあそびけるを見てより、このわらはおほけなき心っ きてやまひに成りて...
（奥義抄）（船城 1989より）

b 所領ノ中ノ神田ヲ検注シテ余田ヲ取ル間、社僧神宮等憤リ申、鎌倉ニテ訴訟シケレドモ...　（打聞集）

c 若キ殿上人ノ車数並立テ物見ケル前ヲ渡ル間ニ、 元輔ガ乗デル庄馬大躓シテ、 元輔頭ヲ逆様ニシテ落ヌ。

（今昔物語集・巻 28）

d 盗人にあひて射ころされける間に、其の箭の背に当る時、声をあげて「南無阿弥陀仏」とただ一声申して死しぬ。

（発心集・助重）

「アヒダ」の文法化の例を通して、接触による文法化の脱意味化は文法化の項目の意味合いが「漂白化」するか「実質的意味の消失」の過程ではなく、外的な影響による意味の再分布（redistribution）や意味の転換（shift）である点を明らかにした。

5.2.2.2 拡張の特徴

言語内部の文法化における「拡張」は、文法化の項目がある統語環境から新たな統語環境で使用されるようになる過程とされる（Heine&Kuteva 2005:50-51）。ここで言う「統語環境」は必ず同一言語に既有するものと考えられる。これに対し接触による文法化の場合では、「新たな統語環境」は一般的に外的な影響によって現れた統語環境である。つまりモデル言語から模造言語に模造されたのは文法項目の意味だけではなく、その統語環境も模造の対象となる。模造言語とモデル言語は必ずしも同じ言語類型や統語規則を持つとは限らないので、モデル言語における特定の統語環境は模造言語にとって文法体系に相容れない新たな要素である。そこで、言語接触による文法化の「拡張」とは、模造言語における文法化の要素がモデル言語から模造された新たな統語環境に使用されるようになる過程であると言える。

接触による文法化の「拡張」の過程は下記のような公式で表せる。

（14）接触による文法化の拡張

統語環境　SCm＞SCr

Rx⇒SCr ＞＞ Rx＞Ry

（14）を見ると、モデル言語におけるある統語環境 SCm は模造言語に模造され、SCr となる。模造言語における項目 Rx が SCr に使用されるようになるのに伴い、Rx は SCm の統語環境で使用される My と同じ機能の Ry に文法化する。

ここで、再帰代名詞「コレ」の機能拡張について漢文訓読による文法化の拡張の代表例として考察してみる。再帰代名詞「コレ」について山田（1935）、春日（1937）、大坪（1994）、楊（2002,2004）は各自の視点で考察した。「コレ」の再帰用法は文法化した機能的項目ではないが、代名詞の範疇における「一種特殊の語格」（山田 1935:358）や漢文を「直訳したところから生まれた翻訳文法」（大坪 1956:223）とされている。しかし本稿では「コレ」の再帰用法は一種の代名詞の特殊用法ではなく、「代名詞＞繋辞的要素」のように文法化した機能辞だと提案したい。意味の変容は観察しにくいが、統語環境の拡張の点で「コレ」の文法化の過程がはっきりと観察できる[2]。

「コレ」の再帰用法について、大坪（1994:137-139）は本来日本語にあった用法だとするが、楊（2004:19）は「再帰格[3]は日本語本来のものではなく、漢文の影響から生じた日本語の強調表現法である」と指摘した。これらの正反対の見解が見られるのは「再帰格」の用法が曖昧であり、「コレ」の文法化前後の統語機能が混同しているからである。訓読資料の用例を見ると、（15）のような例は大坪（1994）が指摘した「本来国語にあった」「コレ」の再帰代名詞の用法と一致する。

（15）a 紹隆三寶其在茲乎。
　　三宝ヲ紹隆セムコト、<u>其レ</u>茲ニ在ラムモノカ［乎］。
　　（法師伝・巻 8）

b 合理構機斯可歎也。
　　理に合ヒ機に構（ふ）なり、<u>斯（れ）</u>嘆（ず）可しとなり［也］。
　　（義疏・巻 4）

c 依諸果報依諸福業。是名菩薩世間精進。
　　諸の果報に依リ諸の福業依る。<u>是</u>を菩薩の世間の精進と名（づ）ク。
　　（地蔵・巻 10）

d 說三乘教是則為愚癡。
　　三乗の教を說ク。<u>是</u>を則（ち）愚癡と為（す）。
　　（地蔵・巻 7）

（16）a 舍利弗諸佛隨宣所說下是也。

舍利弗諸佛隨宣所說（と）いふは下、是（れ）なり。

（玄賛・巻 3）

b 應知過去善生王即我釋迦牟尼是。

知ル應し過去に善生王といひしは、即我釋迦牟尼是レなり。

（金光明・巻 9）

（15）の例を見ると、「コレ」は主格の節を指示する機能を果たしていることがわかる。「コレ」自体は動詞文の主語や目的語として現れる。（16）は（15）とは完全に異質な統語構造であり、「コレ」は名詞述語として使用される。この二例はいずれも日本語本来の文法規則に相容れる統語構造であるので、漢文の影響は限られている。また二例における「コレ」の機能は代名詞としての統語機能であり、用法は特殊であるが文法化による機能の変化は見られない。一方、楊（2004）の調査を見ると、主な対象は「再帰格名詞述語文」であり、このような統語環境において「コレ」は上記の二例と完全に異質な統語機能を持っている。つまり、「Np+コレ+Np」の場合では、「コレ」は漢文の影響によって文法化する可能性がある。山田（1929）は「Np+コレ+Np」のような統語環境における「コレ」の用法を「再帰的連絡指示語」と称し（大坪 1994:148）、その機能の複雑性を示した。再帰指示は（15）、（16）に見られる機能であるが、問題は「連絡」という機能の本質にある。

山田（1929）が提案した「連絡」の機能は一種の繋辞的機能と理解してもいい。日本語には繋辞のような統語要素はないが、漢文における繋辞の統語環境を模造して、「Np+コレ+Np」の統語環境では「コレ」が繋辞に文法化する傾向がある。「コレ」は「指示代名詞＞繋辞」の文法化が中古漢文における「是」の文法化に影響を与えたと提案する。

Mair（1994）、竺（1998）、Shi（2002）、朱（2009）は、中古の漢訳仏典の「是」は「Np+是+Np」の統語環境において代名詞から繋辞に文法化するという変化を指摘した。中古の漢籍には判断を表す「是」はまだ条件的に使用される有標の繋辞機能を持っているが[4]、仏経ではすでに繋辞として使われるようになり、しかも「是」が文法化する前後に一連の漸次変容の機能は仏典資料に共時的に共存するとされる（朱 2009:17,93）。再帰的指示の用法は、単なる指示代名詞としての漢文における「是」と日本語における「コレ」の対応という条件のみで派生されてこられないと考えられる。「コレ」の再帰的指示用法は厳格に言うと指示詞ではなくなったが、その由来は漢文における「是」の指示用法だけではなく、中古に新たに成立した繫辞の機能にも求められる。漢訳仏典における「是」の漸次変容の文法化を手掛かりとして、漢文訓読における「コレ」の文法化を考察してみよう。(17) の例の「コレ」は代名詞か繫辞かを判断しにくい原因は、これらの用例に漢文の「是」は「代名詞＞繫辞」に変化する中間的な段階にあるので、両方の機能を持っていると考えられる。

(17) a 不與而偷盜是不善相。
與（へ）不を［而］偸盗する、是は不善相なり。
（石山寺蔵大智度論第三種点・13）　（大坪 1994 より）
b 於此陀羅尼功用、正道、理趣、勢力安立即是諸佛功德。
［於］此の陀羅尼をば功用と正道と理趣と勢力とをモチテ安立す、即是レ諸仏の功徳なり。　（金光明・巻7）
c 云般涅槃有舍利者是密意说。
般涅槃すと云ふ舎利有リといふ[者]、是レ密意の説なり。
（金光明・巻1）
d 現不問法是罪體故。
現に法を聞（か）不いは、是（れ）罪の体なるが故に（なり）。　（玄賛・巻3）

(18) a 文殊師燃燈之師也。
文殊は是（れ）燃燈の（之）師なり。　（義疏・序品初）
b 真如是實餘皆虚妄。
真如は是レ実なり、餘は皆虚妄なり。　（金光明・巻1）
c 諸菩薩皆是文殊師利之所化度。
諸の菩薩は皆是れ文殊師利（の）［之］化度せる所なり...
（法華経・第12）
d 汝是我子今欲何去。
汝ハ是（レ）我カ子ナリ、今何ソ去（ラム）ト欲ル。
（法師伝・巻1）

(17) の用例を見ると、「コレ」は繋辞と同じような統語環境で使用されるようになった。この用例では「コレ」はNp1+[コレ+Np2/N]あるいはS1+[コレ+Np/N]の統語環境に入り、複雑性を持つ統語構造を指示する代名詞である。こうした用法は文法化の初期段階にあり、Np1とS1の複雑性によって、「コレ」の指示機能が必要となる。文の意味合いを再分析して、「コレ」は独立して前後を連絡する成分と理解しても通じると考えられる。この場合、「コレ」は繋辞の機能を持っている。(18) における「コレ」はもっと繋辞らしい用法である。なぜならば、主格に立っているのは複雑性を持つ統語構造ではなく、単純な一項名詞Nであり、N+コレ+Np/Nの統語環境に変わってきた。中古日本語の文法規則では、一項名詞の場合、本来すぐ後に付ける代名詞でもう一回指示される必要がないので、この統語環境において、「コレ」は指示機能を果たすというよりも、むしろ一種の繋辞的機能と言える。この機能転換の起因は「統語環境拡張」(syntactic context extension) が発生して、漢文から模造してきた新たな統語環境に使用されるようになったことである[5]。

繋辞に近い「コレ」の用法はもともと日本語に相容れないので、(19) のような初期の訓読資料に往々にして「是」が略読される例が見られる。代名詞から繋辞的用法に変わる影響要因は「是」そのものの文法機能よりも、「Np+是+Np」の統語環境である。(20) のように、「コレ」の訓読の対象は「是」ではなく、中古漢文におけるもう一つ常用の繋辞「為」である。両者は同じ統語環境に使われるので、(20) のような訓法の成立が可能となる。

(19) a 故知貪愛是身之本。

故(に)知(る)、貪愛は<u>[是]</u>身の[之]本なるととを… (成実論・巻16)

b 苦惱眾生是名罪行。

衆生を苦悩する(を)<u>[是]</u>罪行(と)名(つく)。 (成実論・巻16)

(20) a 其所得福為多不。

其(の)所得の福、寧(ろ)<u>為れ</u>多(し)や不や。 (法華経・第8)

b 我為菩薩。

我、<u>為(コ)レ</u>菩薩なり。

（石山寺蔵大智度論天安二年点・79）（大坪 1994 より）

また「是」の文法化の影響を受け、「コレ」が繋辞的用法に文法化するもう一つの証拠は統合的関係の変化である。「コレ」の代名詞としての統合的関係の制限がなくなり、より大きな範囲に拡張する。この過程は Himmelmann（2004:33）「上位階層拡張」と呼ぶが、ここでもっと明確に「統合的関係拡張」（syntagmatic relation extension）と呼びたい。例えば、日本語で代名詞は一般的に前項の代名詞を指示しないが、文法化によって「コレ」は（21）のように前項の人称や文脈の代名詞の後につけられるようになった。「これ／それ＋コレ＋Np」の統合的関係の場合、「コレ」は代名詞であるとは言い難く、むしろ繋辞的な用法になったと言える。同じ理由で、（22）の「疑問代名詞＋コレ＋Np」の統合的関係ではすでに代名詞から繋辞的用法に拡張したと考えられる。

（21）a 此是法佛性。
此は是レ法佛の性なり。　（玄賛・巻 3）
b 是二是用也。
是の二は是（れ）用なり。　（玄賛・巻 3）
c 此是佛真身亦說如是法。
此レのい是レ仏の真身なり、亦說も是（の）如キ法なり。
（金光明・巻 1）
d 斯是假他先達而得後進。
斯（れ）乃（ち）是（れ）、他の先（た）テ達レルニ仮リテ、而して後に進むこと得る（なり）。（義疏・方便品末）
（22）a 何定是般若相。
何れかは、定て是れ般若の相。
（石山寺大智度論天安二年点・70）（大坪 1994 より）
b 何者是波羅蜜義。
何なるをか、是レ波羅蜜の義といふ。　（金光明・巻 10）

さらに言語接触による文法化の拡張にはもう一つの意味があり、文法化の項目は模造言語に定着するまでに「語用論的環境の拡張」（pragmatic context extension）の過程が必要である。典型的な事例として、漢文訓読による文法化の項目は日本語に完全に定着するまでに一連の文体の拡張が起こるのが一般的である。一般的に模造してきた項目は「訓読資料＞和漢混淆文＞歴史・軍記物語＞一般和文」の推移があり「コレ」の繫辞的用法はこのルートで拡張した。「コレ」の文体変化について、大坪（1994）、楊（2004）はすでに詳細な考察を貢献したので、(23）に定着した一般の用例だけを示す。

(23) a このおとどは、これ義経のおとどの四郎君。（大鏡・上）

b 日本は是神国也。（平家物語・巻 2）

c 一河の流れを汲むも皆これ他生の契なり。（義経記）（楊 2004 より）

d 天の明ざらん先に陣頭に押寄て、敵の上手をうたんこと、是一の武勇の計なり。（保元物語・上）

以上、「コレ」の文法化の用例を通して、言語接触による文法化の拡張の特徴を討論した。言語接触による文法化の「拡張」では模造言語における文法化の要素はモデル言語から模造された新たな統語環境に使用されるようになる過程である。この過程で統語環境、統合的関係、語用論的環境はすべて新たな範疇に拡張する。

5.2.2.3 脱範疇化の特徴

脱範疇化は一般的に文法化の項目がもともとの形態文法特徴を消失する過程とされる（Wischer 2006:132)。具体的にいえば、ある項目は文法化によって語彙形式から文法形式に変わり、その主要文法範疇をあらわす形態統語的特徴が失われるようになる[6]（Hopper&Traugott 2003:107)。この定義に基づき、Hopper&Traugott（2003）は次のような脱範疇化の漸次変容を提出した。

(24) 主要範疇（major category）＞中間範疇（intermediate category）＞副次範疇（minor category）

(24）の変容を見ると、形態統語上の特徴によって、主要範疇は主に「開放的」（open）な語彙範疇を指す（例えば名詞や動詞）。副次範疇は主に「閉鎖的」（closed）な文法範疇を指す（例えば接置詞、接続詞、助動詞など）。中間範疇はこの両者の間にあり形態統語上ゆらぎがある範疇である（例えば形容詞や副詞）[7]。

言語内部の文法化の脱範畴化は特定の類型特徴に制限されるので既定の道筋に沿って脱範疇化すると考えられる。例えば、Bybee（1985）とBybee&Dahl（1989）は、動詞の脱範疇化は「完全動詞（full verb）＞助動詞（auxiliary）＞動詞性接語（verbal clitic）＞動詞性接辞（verbal affix）」の過程であると論じた。ところが、文法化は一方向性の過程であったが、接触による文法化の道筋（paths）は必ずしも絶対的なものに限らない、むしろ多次元的なものと言える。なぜならば言語内の文法化の脱範疇化は内部的な再分析による形態統語特徴の変容であるが、接触による文法化は完全に特定の類型的特徴に制約されずに脱範疇化するからである。特に、同系関係のない言語との接触によって、模造言語における文法化は往々にして一種類の言語類型に拘らず、多様な道筋が見られる。

日本語の動詞の文法化はOV言語の制約によって一般的にBybee（1985）などが提案した道筋であったが、漢文訓読の影響によりもう一種類の動詞の脱範疇化が見える。つまり、日本語の動詞は総合的な要素ではなく、分析的な要素に変容しつつあり、「完全動詞＞副詞＞接続詞／後置詞」の道筋である。前文に挙げられた「モッテ」「ヨッテ」の文法化は完全動詞から脱範疇化して、後置詞に再分析してきた例である。この脱範疇化の過程は完全に漢文における「以」「因」と一致するので、漢文における脱範疇化の影響に働きかけられた過程だと考えられる。したがって、日本語における動詞の文法化には（25）のように二種類の脱範疇化の道筋が見られる。

（25）a　完全動詞＞助動詞＞動詞性接語＞動詞性接辞
　　　b　完全動詞＞副詞＞接続詞／後置詞
（26）a　玄奘庸弊氣力已衰。
　　　　玄奘庸弊ニして氣力已ニ衰（へ）タリ。
　　　　　　　　　　　　　　　　　　　（法師伝・巻7）
　　　b　汝於大乗已能發趣。
　　　　汝大乗の於に已に能ク發趣せり。　（金光明・巻7）

c 至一窣堵波基已傾陷。
一窣堵波（に）至（る）。基已（に）傾（き）陥レレド（も）…　　（西域記・巻7）

漢文における「已」の文法化の影響によって（25）のように二種類の訓読および脱範疇化が見られる。前文の例のように「説已」「見已」「知已」における「～已」は「～ヲハリ」と訓読する（25a）のような脱範疇化である。一方、例（26）のように、漢文における「已」には動詞の前に付けられる副詞的な用法がある。この場合は、「已～」は「スデニ」と訓読し、（25b）のように脱範疇化する。そこで、接触による文法化の脱範疇化はモデル言語の文法化からもたらされた多様な変化である。

また、（25）に示した脱範疇化の各段階は「静止の点」（resting spots）ではなく、その間にはっきりした境界線がないと思われる[8]。一般的に文法項目はどの段階までに文法化するのか既定の規則がないとされるが（Dressler 1988:143-145）、接触による文法化の場合は、模造言語における文法項目の脱範疇化の度合いはすでに決められている。Heine&Kuteva（2005:84-91）、呉（2009:202）の調査によると、モデル言語におけるMxの文法化によるRxの脱範疇化の度合いは一般的にMxの文法化段階と同等か、あるいはMxより低いという。

山田（1935:31-38）、大坪（1994:300-302）は（25b）のような脱範疇化の一連の実例をあげた上で、日本語の動詞は漢文訓読の影響を受けて、連用形の形を体言化して副詞や接続詞などの用法に転生すると指摘した。これらの実例の文法機能の範疇から、脱範疇化の度合いの分布について表5.2のように纏めることができる。

表5.2　漢文訓読による脱範疇化の度合いの分布

漢文表記	訓読	副詞範疇	接続詞範疇（後置詞範疇*）
極	キハメテ	○	×
到・至	イタリテ	○	×
況	マシテ	○	×
却・還・反	カヘリテ	○	×
乱・漫	ミダリニ	○	×

（続表）

漢文表記	訓読	副詞範疇	接続詞範疇（後置詞範疇*）
挙	コゾリテ	○	×
憖	ナマジヒニ	○	×
初・始	ハジメテ	○	×
互	タガヒニ	○	×
曾・嘗	カツテ	○	×
幸	サイハイニ	○	×
総・全	スベテ	○	×
果	ハタシテ	○	×
敢	アヘテ	○	×
定・決	サダメテ	○	×
合・併・并	アハセテ	○	△
終・遂	ツヒニ	○	△
縦・縦令	タトヒ	○	△
加	クハヘテ	○	△
及	オヨビ	×	○
並・并・幷	ナラビニ	○	○
従	シタガッテ	△	○
而・然	シカウシテ	○	○
就	ツキテ	○	○*
因・依・仍	ヨリテ	○	○*
以	モッテ	○	○*

表5.2を見ると、形態統語上で同じ脱範疇化が起こった項目は新たな文法範疇に転用する度合いが多様である。全体的な分布から動詞の文法化は基本的に「完全動詞＞副詞＞接続詞／後置詞」のような漸次変容に基づいて脱範疇化する。また、語例の脱範畴化の度合いは漢文における動詞の文法化の度合いとほぼ一致する。龍（2004）、牛（2005）、徐（2008）、任（2012）などの一連の漢訳仏典に基づいた調査によると、上記の語例は漢文の動詞から副詞や接続詞、前置詞へ脱範畴化したことがわかったという。そこから、言語接触による文法化の脱範疇化の度合いはモデル言語の文法化項目と一致し、モデル言語の類型特徴に関わるということである。

上記の用例の文法化を見ると、形態統語上の新範疇の成立はまさに漢文にもたらされた結果と思われる。そして、範疇の成立は個別の項目の文法化の過程ではなく、一連の項目の文法化によって模造言語に新たな統語環境をもたらした結果である。例えば、日本語の接続詞の範疇は一般的に日本語固有の文法範疇ではないとされるが（京極・松井 1973:91）、漢文との接触によって「指示代名詞＞接続詞」のような文法化の過程が日本語に模造され、中古期から「カレ」「ココニ」「シカルニ」「サルヲ」「シカモ」などの一接続詞の範疇が成立するようになった（築島 1976:328）。上記の「完全動詞＞副詞＞接続詞」の漸次変容は接続詞の範疇成立にとってもう一つ重要な脱範疇化の過程である[9]。

「完全動詞＞副詞＞接続詞」の脱範疇化によって、日本語に動詞的な接続詞の範疇が成立した。この過程を観察してみると、各段階の脱範疇化は漢文の統語環境の影響を受けたことがわかる。例えば「ナラビニ」はもともと動詞「ナラブ」の連用形であった。漢文動詞「並」の文法化に影響され、「ナラビニ」は動詞としての形態統語特徴が消失しつつあり、副詞へ、さらに接続詞の範疇に再分析される。

例（27）は「ナラブ」の完全動詞としての用例である。この文法化の段階において、文中では「ナラビ」「ナラビテ」などの形態で現れるが、動詞としての形態の変化があり、まだ「ナラビニ」の形態で固定していない。統語上、（27）における「ナラビ」は名詞の項と緊密的な関係を持っている。「六群比丘」「（多数の）闕」「両の日」は動詞「ナラブ」の意味に制約され、いずれも複数名詞である。「ナラブ」の完全動詞の用法は「主要範疇」の文法化段階にある。

（27）a 六群比丘...與並經行。
六群比丘...與（に）並（びて）経行す。
（願経四分律初期点・甲）（大坪 1981 より）
b 於是徵請雲發闕並峰起。
是（ニ）於徵請雲のことく発して、闕並び峰のことく起きる。（法師伝・巻 1）
c 彗星數出兩日並現。
彗星も数ば出（て）む。両の日並（び）て現（れ）む。
（金光明・巻 6）

例（28）における「ナラビニ」は形態上ですでに「ナラビ＋ニ」の形に固定したが、機能上はまだ動詞の要素が残っていたので理解する上でゆらぎがある。（28）の項構造は（27）と同じくすべて複数名詞であったが、「ナラビニ」の後項の動詞との関係は（27）のような動作連続より後項の動作を修飾した要素に変容する。（27）の後項動詞「経行す」「起きる」「現れむ」はいずれも自動詞であるのに対して、（28b）、（28c）の後項動詞には目的語の働きがあり、他動詞となる。また、（28d）、（28e）の用例において後項は動詞ではなく、判断文になる。これらの例はいずれも動詞の連続ではなく、「ナラビニ」はすでに副詞的要素に変容した。そして（29）の「ナラビニ」は、これまでの研究ではミナ・トモニの意味を表す副詞とされるが（大坪 1981:378）、これらの用法は「中間範疇」というよりも、より「閉鎖的」範疇と言える。「並～不・非」のような統語構造は中古の漢訳仏典によく見られる用法であるが、「あまり～（し）ない」「さほど～（し）ない」という意味合いで一種の構文として固定化してきた。このように「ナラビニ」は完全に副詞の範疇に入ったと言える。

（28）a 其法師營葬所須並公給。
　　其ノ法師営葬ニ須キム所並ニ公給す。　（法師伝・巻 9）
　b 僧徒三千餘人並皆習學少乘法教。
　　僧徒三千餘人、並に皆少乘法教（を）習學す。
　　（西域記・巻 1）
　c 或可共餘人戸咸並六分抽一。
　　或可（る）トコロハ餘の人戸（と）共に咸く並びに六分して一を抽キイヅ。　（寄帰伝・巻 2）
　d 如其兩曉並為甘露。
　　如（し）其の、両（なが）ラ暁ルナラバ、並に甘露為（る）ぬ。　（義疏・巻 1）
　e 佛身及袈裟並赤黄色。
　　仏の身及袈裟並に赤の黄なる色なり。　（法師伝・巻 2）
（29）a 以俱空故。所立能立並不成就。
　　倶に空なるを以て故（に）、所立と能立と並に成就（せ）

不といふ。（大乗掌珍論天曆点・巻5）

b 舊云月支等者並非也。

旧（き）人の月支等ト云（ふ）は者、並に非なり也。

（金剛般若経賛述仁和点・巻3）

c 爾等並無可收採。

爾等（ラ）並に収メ採ル可キこと無シ。

（遊仙窟康永点）（大坪 1981より）

副詞の範疇を経て、「ナラビニ」はさらにより「副次的範疇」に文法化する。例（30）、（31）における「ナラビニ」はいずれも接続詞の用法である。（28）の副詞範疇から更に再分析して、「ナラビニ」は「Np ナラビニ Np」、「Vp ナラビニ Vp」のような節と節の間に使用されるようになった。例（30）は名詞の間の並列関係を示す等位接続詞（coordinating conjunction）に変容した。この場合、「ナラビニ」は前後の名詞と項の関係が見られなくなった。そして「ナラビニ」と直接関連する後項の動詞もなくなり、副詞から接続詞に変わってきた。例（31）における「ナラビニ」は動詞節の接続機能を果たしている。（31a）、（31b）は（30）の用例と同一類別であり、等位接続詞である。（31c）と（31d）は文の間の順接関係をあらわす呼応/相関接続詞（correlative conjunction）に変容する。

（30）a 雪嶺以西印度之境…並博望之所不傳。

雪嶺以西、印度の［之］境…並ニ博望（の）［之］伝（へ）不（る）所…（法師伝・巻6）

b 餘風未殄。及親教二師。并餘住持大德明德禪師等。

餘風殄セ未ず。及び親教二師、并に餘の住持大德明德禪師等。（寄帰伝・巻4）

c 遂率其妃並子弟等得間逃出。

遂に其の妃並に子弟等を率（て）、間を得（て）逃（げ）出（で）て…（日本書紀中期点皇極元年）

（大坪 1981より）

（31）a 嘗訖洗手漱口并洗嘗器。

嘗メ訖りナバ、手を洗ひ口を漱ケ、並に嘗器を洗（ひ）て…（寄帰伝・巻1）

b 請大宗文皇帝作經序并題經表。

大宗文皇帝に経の序（を）作（りたまへ）ト、並に経（に）表題（したまへと）請（ひ）タ（てま）ツ（り）シ。

（三蔵法師表啓初期点）（大坪 1994 より）

c 並已載於白馬還獻紫宸。

並に已に白馬に載せて［於］還（り）て紫宸に献（てま）ツ。

（表啓）

d 並悉細末作微塵隨處積集量難知。

並に悉ク細ク末して微塵と作して、處に隨（ひ）て積集して量リ知リ難ケむ。

（金光明・巻5）

以上の例から、接触による文法化の脱範疇化の道筋、度合い、及び新たな範疇の成立はいずれもモデル言語における文法化に影響されたものだと主張する。

本節では言語接触による変容要素を考察した。文法化の必須の変容要素には脱意味化、拡張、脱範畴化があり、必ず同一の文法化過程に現れる。言語接触による文法化の場合、この三つの変容要素は言語内部の文法化に見られない特徴を持っている。接触による脱意味化はもともとの意味合いの漂白や消失の過程ではなく、外的影響による意味の再分布と転換の過程である。文法化の拡張は文法化の要素が新たな統語環境で使用されるまでの過程であるが、接触による拡張の場合では模造言語はモデル言語のある統語環境を模造し、文法化の要素が模造された統語環境に使用されるようになる。接触による脱範疇化は文法化項目が主要範疇から副次範疇に変容する過程であるが、脱範疇化の道筋、度合い、及び新たな範疇の成立はいずれもモデル言語における文法化に影響された。

---

[1] 山田（1935:73）の調査によると、「ナゼニ」は「なにせむぞ」「なんすれぞ」のような複合形式から変容してきた形式である。また山田（1935:271）は「ユエニ」の音便形として「ユエン」が中古の後期から確立したのを指摘した。この二つの音声変化は漢文訓読による現象とは断定できないが、漢文の影響による文法化に伴って、「ナゼニ」「ユエン」の成立は加速されるか、一般化になったと言える。

[2] 同じ代名詞であるが、ソ系、ア系は再帰的指示の用法として使用されていない原因は訓読によるものである。漢文における再帰的指示の用法は主に「是」「之」の用法であるが、これらの用例はいずれも指示詞として最初から「コレ」に訓読した決まりがある。これに対して、「其」「斯」などの用法は「ソレ」に訓読する使い分けがある。文法の模造は、便宜上すでに存在する訓読の形式で新たな文法機能を表すので、再帰的指示の用法は一般的に「コ」系の用法だと考えられる。

[3] 「再帰格」という言い方は山田（1935）から踏襲してきたと思われる。提示語法と再帰格の関係について、山田（1935:354-355）は提示語法は一般的に文の目的格や主格の名詞を代表する機能を果たしているので、格の地位に立っている要素を代表する性質で「再帰格」と称する。

[4] Shi（2002）は中古中国語における「是」の機能特徴を分析した。中古仏典によく見られる「是」は指示代名詞から繫辞に文法化する中間段階にあり、繫辞として使用する制限がある。例えば、中古漢文に繫辞として使用される「是」は否定形式と共起できない。また、主語は一般にNPしか使われないが、名詞NPだけで非文となる。

[5] 統語環境の拡張について、Himmelmann（2004:32-33）は文法化項目（grammaticalizing element）が含まれる構文の統語構造や意味－語用論的環境（context）が変化することを規定した。この観点は主に「文法化は孤立した項目の変化ではなく、構文全体の変化である」「文法化の一つの結果は文法項目が使用される環境が拡張したこと」という二つの含意が纏められる。そして、文法化による環境の拡張は次のような三つのレベルで同時に発生している。①上位階層拡張（host-class expansion）(例えば指示代名詞は一般名詞しか指示できないが、定冠詞に文法化した後に、専属名詞と共起する可能となる)。②統語環境拡張（syntactic-context expansion）(例えば一般名詞は項の位置に現れるが、従属節標識や接続助詞などに文法化した後に機能辞の位置にも現れる）③意味－語用環境拡張（semantic-pragmatic context expansion）(例えば、「指示代名詞＋名詞」の構造は全文の文脈をうけて指示する場合にしか使用されないが、文法化によって「定冠詞＋名詞」になると、必ずしもこの規則に制限されるに限らない)。

[6] 文法範疇を考察する形態論的基準について、Hopper&Taugott（2003:106）は言語類型によって異なる基準をとるのを提唱した。例えば「印欧語の言語では、名詞は格・数・性のような特性によって決定され、動詞は時制・相・人称と数の呼応のような特性によって決定される。中国語のように形態論的変化がない言語では、名詞の場合は話題になれるかどうか、指す機能があるかどうか、質問する機能がないかなどによって、動詞の場合は、叙述の機能があるかどうかによって範疇が決定される」とされる。

[7] この脱範疇化の漸次変容について、Hopper&Traugott（2003:107）は「主要範疇というのは主に名詞や動詞であり（語彙的に比較的開いた（open）範疇）、副次範疇というのは前置詞、接続詞、助動詞、代名詞、指示代名詞である（比較的閉じだ（closed）範疇)。形容詞と副詞はこの二つの範疇の中間であり。なぜならば、形容詞は（分詞的）動詞から、副詞は場所・様子などをあらわす名詞から派生する場合が多い」と説明した。

[8] Heine（1992）は脱範疇化の漸次変容の各段階はそれぞれ孤立した文法特性ではなく、お互いに重なりあって共時的に存在し、一種の「連鎖」(chaining）関係だと提案した。Hopper&Traugott（2003）はこのような漸次変容は線的な変化ではなく、「重層性」

（layering）を持つ変化だと指摘した。

[9] これらの変容例は言語変化の一般特徴によるものだと考えてもいい。つまり、言語内で他の言語との接触がなくともこのような変化があるかと考えられる。ここでこれらの変化は漢文との接触によるとする理由は、日本語にこのような変容の可能性がないか、あるいは一般の言語内の変容規則に合わないかと、言語接触があっても一時的な用法として定着するわけがない。漢文との接触によって起こった変化は一つ重要な条件があり、つまりもともとこのような変化の可能性が十分にあるのである。漢文との接触はこのような変化を加速する「触媒」のような存在である。

5.3 言語接触による統語機能模造の類型

前節の分析から、言語接触による統語機能模造はその本質が接触による文法化の過程であり、この過程において脱意味化、拡張、脱範疇化などの文法化の変容要素が見られることがわかった。統語機能模造において脱意味化、拡張、脱範疇化が発生する動機づけは言語内部の語用論的推論ではなく、言語接触である。接触による文法化の諸要素は新たな文法項目に達する変容とは考えにくい、漸次的な変化である。変化の過程は次の表 5.3 の通り纏められる。

表 5.3　接触による文法化の諸要素の変容

←	接触による文法化	→
内容的意味	脱意味化	文法的意味
制限的・有標	拡張（新統語環境）	無制限・無標
開放的範疇	脱範疇化	閉鎖的範疇

上記の表 5.3 に、左側の「内容的意味」「制限的・有標」「開放的範疇」はすべて機能模造の初期段階の形式である。この段階で、模造された要素はまだ文法項目としては認められない、むしろ一種の特定の使用形式（use pattern）と言える。一方、右側の「文法的意味」「無制限・無標」「閉鎖的範疇」はいずれも文法項目が成立した基準と思われる。この段階で、模造された要素はすでに一種の文法範疇（grammatical category）になったと考えられる。

Heine&Kuteva（2005:41）の提案によると「使用形式」は完全に文法化した文法範疇の相対概念で、文法化の初期段階の形式である。接触による文法化の過程はある要素の「使用形式」から「文法範疇」への変化とされる[1]。ところが、この提案は接触による文法化のすべての類型を反映できるわけではないので、(32) のようにより具体的に示したい。

(32) 副次使用形式＞主要使用形式＞文法範疇（＞新たな文法範疇）

接触による文法化はある要素が「副次使用形式」(minor use pattern) から「主要使用形式」(major use pattern) を経て文法範疇になり、ひいてはもう一つ新たな文法範疇になる過程である[2]。モデル言語からもたらされた統語要素と統語環境は、模造言語において直接文法範疇として成立するわけではないので、模造言語にもたらされたのは文法範疇よりも、まだ文法化していない使用形式である。初期段階の「副次使用形式」は漸次的に「文法範疇」に文法化する。この過程で、文法化の諸要素は表 5.3 のように変化しつつある。

従来の研究では分類基準によって様々な文法化の類型が指摘されている。例えば、Hopper&Traugott (2003) は「節内文法化」(clause-internal grammaticalization) と「節間文法化」(grammaticalization across clause) の類別を提案したが、Heine&Kuteva (2005) は「通常接触による文法化」(ordinary contact-induced grammaticalization) と「模造文法化」(replica grammaticalization) に分類した。これらの分類の前提はいずれも文法化はある内容形式 x からある機能形式 y への線的な変化という認識である。当然ながら、x＞y のような形式の文法化は一般的であったが (前節に挙げた従属節標識の「アヒダ」、繋辞的用法の「コレ」、副詞、接続詞の「ナラビニ」はいずれも x＞y の形式と思われる)、言語接触による文法化は言語内部の相互作用や言語外部との相互作用によって及ぼされる変化なので、もっと多様な変化類型が見えてくる。

結論から言うと、(32) の変容形式を基準として、接触による文法化は下記の図 5.1 ように分類する。

図 5.1 を見ると、接触による文法化は「単一文法化」と「複合文法化」の二類型に分けられる。(32) の変化に基づくと、文法化は基本的に使用形式から文法範疇への変化であるが、言語接触による文法化の場合は外的影響の多様性と内的受容の適合性によっては、単なる「使用形式＞文法範疇」では概括しにくい。一般的に一つの使用形式が一つの文法範疇に文法化する「x＞y」のような変容はよく見られる変化である。このような変化のことを線的な道筋の変化なので、「単一文法化」と呼ぶ。ところが、使用形式と文法範疇は必ずしも一対一の対応関係に限らない。いくつかの使用形式は同じ一つの文法範疇になる「x1,x2,x3＞y」、あるいは一つの使用形式はいくつかの文法範疇に分化する「x＞y1,y2,y3」などのような文法化も存在している。このような文法化を「複合文法化」と呼ぶ。

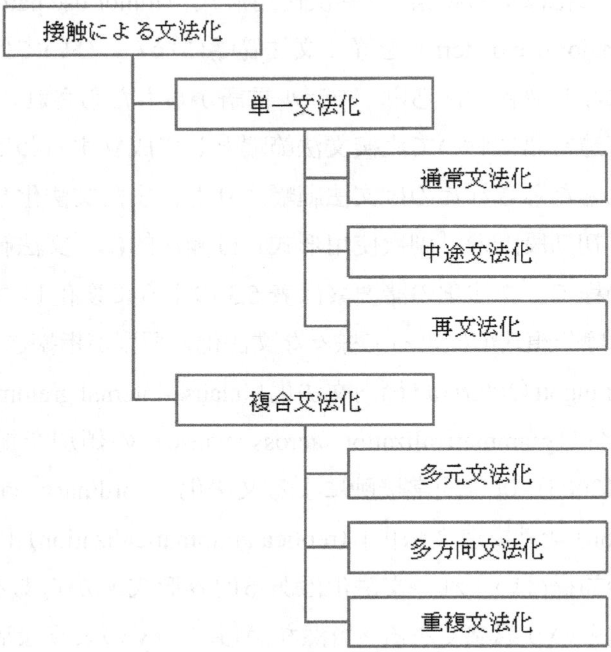

図 5.1　接触による文法化の類型

「単一文法化」とは、モデル言語における「Mx＞My」の文法化に影響されて、模造言語において「Rx＞Ry」のような線的な変化が起こる過程である。「単一文法化」は「Rx＞Ry」の変化様相によって、「通常文法化」「中途文法化」「再文法化」という三つの類型に分けられる。「通常文法化」は言語内部の文法化と同じく「使用形式＞文法範疇」の変化である。すべての文法化に共通する類型であり、「Rx＞Ry＝使用形式＞文法範疇」という特徴がある。また、モデル言語における文法化の要素は必ずしも模造言語に対応する要素と同一の機能範疇に属するとは限らない。言語類型の制約によって、モデル言語の文法範疇は模造言語における使用形式と同じ統語機能をもっている可能性がある。したがって、模造言語における文法化の過程は「副次使用形式＞主要使用形式」に止まり、完全に文法範疇まで変化しなくても文法化が停止する。このような文法化を「中途文法化」と呼ぶ。この過程には「Rx＞Ry＝副次使用形式＞主要使用形式」という特徴がある。さらに同じ原理で、模造言語ですでに文法化された文法要素は、モデル言語の文法化の影響によって、再び新たな文法範疇に変化する現象がある。このような文法化を「再文法化」と呼び、これには「Rx＞Ry＝文法範疇＞新たな文法範疇」という特徴がある。

「複合文法化」はいくつかの「Mx＞My⇒Rx＞Ry」を含める接触による文法化の過程である。具体的な「Mx＞My」と「Rx＞Ry」の関連によって、「複合文法化」は「多元文法化」「多方向文法化」「重複文法化」の三つの類型に分けられる。「多元文法化」の過程において、モデル言語からもたらされた使用形式は一つだけではない。模造言語の文法範疇は、このいくつかの使用形式から文法化してきた文法項目である。「多元文法化」において、モデル言語の文法範疇を構成する要素の範囲は模造言語と一致しないので、複数の要素が同一の文法範疇に統一される変化が見える。この過程を「Mx1＞My1,Mx2＞My2⇒Rx＞Ry」で表す。また「多方向文法化」は、モデル言語からもたらされた一つの使用形式が模造言語においていくつかの文法範疇に文法化する過程である。この過程において、使用形式は一緒に現れる他の文法要素や特定の統語環境の影響によって、統語機能が分化していく。この過程を「Mx＞My⇒Rx1＞Ry1,Rx2＞Ry2」で表す。さらに「重複文法化」は、モデル言語からもたらされた複数の使用形式が、模造言語において複数の文法範疇に文法化する過程である。この過程が文法化の過程であると考える理由は、単なるいくつかの「使用形式＞文法範疇」の変化の並列ではなく、形態統語上での交叉であるからで、再分析の面で切り離せない部分がある。この過程を「Mx1＞My1,Mx2＞My2⇒Rx1＞Ry1,Rx2＞Ry2」で表す。

以上に提案した統語機能模造の諸類型はいずれも漢文訓読の資料に観察されやすいと思われる。言語接触による「通常文法化」の他に、日本語は類型特徴が漢文とは違うため訓読上のゆれや不整合を生じるので多様な類型が見られる。次節では訓読資料の例を挙げながら、提案した統語機能模造の諸類型を具体的に考察する。

---

[1]「使用形式」は文法化の初期段階における文法化の要素を指す概念である。Heine&Kuteva（2005:41）の定義によると、「使用形式」は頻繁に現れた特定の統語機能に関わった句や節、若しくは語彙の連続である。すでに定着した文法項目と比べると、「使用形式」はある文法機能をあらわす義務的、拘束的な「形式意味単位」ではなく、特定の文脈や談話にしか現れない表現である。「使用形式」の特徴は、①「特定の文法

項目と共起する」、②「特定の文脈に頻繁に現れる」、③「必須の文法形式ではなく、選択が自由の要素である」という三つの項目がされている。

[2] 使用形式から文法範疇への変化の各段階にはっきりした境界線がないが、その間の区別について、Tamm&Walchli（2001:626）が提出した副次使用形式と主要使用形式の区別基準は参考になれる。①副次使用形式は特定の文脈に限られているが、主要使用形式はより一般的な文脈に使用される。②副次使用形式は語用論的に「有標」の表現であるが、主要使用形式は「無標」である。③副次使用形式は特定の文法機能を持っている形式と共起するが、文法的意味を持っていない。主要使用形式は一定的な文法機能を持っているとされる。

5.4 統語機能模造の諸類型の考察

5.4.1 接触による単一文法化

5.4.1.1 通常文法化

通常文法化は動機づけ以外には、一般に見られる言語内部の文法化と大きな差異はないが、典型的な「使用形式＞文法範疇」の変化である。5.2 に挙げた従属節標識の「アヒダ」、繋辞的用法の「コレ」、副詞、接続詞の「ナラビニ」の例はいずれも通常文法化の例である。ここでは具体例は省くが、他の接触による文法化との関係について一点、説明を加えたい。

通常文法化は他の接触による文法化の類型の基礎である。複合文法化の過程には必ずいくつかの通常文法化の過程が含まれると考えられる。模造文法化は通常文法化の並列連合と言える。また、中途文法化と再文法化はいずれも通常文法化の延長線にあり、ベクトル変化のような通常文法化の両端に位置するものである。接触による文法化の諸類型は通常文法化と同じ原理を持っているが、「使用形式＞文法範疇」を基礎とした変化である。ただ接触による文法化の諸類型の間には変化の具体的形式の違いが見える。

そこで通常文法化と他の接触による文法化の諸類型の関係に即して、他の接触による文法化の諸類型を具体的に考察してみる。

5.4.1.2 中途文法化

中途文法化は「使用形式＞文法範疇」の変化ではなく、文法化の途中で模造言語の類型特徴の制限などの原因で、完全に文法範疇に変容する前の「副次使用形式＞主要使用形式」の段階で変容が途絶えた文法化である。

中途文法化には次の三つの特徴がある。

・中途文法化において、モデル言語における要素の統語機能は一部しか模造言語に模造されていない。

・中途文法化は副次使用形式から主要使用形式への変容である。

・この結果は模造言語に新たな文法範疇や文法標識の成立で

はなく、機能の「義務性」を持たない制限された使用形式の成立をもたらす。

漢文との接触による機能模造に中途文法化の例は少なくはない。山田(1934, 1935)、井手(1955)、築島(1965)、大坪(1981,1994)の研究で論じられた「漢文訓読の影響」は統語模造の観点で見れば大雑把な概括と思われる。「漢文訓読の影響」によって成立した要素のほとんどは一種の文法範疇や統語標識ではなく、特殊な「語法」とされる。しかもこのような「語法」は一般的に日本語にすでに存在していたもので、漢文の影響で古い用法から創発してきた新用法とされる(山田 1935:38)。統語機能の模造で判断すると、従来の研究による「語法」は接触によって成立した使用形式であり、漢文訓読の影響によって創発した「語法」の新用法は漢文との接触による中途文法化の過程だと考えられる。

上記の中途文法化の特徴から、漢文との接触による使用形式の成立には次のような変容様相が見えてくる。

統語機能面：漢文要素の一部の機能しか模造されない。
統語環境面：模造された要素は特定の統語環境に頻繁に使用される。日本語に共起(interaction)する要素がある。
範疇成立面：日本語に成立した使用形式は制限されている。

次に接触による中途文法化の具体的な様相を考察してみる。例えば「再読字」副詞の成立について[1]、山田(1935)、鈴木(1954)、小林(1954)、村上(1966)などは漢文との接触によって成立した特殊の語法とする。「再読字」副詞は日本語にもともと存在していた要素であるが、「それにあてた漢字の意義性質より感化を受けて、語は変わらないけれど、意義性質の上に国語の上にかつてなかった語遣を生じた」変容である(山田 1934:64)。「再読字」副詞はもともとの副詞的要素として使用されるものがほとんどであるので、変化前の機能と比べ大差がないと思われるが、漢文の影響を受け、機能面で「再読」の統語環境に拡張して頻繁に使用されるようになり、一種の使用形式に変容した。例えば打ち消しと共起する「再読字」の副詞「イマダ」は例（33）のように上代から存在していたが、例（34）のような「否定」を表す副詞の機能は認められない。

（33）a 我が背子が古き垣内の桜花いまだ含めり一目見に来ね。（万葉集・4077）

b 月数めばいまだ冬なりしかすがに霞たなびく春立ちぬとか。（万・4492）

c 春の雨はいやしき降るに梅の花いまだ咲かなくいと若みかも。（万・786）

d 霜雪もいまだ過ぎねば思はぬに春日の里に梅の花見つ。（万・1434）

（34）a 御身もいまだ疲れさせ給（たま）はず。（平家物語・巻9）

b 先帝の御時より今に到るまで、世の中の病いまだおこたらず。（大鏡・中）

c「芋粥にいまだ飽かず」と仰らるれば…（宇治拾遺物語・上）

d 未ダ一宿ニ不至ザルニ、神、既ニ此ノ事ヲ語テ…（今昔物語集・巻6）

（33）の用例を見ると、「イマダ」は後接動詞の機能に制限されていないことがわかった。(33a)、(33b) は動詞の肯定用法の前につけるに対して、(33c)、（33d）は動詞の否定用法と同時に現れる。文意を見ると、動詞の「肯定・否定」の修飾要素よりも、上代における「イマダ」はむしろ一種の時間副詞と言える。つまり、「イマダ」は「今なお」という実質的な意味を持って、必須の文法要素ではなかった。「イマダ〜Neg」の否定共起の用法はまだ一時的な用法であり、一種の「副次使用形式」で把握すれば問題がないと思われる。一方、(34）における「イマダ」は漢文に影響された用法であり、単なる時間副詞としての機能ではなく、現時点でなんらかの事態が達成していないという否定共起の機能を持っている。この機能は漢文における「未」と同じである。漢文における「未」は過去の継続をあらわすアスペクト標識から文法化してきた否定標識なので、中古文献に「過去」と「否定」の二つの統語機能が兼有する（楊&何 2001:329）。例（35）、（36）には明らかな「イマダ」の機能特徴が見える。以下の例は青木（2004:15-16）より引用したものである。

（35）a 此二ノ人未ダ因果ヲ悟。（今昔物語集・巻 11）

b 此両人ハイマダ因果ヲシラザル也。（観智院本三宝絵・中）

（36）a 未ダ弱冠也ケル時、俄ニ病ヲ受テ死ケリ。

（今昔物語集・巻 7）

b 年いまだ弱冠未（ず）して時に暴病死。

（前田本冥報記・中）

中古漢文における「未」は打ち消しの過去形態をあらわす助動詞とされている（Pulleyblank 1995:63;楊&何 2001:324 など）。VO 言語において、「Adv＋V」と「Auxi＋V」の統語構造は同じなので、漢文訓読において「未」は「否定副詞」に再分析される可能性がある。漢文訓読に影響された和漢混淆文にこのような例が見られる。（35a）、（36a）における「イマダ」は「肯定」動詞と共起すると思われるが、（35b）、（36b）の例と比較すると、（35a）、（36a）で文の打ち消しが明示されていないが、やはり一種の否定の意味合いを表している。原漢文の影響を考えると、「未悟因果」は「イマダ因果を悟っていない」、「未弱冠」は「イマダ弱冠（の歳）になっていない」と理解すれば異議がないと思われる。「イマダ」は否定文の統語環境でしか成立しないと考えられる。和漢混淆文における「イマダ」はすでに「否定副詞」の使用形式に変容してきた。

ところが、時間副詞の「イマダ」は平安初期の訓読資料には見られない。中古前期の訓読資料を調査したが、「成実論」「金光明」「地蔵」「義疏」「玄賛」には「未」を「イマダ～Neg」に訓読する例は一つもなく、例（37）のような不読や文末否定などの訓法である。中古の後期から、「イマダ～Neg」の再読の訓読が現れた。調査した結果、「否定副詞」の「イマダ」は「法師伝」に 3 例、「西域記」に 7 例、「威儀経」に 1 例あるが、まだ使用率は高くない。例（38）は「否定副詞」の典型訓読例である。

（37）a 即是執著未得解脱。

即是レ執著になりヌベシ、解脱を得ず［未］あるベシ。

（金光明・巻5）

b 亦以未斷使故。

亦使を断（せ）未ぬを以ての故（に）なり。

（成実論・巻10）

c 小乘人共聞大法未足可信。

小乗の人（と）共に大法を聞（か）マシカバ信（ず）可きに足（る）未マジ。（義疏・序品初）

d 心未堅固不專樂佛。

心堅固に（あら）未ず、専（ら）仏をも楽（は）不。

（玄賛・巻6）

（38）a 百物正名未涉真如之境。

百物名正シケレドモ、未だ真如之境を渉（ら）未ず。

（三蔵法師表啓初期点・96）（大坪 1981より）

b 命有譏私未聞來旨。

命（じ）て譏私ルコトハ有（り）トモ未ダ来旨を聞（か）［未］。（西域記・巻3）

c 墮無間獄流轉未已。

無間獄に墜（し）流転未（だ）已（ま）［未］。

（西域記・巻4）

d 經藏石室未盡龍宮之奥。

経（は）石室に蔵マ（る）を（もて）、未ダ竜宮（の）［之］奥を盡サ［未］。（西域記・序）

例（37）を見ると、否定助動詞のような文法項目は日本語の文法構造にとって不必要な存在である。例（38）における「イマダ」が省略されもて文構造に大きな影響がない。漢文における「未」は過去の否定をあらわす必須の助動詞であり、「義務的」な統語機能を果たしているに対して、（38）の「イマダ」は文末の否定標識と呼応する副次的な要素であり、一種の「随意的」（optional）な統語機能を果たしている。したがって、中古末期までの訓読資料に「イマダ」は新たな文法範疇というよりも、一種の使用形式として成立したと言える。さらに、「イマダ」の初期訓読は「否定副詞」というよりも、(39) のような時間副詞に近い用法である。(39) の「イマダ」はまだ文末の否定と緊密的な関係はないが、漢文における過去事態の否定をあらわす「未」の一部の機能を模造して、「今なお」の意味で時間副詞の機能を果たしている。これらの訓読例は文法化の中間範疇の様相と考えられる。

(39) a 未曾經於阿闍梨處而受真言。
未だ曾にも於阿闍梨の處に経て而真言を受けず。
(蘇悉地羯羅経延喜点・巻 11)(大坪 1994 より)
b 未曾得聞漿水之名。
未ダ曾（に）も漿水之名をダも聞（く）こと得［未］ず。
(大般涅槃経初期点・丙)(大坪 1981 より)
c 曾未改歳尋即徂落。
曾て未ダ歳（を）改へ［未］ず。 (西域記・巻 4)
d 所以未嘗不臨食輟餐當寐而驚。
所以ニ未タ嘗て食に臨（ミ）て餐（ヲ）輟メ、寐ヌルニ當り（テ）［而］驚（カ）不ハアラ［未］るものナリ。
(法師伝・巻 9)

(39) には「イマダ」と共起する要素は文末の否定というよりも、同じ時間副詞の「カツテ」である。中古の漢訳仏典に「未嘗」「未曾」のような固定表現が多いので（朱 1994:256;龍 2004:108)、「イマダ」は「カツテ」と同時に現れる比率が高い。もともと訓読しなかった「未」は「カツテ」の存在を条件として、「イマダ」は共起する要素となり、副次使用形式の用法が現れた。(39) の「イマダ」の統語機能は「制限的・有標」であり、「カツテ」を存在の条件とした。このような用法は「イマダ～Neg」に文法化する以前の中間的範疇と思われる。

以上の「イマダ」の文法化の過程を見ると、一種の中途文法化と認定できる。機能面で「イマダ」は漢文における「未」の統語機能の一部しか模造しなかった。「未」の否定機能は「イマダ～Neg」の統語環境で文末にあらわれる否定標識で表すが、「イマダ」は否定の機能を果たしていない。ただ、「イマダ～Neg」の統語環境で頻繁に使用されることによって、「イマダ」は一種の主要使用形式となった。ところが、日本語の類型特徴の制限で「イマダ」のような副詞要素は否定標識に再分析される可能性はない。

「イマダ」の文法化と同じく、「再読」副詞の「マサニ」などの成立も中途文法化の過程である。漢文における法助動詞[2]（modal auxiliary）「當・将」に対しては初期訓読資料に対応する文法範疇がないので「不読」の形で現れるが（小林 1966:37）、助動詞「ム」「ムトス」「ベシ」、命令形などと共起して「可能副詞」としての「マサニ」は成立した（小林 1954:47）。この場合、「マサニ」はまだ「随意的」統語要素であり、一種の副次使用形式である。再分析によって、「マサニ」は「マサニ～Mod」のような統語環境に頻繁に使用され、文末のモダリティ要素と共起する副詞として定着するようになる。しかし、類型特徴の制限によって「マサニ」は副詞として漢文における「當・将」の法助動詞の統語機能をすべて模造することができないので、一種の主要使用形式として文法化が止まっていた。

漢文における助動詞は日本語の助動詞と比べると、大きな類型特徴の差異があるので、「イマダ」と「マサニ」はその一部の機能しか模造できない。ところが、類型特徴が類似する要素であっても中途文法化が発生する可能性もある。例えば、漢訳仏典における「V＋着」の統語環境において、接語「着」は動作の「完了・継続」を表すアスペクト標識に文法化した（曹 1995:8;蒋 2006:117;朱 2009:20）。楊&肖（2010）、楊（2010）は漢文における「着」の影響によって、(40）のような「～ツク」の用例は動作の完了をあらわすアスペクト助動詞であるとする[3]。

（40）a 流離王ノ軍又可来シ。我レ今、流離及ビ四種ノ兵ヲ他方世界ニ擲ゲ着ム。　（今昔物語集・巻2）

b 願フ所ハ貴ケレドモ、本意ノ如ク此ノ佛ヲ震旦ニ渡シ着ケ奉ラム事、極テ難有シ。

（今昔・巻6）　（楊 2011 より）

c まめやかに、男のために苦しかるべきことを、言ふと聞きて、からうじて、言ひつきにけり。（平中物語・第16）

d かうのみ胸やすからねど、おもひつきにたれば、心よはき心ちして、ともかくもおぼえで。　（蜻蛉日記）

（40）のような用例において、「ツク」は動作の目的をあらわすというよりも、前項目の動作の完了を提示するアスペクトの表現と言える。ところが（40）における「ツク」はアスペクト助動詞であると考えにくく、むしろ一種の動作の完了と共起する主要使用形式である[4]。OV 言語の類型特徴を見ると、「ツク」は助動詞に変容する可能性があるが、なぜ接語の用法のままで文法化が中止したのかについて不明である。中古日本語において、「つ」「ぬ」「たり」「り」などの多数の完了をあらわす助動詞が共存しているので、新たな使用形式として「ツク」はこれらの助動詞と一種の歴史変容の「競合」関係となった。そして「つ」「ぬ」「たり」「り」はいずれも「ツク」よりもっと拘束的な形態を持っているので、文法化の度合いが高い。そこで、この「競合」関係の中で、「ツク」は必須の統語要素になる可能性が小さいと思われる[5]。したがって、類型特徴の制限の他に、類似する統語機能を持つ要素との「競合」は中途文法化が発生するもう一つの条件である。

以上の例を通して、副次使用形式から主要使用形式への変容である「中途文法化」の特性を明らかにした。この過程ではモデル言語における要素の統語機能が一部しか模造言語に模造されていない。模造言語には新たな文法範疇や文法標識が成立しないが、機能の「義務性」を持っていない使用形式が成立する。中途文法化が発生する原因は模造言語の類型特徴の制限、および文法化の要素がほかの要素と競合することである。

5.4.1.3 再文法化

言語接触による再文法化ですでに文法化した文法要素は、モデル言語における文法化の影響によって、再び新たな文法範疇に変化する現象がある。接触による文法化は模造言語に既存する文法範疇が新たな文法範疇に移転する「文法範疇＞新たな文法範疇」という過程である。

「再文法化」は言語接触による文法変容の専属概念ではなく、文法化研究にしばしば取り上げられている概念である。一般に再文法化には下記の三つの意味があるとされる（Lessau&Boretzky 1994;Allen 1995;Brinton&Traugott 2005）。

・何の機能もない形式が新しい文法機能を獲得すること。

・ある形式が新しい文法機能を持つものとして再解釈されること。
・ある形式が失った機能を回復すること。

この三つの意味をまとめると、再文法化はすでに充分に文法化した、ある文法範疇はなんらかの原因で既存の統語機能から新たな機能を産出した過程と思われる。そこで、再文法化の本質は一種の機能の刷新（functional renewal）と言える[6]（Brinton&Stein 1995:34）。他の類型の文法化と同じく、再文法化の動機づけは語用論的推論であるが、メタファー、メトニミーなどの認知上の関連に基づいた推論と違い、偶然の語用論的要因に働きかけられた「概念の創発」（conceptual invention）とされる（Traugott 2001:141）。ところが、接触による再文法化は偶然の語用論的推論だけでなく、主にモデル言語における文法化に影響された変化である。

例えば、「ル・ラル」は受身標識として中古以前にすでに定着したが、奈良時代は尊敬をあらわす助動詞として見出されず、平安時代を発端にした変容の様相が指摘された（辛島 1991:1）。従来の説によると、尊敬をあらわす助動詞の「ル・ラル」は受身用法から転じてきたが、転化の動機づけについて内部変容と漢文の影響だとする二種類の意見がある。尊敬をあらわす「ル・ラル」の成立動機について、辛島（1993:9）は「変体漢文の世界からではなく、実際の対話で話者を主語とする受身表現から発生した」という日本語内部の語用論的推論によって成立した点を指摘した。この意見に対して、大坪（1994:1027）は本来受身を表す漢文訓読文における「見」の変容の影響で、「ル・ラル」はある種の尊敬をあらわす要素と解釈されるようになったとされ、尊敬を表す「ル・ラル」の成立に対する漢文訓読の影響を示した。ところが、中古漢文における「見」には尊敬を表す機能がないが、どのように「ル・ラル」の機能変容に影響を与えたのかは検討すべき問題である。

結論から言うと、「ル・ラル」は中古漢文における「見」の影響によって「受身＞尊敬」という変容が起こった再文法化であるとみる。この過程で「見」の統語環境は「ル・ラル」の再文法化に大いに働きかけた。

中古の漢訳仏典には、漢文における受身の助動詞標識である「見」「被」「(為)...所」が併存していた。これらの標識の統語機能には大きな差異がないように見えるが（石 2006:9-14）、むしろ一種の歴史上の交代の「競合」関係であった[7]。(41) の例を見ると、助動詞「見」は一般の受身標識として「ル・ラル」で訓読する。

(41) a 羲皇之徳尚見稱於前古。
羲皇（ノ）［之］徳尚［於］前古ニ稱（セ）見レ…
（法師伝・巻 9）

b 令少詹事張行成宣恩宥降京畿見禁囚徒。
［令］少詹事張行成（ヲ）シテ恩ヲ宣（ヘ）、［宥］京畿ニ降シテ、禁見レタル囚徒ヲ宥サ令（ム）。
（法師伝・巻 7）

c 繼母見違彌増忿怒。
継母違（ヘ）見レテ、弥忿怒（を）増（す）。
（西域記・巻 3）

d 彼人震怒遂見殺害。
彼の人震ヒ怒て遂に殺害見ラレ…　（西域記・巻 7）

(41) における「見」の用例は受身標識としての一般用法であるが、訓読例は完全に尊敬の機能とは関係がないと思われる。そして、漢文における「見」のような受身標識にはそもそも尊敬用法はないが、どのように「ル・ラル」の尊敬用法の成立に影響を及ぼすのかは難問である。大坪（1994）が提出した「ワレ対象語説」はもっとも信憑性があると思われる。簡略にまとめると、西田（1980）、呂（1982）の研究に従い、漢文における「見」は「指示作用」を表す用法があり、「対話の中や書簡、上表などの文書の中で自分について述べている場合に用いられ、客観的事実の記述には用いられない」とされる（大坪 1994:998-999）。このような用法では動作の対象は話し手自身であるが、ゼロ格で現れる[8]。「S＋見＋V」の統語構造は「S＋V＋話し手」という意味を表し、初期の訓読では (42) のように「ワレニ・ワレヲ＋V」と訓読する。その後は「ル・ラル」で現れ、「～してくださる」という意味に解釈され、尊敬表現として使用されるようになった。

(42) a 卿若能以身肉三兩日日見給。
「…卿ち若（し）能（く）身肉三兩を以て日日に見（ワレ）

ニ給（せ）ば...」（東大寺本大涅槃経平安末期点・巻22）

b 其人見答七日不可。

其（の）人見（ワレ）ニ答（ふら）く、七日は不可なり...

（大涅槃経・巻22）

（43）a 特見矜念

特に矜（アハレヒ）念（は）見れてき...

（東大寺本大般涅槃経平安末期点・19）

附訓：特に［見］ワレヲ矜（アハレ）ヒ念（オモ）ヒテキ...

b 見容一宿。

一宿を容（ユル）サ見レヨ。（大涅槃経・29）

附訓：［見］ワレニ一宿ヲ容（ユル）セ...

例（42）の「見給」「見答」は「ワレニ給ふ」「ワレニ答ふらく」に訓読する。このような訓読は原漢文の「～をくださる」「～に答えてくださる」という意味に対応している。引用した（43）のように「ル・ラル」に訓読しても、原漢文における「見」の統語機能を明記するために「ワレ」で附訓する例があるとされる（大坪 1994:1033-1034）。したがって、漢文における「見」は「～してくださる」の用法があるが、この用法の影響によって、「ル・ラル」は尊敬をあらわす助動詞に再文法化する。ところが大坪（1994）らの説を見ると、漢文における受身標識「見」は話し手を指示する要素に変容したと論じられているが、文法化の観点から判断すれば疑うべき変化だと考えられる。

石（2003:337）は指示を表す「見」は中古漢文における受動文の名詞化辞標識「之」「所」から類推してきた用法と指摘したが、名詞化辞ではなく、受動文における動詞を標示する「被」「遭」から類推してきた表現と提案する。中古漢文における「被」「遭」は一種の間接受身の用法であり、話し手がなんらかの迷惑を受けた場合に使用される。「見」は動詞から受身標識に文法化する過程で、「被」「遭」の間接受身の用法から例（42）、（43）の用法に類推してきた。ところが「見」は「迷惑」だけではなく、他人からなんらかの恩恵を受ける場合でも使われる。この場合、動作の対象は常に話し手や話し手に所属するものであり、動作の対象は動作によってなんらかの迷惑や恩恵を受けた結果となる。もっと簡単に言えば、動作主は話し手や話し手に所属するものに向かってなにかをしたという動作の方向性をあらわす待遇表現である。

漢訳仏典では主語がほとんど「如来」「法師」「比丘」など目上の人であり、大坪（1994:985）の調査によると、「目上＋見＋V」の構造と逆である用例は47例中4例しかない。したがって、このような間接受身は「～してくださる」と理解しても問題がないと考えられる。

（44）は「見」の文法化の中間範疇の用例である。「見」の理解にはゆれがみられ、一般の受動なのか、間接受身なのか、いずれの範疇で分析しても通じると思われる。

（44）a 我所杖劍神龍見授。
我(が)杖ケル所の剣は神竜の授ケ見(ラ)レタル(なり)。
（西域記・巻3）

b 以小乗法而見濟渡。
小乗（の）法を以（て）而済度見（セラ）レむ…
（義疏・巻5）

c 此乃常事無勞見憂。
此（れ）乃（ち）常の事なり。労（し）く憂へ見（るる）こと無れ。（寄帰伝・巻1）

（44）における「見授」「見済渡」「見憂」には二通りの理解ができる。一つは一般の受動であり、「剣が神龍に授けられた」「（話し手）が小乗法によって済渡された」「この事が（あたなに）憂えられた（こと）」である。もう一つは間接受身であり、待遇表現に訳すと「神龍から授けてくださった」「小乗法から済渡してくださった」「（あたな）から憂えてくださった」である。これらの用例では「ル・ラル」が受動標識から尊敬を表す助動詞に変容するかけ橋になっている。ところが、（42）～（44）の用例における「見」の使用は有標的であり、制限されている。つまり動作の対象は話し手である。この制限は尊敬をあらわす助動詞標識が成立する条件だと考えられ、例（45）は完全に敬語用法の用例である。「見捨」「見怪異」「見毀罵」「見愍念」はそれぞれ「お捨てになる」「ご怪異なさる」「お罵りになる」「愍念してくださる」という意味である。

（45）a 導師見捨観吾心故。
導師捨（て）見れて、吾が心を観ハせるが故（に）...
（法華経・巻2）
b 毎念前恩忍而不語。宗親戚屬咸見怪異。
毎に前の恩を念（ひ）忍（び）而語（ら）不。宗親戚屬咸ナ怪異（せ）見（ラ）ル。（西域記・巻7）
c 汝何以見毀罵也。汝不識我邪。
汝何にを以て毀（り）罵（ら）見（る）也。汝は我をは識（ら）不（ず）邪。（石山寺大方便仏報恩経平安初期点・巻3）（大坪 1994より）
d 摩納心自念言定光如來不見愍念。
摩納心に自（ら）念（し）て言（は）く、「定光如來愍念セ見レ不と（お）モフ」。（地蔵・巻3）

（45）の用例を見ると、「見」の文法化の影響で「ル・ラル」はすでに受身標識から一種の尊敬をあらわす助動詞に変容してきた。この変容の過程で「ル・ラル」は内容的要素から文法的要素になるのではなく、一つの文法範疇からもう一つの新たな文法範疇に移行したのである。これは典型的な再文法化の過程である。この変化の動機づけは「見」の文法化の影響である。具体的に言うと、「見」の文法化において、中間的範疇の段階で述語はゼロ格として現れるという特定の統語環境があり、この特定統語環境における「見」の統語機能の変化に影響され、「ル・ラル」の新たな解釈が可能になった。

辛島（1991,1993）は中古の古文書で「ル・ラル」の用法が発生したと指摘した。（46）の用例を見ると、「被」で表記する「ル・ラル」はほぼ（45）と同じ統語機能を持っている。和化漢文における「被」の尊敬用法は訓読資料における「見」と同一のものと思われるが、用字法の差異で表記の違いが見えてきた。このような表記は和漢混淆文にも影響を及ぼした。（47）の尊敬をあらわす「ル・ラル」は一般的に「被」で表記する。

（46）a 如最澄法師命、義真法師被弘。天長十年七月四日永逝。
（僧光定上表文・伝述一）

b （承和聖主）初自同二年正月、更以常寧殿為修法堂、被行件法焉。（寵壽申状案・東寺文書）

（47）a 菩薩、可然キ御弟子ヲ以テ令問メ給テ云ク、「何レノ所ヨリ何ナル人ノ被来タルゾ」ト。（今昔物語集・巻 4）

b 其ノ時二、天皇元限ク喜テ半国ヲ可知キ宣旨ヲ被下ヌ。（今昔・巻 5）

上記の「ル・ラル」の例で接触による「再文法化」の特徴を明らかにした。接触による再文法化は、モデル言語における要素の文法化に影響され、模造言語のすでに文法化した文法要素が新たな文法機能を獲得する過程である。この過程において、モデル言語の文法化する要素が特定の統語環境に使用される用例があり、この統語環境の機能に感化され、模造言語における文法要素は既存の文法範疇から新たな文法範疇に転化し、一種の機能の再新化を実現した。

5.4.2 接触による複合文法化

5.4.2.1 多元文法化

接触による「多元文法化」はモデル言語におけるいくつかの文法化に影響されて、模造言語における要素が文法化する過程である。この過程において、モデル言語からもたらされた使用形式は一つだけではない。模造言語の文法範疇はこのいくつかの使用形式から文法化してきた文法項目である。この文法化において、模造言語の文法範疇はいくつかの下位機能によって構成されているが、これらの機能はそれぞれモデル言語におけるいくつかの文法範疇に対応している。多元文法化は「使用形式 1,使用形式 2, …,使用形式 n＞文法範疇」のような変容過程である。

接触による多元文法化の動機づけは類型特徴の差異による模造言語とモデル言語の文法範疇の不一致である。モデル言語の文法範疇のいくつかは、模造言語に模造され、すべての統語機能を一括して一つの標識であらわすようになった。また、同一の文法範疇に属するモデル言語の諸要素が模造言語の文法化項目に与える影響は必ずしも均一であるとは限らない。影響の不均一性によって文法化項目の統語機能や常用の統語環境は一部の要素の影響を偏って受けていると考えられる。この不均一性の原因は、模造言語の類型特徴に対する適応性が要素によって異なっていることである。文法化の観点から見ると、モデル言語における諸要素はいずれも文法化を経ているので、もともと内容語としての意味や使用環境の差異によって、下記のような統語機能の不均一が生じた。

・各要素の文法化の段階と度合いが同じではない。
・各要素は同一の文法範疇に属するにもかかわらず、具体的な統語機能が同じではない。
・各要素が使用される統語環境が同じではない。

モデル言語における各要素の影響が不均一なので、文法化によって成立した文法範疇には機能上の「分岐」(divergence) が見られる (Heine&Reh 1984:57; Hopper 1991:22)。一部の機能は模造した当時のままにとどまり、もう一部の機能はさらに文法化して、より拘束的な要素になる[9]。第 4 章にあげた形態化は後者の変容の一環である。

漢文との接触による多元文法化はよく「多字同訓」の場合に発生する。漢文のいくつかの要素が同一の文法範疇に属する場合、日本語の類型特徴が制限されたために、機能を細分せずに同一の文法項目であらわす。これによって多元文法化が発生することが可能となった。例えば、「コレ」の文法化は多元文法化の一例である。

「コレ」の一部の「文脈指示」[10]用法は漢文訓読に影響されたものだとされてきた。「コレアリ」「コレナリ」「コレヤ」のような使用形式の成立（山田 1935:353-357)、「コレ」の「絶対的指示」用法の成立（井手 1955:73-75)、「ココニ」「コレニヨリテ」などの「コ」系指示の接続詞の成立（松井・京極 1973:91-92)、前文に挙げた「コレ」の「再帰格」用法の成立は（楊 2002:18)、いずれも漢文訓読にもたらされた指示関連の用法だとされる。ところが、中古漢文の文脈指示体系は複雑な文法範疇なので、「コレ」の文脈指示の諸機能の形成が具体的に漢文のどの要素の影響を受けたのかを検討する余地がある。

「コ」系の文法範疇は「現場指示詞＞文脈指示詞＞接続詞」のように文法化してきたと考えられる。結論から言うと、「コ」系の文脈指示詞と接続詞への文法化は漢文における「此」「是」「之」「斯」の指示体系の影響による多元文法化である。

表 5.4　上代指示の二項対立

コ系要素	指示機能	ソ系要素	指示機能
ココ	場所	ソコ	事柄
コレ	現前の物的対象	ソレ	先行文脈にあらわれた物的対象
コ	現場の対象・場所	ソ	先行文脈にの物・事柄
コノ	現前の物的対象・時間	ソノ	先行文脈の物的対象・事柄

上代日本語における指示体系はコ系とソ系の二項対立である。この対立について、橋本（1982）は上代語にコ系が「感覚の世界」を指示し、ソ系が「観念の世界」を指示する二次元的対立だと主張する。李（2002）は上代語における指示体系は「知覚指示」と「観念指示」の対立だと指摘した。上代指示の対立および「コ」系の位置についての先学の論点を表 5.4 に纏める。

この対立を見ると、上代語における「コ」系指示は現場指示のみ存在し文脈指示の用法が見られないと考えられる。上代和文における「コ」系指示は（48）、（49）のような用例にしか見られない[11]（橋本 佐藤 ed.1982:222; 李 2002:128）。

（48）a 海神の沖に持ち行きて放つともうれむぞ<u>これ</u>がよみがへりなむ。（万葉集・327）

b 草枕旅の丸寝の紐絶えば我が手と付けろ<u>これ</u>の針持し。（万・4420）

（49）a 白鳥の飛羽山松の待ちつつぞ我が恋ひわたる<u>この</u>月ごろを。（万・588）

b 山吹の咲きたる野辺のつほすみれ<u>この</u>春の雨に盛りなりけり。（万・1444）

（48）のように「コレ」は文脈にあらわれるものを指示する機能ではなく、話し手の目の前のものを指している。特に（48b）の「コレ」は一体なにを指示しているのか文脈からはわからない。さらに例（49）の「コノ」につける名詞は文脈の中に照応する情報がなく、目の前の事物である。例（49b）の「コノ」に指示されたのは話し手が発話する現時点で、目の前の対象と考えられる[12]。そこで、上代和文の「コ」系指示には文脈指示の用法が見られず、現場指示のあ用法しかないことがわかる。

一方、例（50）、（51）の続日本紀宣命と延喜式祝詞には「コ」系の文脈指示の用法がある。例（50）の「コレ」はそれぞれ前文の主語と目的語を指示する。例（51）の「コノ」はそれぞれ前文にあらわれた時間と人物を指示する。

（50） a 朕には不在、別宮に御坐坐も時、自加得言や。此は朕劣に依てし...　　（宣命・二十七詔）

b 敗軍費糧て還參來。是を任法に問賜ひきため賜べく在とも。　　（宣命・六十二詔）

（51） a 皇朕高御座に坐初より今年に至まで六年に成ぬ。此の間に天つ位に嗣坐べき次と為て皇太子侍つ。　　（宣命・七詔）

b 御膳持たする若宇加能売命と御名は白して、此の皇神の前に辭竟へ奉らく。　　（延喜式祝詞・廣瀬大忌祭）

これらの例を見ると、一概に上代語のコ系指示詞に文脈指示の範疇がないとは言えない。大いに漢文法に影響された宣命と祝詞には文脈指示の範疇が存在している。そこで、「コ」系指示の文脈指示と接続詞の文法範疇は漢文訓読によって文法化してきた可能性が高いと考えられる。中古漢訳仏典における指示詞には「是」「此」「斯」「之」の出現頻度が圧倒的に多い。「是」は中古の漢訳仏典では繋辞に文法化しつつあり、日本語に対する影響は主に繋辞に相当する「再帰格」の用法に見られる。この点については 5.2 節を参照されたい。その他に、「是」の文脈指示の機能はほぼ「此」と同様なので（西山 2001:114）、考察の対象としない[13]。

西山（1989,2001）の考察によると、古代中国語における「此」「斯」「之」にはそれぞれ機能上の特徴があり、それを表 5.5 にまとめる。

表 5.5　古代漢文における「此」「之」「斯」の機能分布

	此	之	斯
主語	＋	－	－
連体修飾	＋	－	＋
目的語	＋	＋	－

上記の表のデータは主に上代資料に基づいた調査結果であるが、Zürcher（1987）が調査した中古前期の漢訳仏典の機能分布のデータと比較すると、（52）の通り大きな差異はないと見られる。漢訳仏典における「此」「斯」「之」には一語化した形式が現れたので、データ上の誤差は主に一語化による数値の変化であると考えられる[14]。

（52）此　　　　　斯　　　　之
　42:86:166　　7:12:44　　2:68:15
（主語：目的語：連体修飾としての使用数）

「此」「斯」「之」の機能分布は殆ど整然とした形なので、同じ文脈指示の範疇に属していながらそれぞれ対応する格範疇が異なっていることがわかる。この三者はいずれも「コ」系の文脈指示に訓読するが、「コ」系指示が「現場指示詞＞文脈指示詞＞接続詞」の変化に与える影響は異なっている。

「此」の訓読はかなり多様である。（53）～（55）はそれぞれ連体修飾語、主語、目的語としての文脈指示例である。（53）の連体修飾語につける名詞は必ず前文に照応する対象がある。（54）のように、主語としての「此」は主に判断文に使用されるので、主語として訓読された「コレ」は性状の説明や定義などの判断文に現れる。（55）における「コレ」はほぼ「之」の目的語用法と同じ、動作の対象である。そこで、「此」は多様な機能を持ち、いずれの機能でも前文を指示する強い指示性が見える。

（53）a 地土皆悉末為塵此微塵量不可數。
三千大千界の地土をも皆悉ク末して塵と為（し）てむ。此の微塵の量は数フ可（から）ず［不］。　（金光明・巻5）
b 但凡夫以邪念故。於實無眾生中說言實有。破此邪念不破眾生。
但凡夫は邪念を以（ち）ての故に実に衆生無キが中に於（きて）説（き）て実有と言（ふ）。此の邪念を破る衆生は被せ不。　（成実論・巻16）

（54）a 此體即於施為中出。
此が體は即（ち）［於］施為の中に出（で）たり（と）いふ。　（玄賛・巻3）

b 此則遊方之先兆也。

此（レ）［則］遊方（ノ）［之］先兆（ナリ）［也］。

（法師伝・巻1）

（55）a 聲聞悟此遂便得記。

聲聞も此を悟（り）て遂に便（ち）記を得ツ。

（玄賛・巻3）

b 故自教後宮造此。

故ニ自（ラ）後宮ニ教（ヲシ）ヘ此ヲ造（ラ）シム。

（法師伝・巻7）

上例を見ると、漢文における「此」は文脈指示詞としてすでに文法化が完了したと思われる。この文法化の段階において、「此」はさらに文法化して、接続詞の要素に変容しつつあり、接続詞の一部に形態化することが可能となった。「前置詞＋此」が接続詞に再分析され、一語化する例は少なくない。漢文における「此」の「文脈指示詞＞接続詞」の文法化は「コレ（ノ）」の接続詞としての成立に大いに影響した。(56) に訓読資料で出現頻度が高い例を挙げる。

（56）由此・因此（コレニヨリテ）、故此（コノユエ）、従此（コレヨリ）、至此（ココニ）、於此（コレニオイテ）、以此（コレヲモチテ）、如此（コ（レ）ノコトク・カクノコトク）、此乃（コレスナワチ...ナリ）...

「斯」には「此」と違い、高い指示性と機能の多様性は見えないが、固定した統語環境にしか現れない。表5.5の調査を見ると、「斯」はほとんど連体修飾語とされるが、「此」の連体修飾語の用法と同一の機能であるのかは疑わしい。例（53）を見ると、「此」の指示対象は前文に必ず具体的に現れるが、例（57）の「斯」の場合はそうではない。

（57）の漢文における「斯」が指示する対象は前文に明確に示されていない。そこで「コノ」の「斯」は単なる文脈の指示機能だけではなく、「代表機能」という副詞的機能があると考えられる。「コノモノ・コト」に対する指示よりも「コノヨウナ（モノ・コト）」のような様態を指示する表現であろう。

つまり、指示する対象は前文には出現しないが、その様相や性状を指示する連体修飾語である。また、漢文における「斯」は（58）のように「コレ」に訓読する場合もある。

（57）a 多語夢飛行斯人是風性。

語多ク夢に飛び行クとミム、斯の人は是レ風性たりといふ。

（金光明・巻 9）

b 猶風靡草其斯之謂乎。

風ノ草ヲ靡（ナヒ）カスカ猶（シ）、其レ斯ノ［之］謂乎（イヒカ）。（法師伝・巻 7）

c 其精敏強力過人若斯。

其（ノ）精敏強力人（ニ）過（キタル）こと斯（ノ）若（シ）。

（法師伝・巻 7）

d 何以顯揚斯旨。

何ヲ以（テ）カ斯ノ旨ヲ顕揚セム。（西域記・巻 7）

（58）a 斯乃是假他先達而得後進。

斯（れ）乃（ち）是（れ）、他の先（た）テ達レルニ仮リテ、而して後に進むこと得る（なり）。（義疏・方便品末）

b 合理稱機斯可歎也。

理に合ヒ機に構（ふ）なり。斯（れ）嘆（ず）可しとなり［也］。（義疏・巻 4）

（58）は前文の事柄に対して評価や説明する文である。つまり、「斯…也」の意味は「コレ…ナリ」ではなく、「コノヨウナ…コトナリ」「コウイウ…コトダ」になる。したがって、「コレ」は前文の事柄の様態に対する指示と考えられる。このような特定の統語環境に使用されるので、「斯」を訓ずるコ系指示に一語化した表現は一つしか見られない。「如斯・若斯（カクのゴトシ・コノゴトシ）」は物事の様態をあらわす表現である。ほかに「因斯・由斯」のような表現があるが、出現頻度が大幅に少ないので一語化した形とは判定できない。

「之」はほとんど目的語としての指示用法である。中古の漢訳仏典の「之」

は「此」のように指示性が強くは見られない。それは「之」には「指示詞＞連体修飾格助詞」の文法化が発生し、指示詞としての文法機能が衰退したからである。「之」の指示性は弱く、和文によっては不必要な場合が多いので、（59）の「不訓」の例はしばしば見られる。また、「之」は（60）のような二重目的語の構文でよく使用され、「コレ」は二重目的語の構文に形式的な目的語として使用されるようになる。

（59）a 有人但得禪定謂之為足。
　　　有ル人は但禅定を得て謂ひて［之］足（り）ぬと為す。
　　　（成実論・巻16）
　　b 一切怨敵能以正法而摧伏之。
　　　一切の怨敵をば能ク正法を以て［而］摧伏（せ）む［之］。
　　　（金光明・巻6）
（60）a 其味甘美細沙隨流。彼俗書記謂之福水。
　　　其の味甘美細沙随て流ル。彼の俗書に記（し）て之を福水と謂（ふ）。　（西域記・巻7）
　　b 下二十一頌分之為二。
　　　下に廿一頌アリ。之を分（ち）て二（と）為。
　　　（玄賛・巻3）

「之」の指示性は弱いので、対象物の指示でない「絶対的指示」の要素に文法化する可能性がある。井手（1955）は次のような用例をもって、日本語における「絶対的指示」は漢文における「之」の影響によって成立したと指摘した。

（61）a 金銀を以て貨幣を造るの法は之を文明の事と云うべからず。
　　b 但、此期間は商工業見習者の雇傭に付ては之を10年とす。

例（61）はこれまでの研究では「再帰格」とされるが（山田 1935:357）、前文に挙げた「コレ」の繋辞的用法とは完全に違う文法化によって成立した範疇である。井手（1955:73）によると、「之」の訓読の場合、「中称のソレで置き換へることはできない。そのことは、コレが先行の提示語（中略）を絶対的に指示代表していること、コソアドの指示体系に準じた相対的指示語でないことを示しているからである」としている。例（62）は「之」の一般的な訓読例である。（62）の「コレ」の機能特徴と統語環境を見ると、この用例は「絶対的指示」に文法化する基礎と考えられる。

（62）a 身為苦性。故應滅之。欲滅此身當斷其業。
身をば苦の性と為す。故に之（を）滅（す）応し。此の身（を）滅（せむと）欲（ば）［当］其の業を断（ず）べし。
（成実論・巻 16）

b 鄰有賢主國之禍也。於是誘請會而害之。
隣に賢主有（り）、國（の）［之］禍（なり）トイフテ［也］。［於］是（に）、誘キ請ヒて會メて［而］之を害シ（つ）。
（西域記・巻 7）

また、「之」の指示性が弱いためにほかの文脈に繋がる助詞につけないので、「此」のような一語化した表現は見られない。

上記の調査をまとめると、「コ」系指示詞に対する漢文訓読の影響には以下のような機能分布が見られる。「コ」系指示の文脈指示の範疇の成立は、「此」「斯」「之」のそれぞれの文法化に影響された過程の共同体である。この過程に「コレ」の機能成立の「分岐」が見え、一種の多元文法化と言える。

「此」: コレ＞接続機能
「斯」: コレ＞（副詞的）様態指示機能
「之」: コレ＞絶対的指示機能

上記の考察を通して接触による「多元文法化」の特徴を明らかにした。接触による多元文法化はモデル言語における複数の要素の文法化に影響された文法範疇の成立の過程である。この過程で同一の文法範疇に属するモデル言語の複数の要素がそれぞれ違う統語特徴の項目に文法化する。この影響によって、模造言語における文法範疇はいくつかの下位機能によって構成され、複数の使用形式から一つの文法範疇に変容する。そして、モデル言語における各要素の影響が不均一なので、文法化によって成立した文法範疇には機能上の「分岐」（divergence）が見られる。

5.4.2.2 多方向文法化

接触による「多方向文法化」はモデル言語における文法化の影響によって、模造言語においていくつかの文法範疇に文法化する過程である。モデル言語の文法範疇に対して、類型特徴の制限が原因で、模造言語には対応する文法範疇がない場合がある。この場合に模造言語は、いくつかの使用形式でモデル言語の文法範疇に属する各下位機能に対応する。それにより、このいくつかの使用形式はそれぞれ文法化して、複数の文法範疇として成立する。

この変容の過程を見ると、接触による多方向文法化は多元文法化と類似した動機づけがあり、いずれもモデル言語と模造言語の間の文法範疇の不一致によって起こった文法化である。モデル言語のある文法範疇は、模造言語には対応する範疇がないが、統語環境や共起要素によって機能特徴が違うので、これらの統語機能はすべて使用形式として模造言語に模造される。「Rx1＞Ry1,Rx2＞Ry2」のような過程を経て、これらの使用形式はそれぞれ異なった文法範疇に文法化する。

漢文訓読の資料を見ると、漢文と日本語の間に文法範疇が不一致の現象が多い。この場合、漢文の文法範疇に対して日本語では一般的にいくつかの異なった要素で訓読するが、一つの要素で訓読する例もある。一つの要素で漢文の特定の文法範疇を訓読すれば、範疇の不一致のために、この要素は範疇の機能の一部にしか対応しない。ほかの機能に対して同一の要素で訓読するが、最初の段階でただ一種の使用形式であり、文法範疇にならない。その後、これらの使用形式は日本語における文法範疇に文法化する。この過程について山田（1935:257）は、漢文の影響によって成立した同一の要素で表した複数の文法範疇の間は、互いに「意味性質にかかわらず」、変化の動機づけは一種の「誤り」だと指摘し、この現象の偶然性を強調した。ところが、同一の要素で表した複数の文法範疇は、漢文の文法化の影響によって機能上の関連が必ず存在していると考えられる。機能上の関連に基づいた変化は「誤り」よりも一種の類推だと提案したい。類推の結果、日本語における要素に多方向文法化が起こったとみるのである。

例えば、「タメニ」が形式名詞から後置詞に変容した過程は一種の多方向文法化である。従来の研究では「タメニ」の後置詞の用法が漢文における「副詞若しくは前置詞」の「為」の機能を模造してきたものだとされる（山田1935:249)。「為＞タメニ」の機能の模造には主に二つの過程が見られる。于（2009:12-13)、吉田（青木 ed. 2011:89-90）によると、「目的」をあらわす「タメニ」は日本語に既存の用法であるが、「原因」をあらわす用法は漢文に影響された。また、山田（1935:257)、大坪（1981:50）は受動文の動作主標識の「為」は漢文訓読から影響を受けたことを証明した。ところが、漢文における「為」の文法化は「軽動詞[15]＞副詞的要素」の過程なので、「原因」の接続助詞および受動文の動作主標識は文法範疇として認められていない。Zürcher（1977）の考察によると、中古の漢訳仏典の「為」は「原因」の用法がなく、「因為」のような一語化した形式は中世以降に成立したことがわかった。そのため、「為」は「原因」の接続助詞の文法範疇として日本語に模造される可能性はない。さらに、Shi（2002）の研究によると、中古漢文における受動文の標識は主に「見」「所」のような動詞標識であり、「被」「為」などの動作主を提示する要素は受動文に専属する文法要素ではなく、動詞のヴォイス変化に共起する一種の使用形式である。

したがって、「タメニ」の後置詞と接続助詞の用法は一つの文法範疇として日本語に模造されたのではく、それぞれ使用形式として日本語に輸入され、さらに文法化したものである。文法化の「持続性」(persistence) [16]によって、中古の漢訳仏典には軽動詞としての「為」の用例が残っている。(63）のように、軽動詞の「為」に対する訓読は形式名詞の「タメニ」に「ス」をつけるのが一般的である。

（63）a 若諸菩薩為求聲譽。
若（し）諸の菩薩の声誉を求（め）むが為にする。
（瑜伽師地論初期点・巻 21）（大坪 1981 より）
b 何故為濟身邪。
何故（ぞ）身を済（は）むガ為にする邪。（成実論・巻 21）
c 諸菩薩...不為自利。
諸の菩薩は...自利の為には不（せず)。　（地蔵・巻 10）

軽動詞としての「為」は強い「目的」の意味合いを持っている。例（63)

は一般的には「身を済はむことをする」「自利のこと（行為）をする」「声誉を求むことをする」という意味合いであったが、理解上のゆれがあるので、日本語では「タメニス」という「形式名詞＋軽動詞」の構文であらわされるようになった。こうした訓読の動機づけは、「為」は軽動詞でありながら、動作の対象に対して強い目的性をもって動作を行使するという理解からであろう。また例（63）のように、含意の「ゼロ格副詞」を含めている。これらの例における「ゼロ格副詞」はいずれも主格と統一されている。再帰用法で復元すれば、「自分の身を済はむ」「自分に対する自利」「自分の声誉を求めむ」という形式になる。したがって、このような文例に副詞としての情報がなくても成立する。例（64）は同じく「ゼロ格副詞」の例であるが、主格と副詞的要素は同一ではないので、前文に必ず情報の提示が必要である。

（64）a 梵王請法輪佛為轉法輪。
梵王法輪ヲ請（ひ）シカバ、仏為に法輪ヲ転（し）テ…
（法華論義草）（大坪 1981 より）
b 愚鈍凡夫无種姓者愚法定姓二乘之属。皆勿為说。
愚鈍の凡夫と無種姓の者と、愚法の定姓二乘之属とには、
皆為に説（く）こと勿レといふなり。（玄賛・巻6）
c 王無憂也。今為置之。
王憂（ふる）こと無レ也。今為に之を置カム。
（西域記・巻12）

例（64）の「梵王」「愚鈍凡夫无種姓者」「王」はすでに前文に現れているが、副詞的要素としての位置に省略された。これらの例では「為」を「タメニ」として訓読したが、軽動詞としての機能よりも、一種の副詞的要素の提示機能を果たしていると思われる。そして「為」は動作の目的を表し、「梵王」「愚鈍凡夫无種姓者」「王」はいずれも動作の受益者と言える。これらの例における「為」はすでに脱範疇化して、動詞としての機能は弱まったが、統語環境に副詞的要素が実質上省略されているので完全に副詞的要素の標識に文法化したとは言えない。例（65）の「為」には受益の名詞がついているので、機能面で見ると「為」は動詞の範疇から脱範疇化して、一種の前置詞の用法になった。

（65）a 為偏行六度菩薩説大乘。
偏行の六度の菩薩の為に大乘を説（き）たまふ。
（義疏・巻4）
b 為人解説所獲功德亦復如是。
人の為に解説（せ）む所獲の功徳も亦復（た）是（の）如けむ。（金光明・巻10）
c 為皇太子設五千僧齋。
皇太子ノ為に五千僧ノ斎ヲ設ケ…　（法師伝・巻8）
d 為衆生演説諸法。
衆生の為に諸法を演説（したま）ひき。（法華経・巻2）

（65）の「為」は一種の副詞的要素に文法化した。「偏行六度菩薩」「（他の）人」「皇太子」「衆生」はすべて受益者の位置に立って、動作の受益者をあらわす。一方、これらの名詞はいずれも動作からなんらかの恩恵を蒙るという意味合いがあるので、言い換えれば、名詞の受益は動作の目的と言える。したがって、このような副詞的要素の「為」を「タメニ」に訓読するのは、まさに「タメニ」の本来の機能に対応していると思われる。（66）の「タメニ」は上代の用法であり、動作の「目的」を表す形式名詞として、例（65）の「為」と意味は一致する。

（66）a 君がため手力疲れ織れる衣ぞ春さらばいかなる色に摺りてばよけむ。　（万葉集・1281）
b 忘れ草我が紐に付く香具山の古りにし里を忘れむがため。
（万・334）
c 難波潟潮干のなごりよく見てむ家なる妹が待ち問はむため。　（万・976）
d 振り立つる耳のいや高に天の下を知ろし食さむ事の志のため。（延喜式祝詞・出雲国造神賀詞）（于 2009 より）

漢文における副詞的要素の「為」はさらに従属節と受動文における要素に再分析される傾向がある。従属節と受動文における「為」は新たな文法範疇の要素として定着していないが、一般の副詞的要素としての用法と比べ、かなりその機能に差異が見える。特に漢訳仏典の例文を見ると、従属節と受動文に使用される「為」はその統語環境と共起要素に固定化した形式が見られるが、この場合でも、日本語に「タメニ」で直訳する。例えば（67）は「為」が従属節に使用される例である。

（67）a 為聽法故即於佛前儼然而生。
法を聴（かむ）が為の故に、即（ち）佛前にして於儼然にして而生せり。（地蔵・巻1）
b 為利益諸有情故聲隨衆量。
諸の有情を利益（せ）むが為の故に、声は衆の量に随（ひ）て...（彌勒上生経賛初期点・19）（大坪 1981より）
c 為是衆生故而起大悲心。
是の衆生の為の故に而も大悲心を起（し）たまひき...（法華経・巻8）
d 彼導師為止息故化作大城。
彼レの導師の止息の為の故に、大城を化作（し）て...（法華経・巻8）

例（67）における「為」はすべて軽動詞や副詞的用法が従属節に再分析された使用形式である。この場合、「為」は同じく「目的」の意味合いを持っている。(67a)、(67b）は軽動詞から直接類推してきた「為」の従属節の用法と考えられるが、従属節における動詞はいずれも意志性の述語である。普通ならば意志性の述語と共起する「為」は一種の「目的」をあらわすが、ここでの従属節の「為」の用法は客観的な「原因」としても通じる。特に節の末尾に「ユエニ」と共起するので、さらに因果関係を強調している。(67c)、(67d）は「N＋為」の結合なので、副詞的要素から類推してきた用法だと考えられる。「N＋為」におけるNは一般的に動作の受益者や目的と思われるが、従属節における用法に「Nのわけで、Nのせい」という意味合いと理解しても問題がない。特に共起する「ユエニ」はその因果関係を明示している。

例（67）の用例を見ると、「タメニ」は「目的＞原因」の類推過程に対して、「為」と共起する「ユエニ」は大きな作用を果たしている。「タメノユエニ」

の一種の使用形式として特定の統語環境に高頻度で使用される。この影響によって、もともと「目的」をあらわす形式名詞の「タメニ」は「原因」をあらわす従属節の標識になり、接続助詞のような文法範疇に文法化する。「ユエニ」の意味合いおよび「為～故」の統語環境の影響は文法化における「機能的結束性」(functional cohesion)の過程である[17]。「原因」をあらわす接続助詞の「タメニ」の成立と同じ、受動文の動作主標識をあらわす後置詞の成立も「機能的結束性」に働きかけられた過程である。

例(65)の「為」は能動文における副詞的要素に対して、次の(68)における「為」は一種の受動文における副詞的要素である。受動文の副詞的要素は一般的に動作主のことを指しているので、能動文における副詞的要素としての「為」の影響を受け、「タメニ」には受動文の動作主をあらわす後置詞の範疇が成立した。

(68) a 身心不為憂苦逼切。
身心憂苦の為に逼切セラレズ不。(地蔵・巻8)
b 尤善老荘為蜀人所慕。
尤(モ)老荘に善し、蜀人の為に慕ハ所る。
(法師伝・巻1)
c 花草為輪所碾皆悉摧壊。
花草輪の為に碾ラレて、皆悉摧ケ壊レて…(地蔵・巻8)
d 時此大池為日所暴。
時に此の大なる池日の為に暴(さ)所(レ)て…
(金光明・巻9)

漢訳仏典に見られる受動文は「見」「所」のような動詞標識が必須の要素であるが、動作主標識が現れなくても受動文の成立には影響がない[18]。動作主標識の「為」はただ一種の使用形式として存在している。受動文の統語環境において、副詞的要素を提示する「為」は必ず動詞標識の「所」と共起し、日本語には「タメニ～ル・ラル」に訓読する。もともと「タメニ」には動作主標識の機能がなかったが、「ル・ラル」と共起するに従い、「機能的結束性」になり、一種の動作主標識に類推した。

「タメニ」の例を見ると、「原因」をあらわす接続助詞と受動文における動作主標識の成立はいずれも漢文における「為」の影響による結果である。ところが、「為」の用法は接続助詞と動作主標識は独立した文法範疇として認められず「軽動詞＞副詞的要素」の変化によって現れた副次的使用形式である。これらの使用形式は特定の統語環境に制限される一方、特定の要素と共起しないとならない。「タメニ」はこの二つの使用形式の「為」の統語環境を模造し、共起要素の機能を「結束」し、それぞれ新たな文法範疇に文法化していく。

以上の例から、接触による「多方向文法化」の特徴を明らかにした。接触による多方向文法化はモデル言語の文法化の影響によって、模造言語の要素がいくつかの文法範疇に文法化する過程である。類型特徴の差異によって、モデル言語と模造言語の間に文法範疇が対応しない。したがって、モデル言語における複数の使用形式は模造言語に模造され、別々に文法化が起こる。文法化した結果、モデル言語の文法範疇に属する使用形式に対応して、モデル言語にいくつかの文法範疇が成立した。この過程において、統語環境の制限と共起要素の「機能的結束性」は大きな作用を果たしている。

5.4.2.3 重複文法化

接触による「重複文法化」はモデル言語の複数の文法範疇に影響を受けて、模造言語において複数の文法範疇に文法化する過程である。この過程でモデル言語にはいくつかの文法範疇が存在しているが、模造言語における一つの使用形式はこれらの文法範疇に対応し、さらにこれらの文法範疇の機能に影響され、いくつかの文法範疇に文法化する。この過程はいくつかの「使用形式＞文法範疇」の変化の並列ではなく、諸変化に関連する原点は模造言語における一つの使用形式である。この過程を「Mx1＞My1,Mx2＞My2⇒Rx1＞Ry1,Rx2＞Ry2」で表す。

接触による重複文法化によって成立した文法範疇の間に「競合関係」はなく、一種の「重層化」（layering）の関係である[19]。Hopper（1991:22）によると、ある要素は同時に二つ以上の文法化の過程が共存する「重層化」の現象がある。

漢文訓読による文法化は漢文における複数の要素が同一の日本語の使用形式に訓読される場合で、多元文法化の他に、いくつかの文法範疇に文法化する例が少なくない。これらの文法範疇は形態上は同一の要素で現れるが、統語機能および統語環境はそれぞれ違い、漢文における機能特徴が見られ、「重層化」の形式で共存している。

例えば、日本語における「トコロ」の助詞用法は主に接続助詞と名詞化辞がある。接続助詞の用法には時間継起、状況などの意味付けがあり、名詞化辞の用法は準体格、補文標識、形式名詞などとも呼ばれる。この二種類の「トコロ」の成立について山田（1935）、石垣（1955）、中里（1995）、菊田（2009）などはすべて「名詞＞名詞化辞＞接続助詞」のように一線的な連続文法化の過程と捉えている。漢文における影響ついてはまだ検討する余地がある。

山田（1935）、石垣（1955）などの先行の諸研究によると「トコロ」の助詞用法は上代に存在していなかったが、場所名詞の用例しか見られない。上代資料を調査すると「トコロ」に訓読する語例は、万葉集に「幸行處・城處・大宮處・踏跡所・大宮所」などがあり、延喜式祝詞に「處處・日向處・立處・所所・此所」などが見られる。「所」と「處」の用字差異は見られるが、特に機能上の使い分けはないと考えられる。ところが、漢文における「所」と「處」は場所名詞としての機能は一致しているが、中古の資料では文法化の道筋が異なる。「所」は「場所名詞＞名詞化辞」のように文法化する一方、「處」は「場所名詞＞時間名詞＞接続助詞」のように文法化する。この二つ要素の影響によって、「トコロ」は二つの方向に文法化するに至った。

中古漢文における「所」は受動文における動詞標識のほかに、形式名詞の用法から類推してきた名詞化辞の用法がよく見られる。初期訓読には名詞化辞の「所」が「トコロ」に訓読される例は発見されていないが、(69）の用例から「所」の名詞化辞の機能に対する容認度が見られる。つまり「所＋V」の構造は一種の動詞の準体構造だと思われる。

（69）a 所由（ヨシ）　所効（シルシ）　所教（オシヘ）
　　b 所談（モノカタリコト）　所由来（アリクルコト）　所喪（モテルモノ）　（築島　1963）

平安中期以降の訓読資料で「トコロ」は場所名詞の用法の他に「所」字の名詞化辞の訓読の場合にも使われるようになった。漢文における「所」の「場所名詞＞名詞化辞」の文法化に影響され、場所名詞「トコロ」に名詞化辞としての用法が成立した。例（70）～（72）は訓読資料における名詞化辞「トコロ」の代表例である。

（70）a 即有所説無非曰是也。

即（ち）説（く）所（ころ）有（る）いは非（なる）ことは無きをもて是と曰ふ［也］。（義疏・序品初）

b 茍令所言合理

茍（イヤシクモ）言（フ）所、理（ニ）合（カナヘ）令（ツメツレハ）。（法師伝・巻8）

（71）a 多蒲陶、亦所貴也。

蒲陶多（く）亦貴（ぶ）ル所（なり）［也］。（西域記・巻1）

b 魏國西寺前沙門慧立所述。

魏國西寺の前の沙門慧立が述せる所なり。（法師伝・巻1）

（72）a 如是者將傳所聞之言於未聞。

如是と者（は）将に聞（く）所の［之］言を傳えむと［将］るに...（義疏長・序品初）

b 所獲経論六百五十七部。

獲（る）所（の）経論六百五十七部。（西域記・巻1）

上例のように、平安中期の文献には漢文の名詞化辞「所」は「トコロ」に訓読されることになった。このような「トコロ」の名詞化辞の用法は様々な統語環境に見られ、一種の文法範疇として認められる。例（70）～（72）の「V＋トコロ」はそれぞれ主語、目的語、連体修飾語としての用例である。これらの用例における「トコロ」はいずれも（69）の準体用例の形に置き換えることが可能である。したがって、この時期の訓読文では「トコロ」はもうすでに場所名詞ではなく、漢文の名詞化辞「所」文法の影響で名詞化辞となった。

名詞化辞としての「トコロ」はさらに和漢混淆文や軍記物語に定着し、一種の使用形式からよく使用される文法範疇に文法化した。(73)の用例を見ると、和漢混淆文や軍記物語における名詞化辞の「トコロ」はまだ訓読資料の「所」の表記のままである。このような用例は漢文訓読の形式から伝承してきたと思われる。

（73）a 此ノ老母ノ施スル所、微少也ト云ヘドモ。
（今昔物語集・巻 2）
b 遂に非を以て理と為して、裁許せらるる所也。
（平家物語・巻 3）
c 伊東が振舞ひには代はりたるにや、果報の致す所なり。
（曽我物語・巻 2）
d ねがふ所の幸得たりとよろこびて…　（保元物語・巻 2）

一方、「處」の時間・状況をあらわす接続助詞の用法は上代の和化漢文には見られない。上代文献の調査を行った結果、「古事記」17 例、「日本書紀」203 例、「日本後紀」79 例を見ると、「處」の用字は「其處」「他處」「彼處」のような場所を確定する意味しかなく、上代においては「處」が文法化したという証拠はないと考えられる。「トコロ」に「場所名詞＞時間名詞＞接続助詞」のような変化が発生した証拠は中古の和化漢文の用例によく見られる。次の四例は小山（1978:1-9）からの引用によるものである。

（74）a 昨日春宮亮出立之處、知音之輩多以到訪。　（明衡往来）
b 発向壇浦之處、依雨延引。　（吾妻鏡）
c 不審千万之處、玉章忽到来。　（庭訓往来）
d 欲候清書之処、左兵衛督申可候由如何。　（帥記）

これらの用例における「處」の意味合いについて、（74a）、（74b）では理解にゆらぎがあるが、場所と時間の意味にはっきりした境界線が見られない。それに対して、（74c）、（74d）は時間・状況の意味合いとして理解するしかない。和文資料における「所」と「處」の表記の混同に対して、中古和化漢文における「所」と「處」の表記にははっきりとした機能の差異が見える。小山（1978:1-9）の用字法研究に基づき、古記録フルテキストデータベース（東京大学資料編纂所）と古典籍総合データベース（早稲田大学図書館）をもとにして再調査した結果が次の表に見られる。

表 5.6　和化漢文における「トコロ」の接続助詞の表記分布

資料名	處表記	所表記
貞信公記	2	1
御堂関白記	5	3
小右記	4	2
水左記	104	0
帥記	84	4
明衡往来	23	3
庭訓往来	16	0
貞永式目	10	0
吾妻鏡	15	0

表 5.6 のデータを見ると、中古和化漢文における接続助詞「トコロ」は「處」の用字が圧倒的に多いのが見られる。したがって、「トコロ」の接続助詞の用法は名詞化辞の「所」と関連しにくい。そして、上代の和化漢文の調査結果と比べると、「處」の接続助詞の用法は中古に成立したことがわかる。

中古の訓読資料における「處」の訓読は場所用法の他に、例（75）のように、「時間・状況」の用法が見られ、接続助詞への文法化に関連していると考えられる。

（75）a 是解脱處、過死王境。
是レ解脱せる處たり、死王の境を過（ぎ）にたり。
（金光明・巻 2）

b 堅著於五欲者、起愛之處、出所愛事也。
堅著五欲といは［者］、愛を起す［之］處なり、所愛の事を起す［也］。　（義疏・方便品末）

c 若於此経所有句義忘失之處、我皆令彼憶念不忘。
若此の経に所有ル何義の於に、忘失せる〔之〕處アラば、我レ皆彼に憶念して忘レず［不］（あら）令メむ。
（金光明・巻 6）

d 若於戰陣恐怖處、...河津険灘賊盗時、悉能令彼除怖畏。
若［於］戦陣恐怖の處にして、...河津と険灘と賊盗との時を見ては、悉ク能ク彼に怖畏を除セ令（め）たまふ。

（金光明・巻 7）

e 當其死處、地陥為坑。

其れ死（せる）處に當（に）、地陥て坑を為セリ。

（西域記・巻 4）

例（75）のように、「處」を「トコロ」に訓読する場合、場所名詞の意味合いのほかに「時間・状況」の用法も見られる。文法化の初期段階なので a～c の例には意味のゆらぎがあるが、例 d と e の「トコロ」は文中の「時」と「當に」と共起して、時間的な意味として理解するしかない。このような時間的な意味の用法は「所」の訓読には見られない現象で、場所名詞から変化してきた接続助詞の用法と考えられる。

また文法の機能を見ると、上の例では「トコロ」には「たり」「なり」の連体形の他、「ば」「にして」「當に」のような接続機能がある形式がつけられている。

「トコロ」の接続助詞の用法は、和漢混淆文における用例で「處」と「所」の表記が混同されているので観察しにくいが、軍記物語の用例は一般的に例（76）のように「處」で表記する。

（76）a 鎌田兵衛と引くんで、取てをさへける処に、悪源太馬引おこし、是も堀川をはせこして、重盛にくまんと飛でかかりける。（平治物語・巻 2）

b 堂衆等、師主の命を背きて悪行を企つる間、衆徒誡めを加ふる処に、諸国の悪徒を相語らひて、山門に発向して、合戦既に度々に及ぶ。（平家物語・巻 5）

c 山門の大衆、狼籍をいたさば手むかへすべき處に、ふかうねらう方もやありけむ、ひと詞もいださず。

（平家物語・巻 1）

d 衆徒に案内をいひてこそ尋ねべき處に、無音に乱入の条甚謂なし。（保元物語・中）

大系本文データベース（国文学研究資料館）に収録された和文資料をもと

にして、中里（1995:124-126）の論述を参考に再調査した結果、「トコロ」の接続助詞の用法は総数12の資料に出現例数が10例以上ある作品は、「曽我物語」に78例、「平家物語」に81例、「保元物語」に26例、「宇治拾遺物語」に16例、「宇津保物語」に11例であった。これらのジャンルはいずれも漢文訓読文体に強く影響された作品である。そこで、「トコロ」の接続助詞の文法範疇は中古漢文の影響によって成立する可能性が高いと思われる。

上記の「トコロ」の二種類の用法は日本語に模造された当時、表記から「所」と「處」の影響の区別がはっきり見られるが、和文に定着するに従い、表記が混同されるようになった。そこで、「トコロ」の名詞化辞と接続助詞の用法を同一視する場合があり、どのように解釈するかがわからないゆらぎのある例が見られる。例えば、「トコロ」につける格助詞「ニ」は「ヲ」に類推した場合、（77）の例のように「トコロ」は名詞化辞と接続助詞に解釈する可能性がある。

（77）a 酒を強いて酔ひ伏したるところを一間どころへ忍び入り討たせたまへ。（猿源氏草紙）

b 大事の手をあまた負うたによって、自害をしょうとするところを生け捕りにせられた。

（天草平家物語・巻8）（菊田　2009より）

c 三町礫の紀平次大夫くまんとにや、あひ近による所を、振津神平ささへてひやうど射。（保元物語・上）

d 鎌田をばちかくよびよせて、酒をのみて軍の様を問はせ給はんほどに、頭殿うたれ給ひぬとききき、はしりいでんところを、妻戸のかげにて景致まちうけてうちとどめ候はむ。（平治物語・巻2）

（77）の用例には解釈のゆらぎがあるので、「所」と「處」の機能影響の交差点にある例と言える。この例で「トコロ」は動作が発生する「時点・状況」などの解釈ができるが、「トコロニ」で置き換えてもよい。一方、「トコロ」は動作の対象として補文における動詞の名詞化辞として理解しても違和感がないと考えられる。このような用例は「トコロ」が文法化する中間的段階に起こる「所」と「處」の機能の混同であろう。

上記の考察によって、接触による「重複文法化」の特徴を明らかにした。接触による「重複文法化」はモデル言語における複数の文法化の過程に影響されて、模造言語において複数の文法範疇に文法化する過程である。この過程において、モデルにおけるいくつかの文法範疇が模造言語における同一の使用形式に対応する。この使用形式は、モデル言語の複数の文法範疇の文法化に影響され、いくつかの文法範疇に文法化する。重複文法化における各文法化は一種の「重層化」の関係である。

---

[1] 「再読字」は返読字とも呼ばれる。鈴木（1954:95）の定義によると、再読字は漢文訓読上同一の文字で二回にわけて読まれる文字である。再読字の例が多く存在しているが、小林（1954:47）の分類によると、一般的に「ベシを補読する再読」（「応」「必」など）、「ムトスを補読する再読」（「将」など）、「打ち消しで終る再読」（「未」など）という類別がある。

[2] 「法助動詞」は話し手の感情や態度などのモダリティをあらわす助動詞として、古代中国語に副詞と同じ形態を持っている。例えば、ここでの「當」「将」は動詞の前に冠する副詞として理解してもいいが、動作に対する評価をあらわす助動詞として考えてもいい。この一類の要素に対する品詞の認定は従来太田（1988:50）、楊&何（1992:223）をはじめとした副詞説と Pulleyblank（2006:113）を代表とした助動詞説がある。再読の性質を見ると、「當」「将」のような表現は副詞と助動詞の両方の特徴を持っているので、一概に絶対にどの品詞に帰属するかは判断できない。

[3] 東辻ら（2003）の調査を見ると、中古日本語における「～ツク」は一般に複合動詞の後項とされる。ここで、複合動詞の後項と助動詞の間にはっきりした境界線がなく、連続的な関係を主張する。複合動詞の後項は生産的に使用されると、一般化して助動詞になる可能性がある。

[4] 最近の研究成果によると、この要素は語彙的アスペクト形式（aktionsart,lexical aspect）というものと考えてもいい。具体的に Binnick（2012:722-752）を参照のこと。

[5] 通時的な変化における「競合」について、Haspelmath（2012:27）の説によると、ある使用形式は文法形式として定着するまで、言語に既存する他の使用形式と競いあう過程があり、文法化の候補として使用率が高いほうが文法化して定着する可能性が高い。

[6] Hopper&Traugott（2003:121-123）は「刷新」は「同じことを言うのにもとの形式がより表現的なやり方に変えられる」ことという定義を提案した。この概念に二つの意味が含まれる。一つは「迂言的な形式が時代とともに形態論的形式に取って代わる」過程である。もう一つは「現存する要素が新しい機能を持つに至る過程である」。ここでいう「刷新」は後者の意味をとる。

[7] Shi（2002:14）は列挙した文法化によって成立した漢文の受動文標識は合計 13 例がある。この中に、中古に使用される受動標識は 6 例があり、動作主標識の「与」「為」「被」、

名詞化辞によって受動を標示する「之」「所」、動詞標識のヴォイス標識「見」がある。これらの標識は同時代に併存していて、互い一種の「競合」関係である。

[8] 角田（2005:32-34）の考察によると、「ゼロ格」は理論的に存在すべきものが形態上は現れないことである。例えば日本語の中立型構文において、格助詞や後置詞が出ないで、ゼロ格（あるいははだか格ともいう）の形式で現れる。

[9] Hopper（1991:22）はある語彙項目が接語や接辞に文法化するとき、一部の使用形式は機能要素になり、もう一部の使用形式は自立成分としてとどまるものがあると指摘した。このような機能上の分化は「分岐」と呼ばれている。Hopper&Traugott（2003:122）は文法化はすべてAがなくなってBになるという変化ではなく、AがBに文法化するとき、AとBはそれぞれ自分の道を行き、いくつかの機能に分岐して共存し続けることを分析した。

[10] 「現場指示」と「文脈指示」の二項対立は従来指示詞を捉える方法である。佐久間（1951）の古典的定義によると、現場指示とは直接対象に対する指示であるが、文脈指示とは指し示すものが話し手と聞き手が存在する現場や観念の中に存在せずに話しや文章の前後文脈に現れるという指示である。

[11] このような例について、実際に歌を詠んだ時に、そのものが眼前にある者であるかどうかは判明できないので、現場指示用法であるかと、文脈指示であるかはと断定しにくい。傍証として、諸先行研究に内省の方法で得られた次のような結論を参考にする。橋本（1992:223）は「感覚的指示にかたよる上代のコは、必然的に現場指示用法がそのほとんどをしめる」。李（2002:139）は「（上代文献に）コレが現前の物的対象を指す用法に偏るようである。これは（中略）ソレが先行文脈の物的対象を承ける用法に偏るのと対照的である」と指摘した。

[12] このような時間的な用法は「現時点」ということを指しているので、文脈的・観念的な用法とされてもいいらしい。現場指示用法では空間的な「もの」を指すのは一般的であるが、ここではそのものは「時間」に適用され、実際に眼前にある季節などの時間的要素として理解してもいいと考えられる。したがって、この意味で、このような時間的用法は現場用法と文脈的・観念的用法の間の過渡的な用法とも言える。

[13] 従来の研究に上代漢文における「此」と「是」は同一語の違う表記の分化とされていたが、李（2001:46）は「同じ近称指示詞でも先秦時代の＜是＞は現場指示の例において…前方照応の機能に優れているのに対し、＜此＞はむしろ眼前にある物的対象を指すのに偏っている傾向が認められる」と指摘した。

[14] この調査データは、「於此」「由此」「故此」「此故」「以此」のような一語化の形式が含まれるので、全体の文脈に対する観察に干渉があると考えられる。

[15] 天川（2000:29）の考察によると、「軽動詞」は一般の動詞から変化してきた形式である。このような動詞は一般に実質的な意味合いがないが、ほかの要素と組み合わせて動詞の機能を果たしている動詞である。例えば英語の軽動詞構文における make、get、do など、日本語における「する」軽動詞である。中古漢文における「為 VP」の構造があるが、この構文における「為」は軽動詞である。

[16] Hopper&Traugott（2003:96）によると、文法化の「持続性」は「ある形式が語彙的項目から文法的項目に文法化するとき、もともとの語彙的意味のうちのあるものはずっと

続き、ある語彙の歴史の詳細にはその文法的分布が反映されるのである」。つまり、「持続性」は語彙のもともとの意味合いが文法化した要素の機能分布に制約を与える。

[17] Harris&Campbell（1995:63）の考察によると、「機能的結束性」は表層的に隣接する要素は統語・形態の境界線を消失するとともに、一つの要素機能の影響によって、もう一つの要素が同じような機能を持つようになる過程である。例えば、ここでの「為～故」の例を見ると、「故」は因果関係を提示する従属節の標識であるが、「為」はこのような機能がなかった。「機能的結束性」によって、「為」は「故」と同じような機能を生じた。

[18] Shi（2002:18-19）、朱（2009:16）の考察によると、「飛鳥所食」「無数人所共敬愛」「慈父見背」「作詩以見規」のような構造は上代漢文において非文になる例であるが、中古漢文においてよく見られる形式となった。両者の区別は動作主を提示する標識「為」の有無である。

[19] 「重層化」の概念について、Hopper&Traugott（2003:124）は「広汎な機能的領域において、新しい文法化の層が絶えず起こっている。この間に、既有の文法化の層は必ずしも消失せず、新しい文法化の層と共存したり相互に作用したりする」と提案し、いくつかの文法化の過程が共存するだけではなく、互いに作用する可能性を示した。

まとめ

本章において、訓読接触による統語機能の模造を考察した。漢文訓読による日本語の統語機能の変容に対して用例調査を行った上で、次の問題点を明らかにした。

・統語機能の模造は統語要素と統語環境の二方面の対応によって模造言語に新たな統語機能が成立する過程である。その本質は接触による文法化であり、動機づけは言語接触である。この過程で模造言語はモデル言語の文法項目や文法範疇の文法化の過程の影響を受け、新たな統語機能が成立するようになる。
・接触による文法化は脱意味化、拡張、脱範疇化という三つの変容要素を持っている。これらの変容要素は言語内部の文法化の要素とは異なる特徴が見られる。
・日本語は類型特徴が漢文とは違うため、訓読上のゆれや不整合を生じ、そのため多様な文法化の類型が見られる。接触による文法化は「単一文法化」と「複合文法化」の二類型に分けられる。その下位類型として、「単一文法化」は「通常文法化」「中途文法化」「再文法化」という三つの類型に分けられる。「複合文法化」は「多元文法化」「多方向文法化」「重複文法化」という三つの類型に分けられる。
・接触による「通常文法化」は他の接触による文法化の類型の基礎である。複合文法化の過程には必ずいくつかの通常文法化の過程が含まれる。中途文法化と再文法化はいずれも通常文法化の延長線にあり、ベクトル変化のような通常文法化の両端に位置する変化である。
・接触による「中途文法化」は副次使用形式から主要使用形式への変容である。この過程において、モデル言語における要素の統語機能は一部しか模造言語に模造されず、模造言語に新たな文法範疇や文法標識は成立しない。

・接触による「再文法化」は、モデル言語における要素の文法化に影響され、模造言語におけるすでに文法化した文法要素が新たな文法機能を獲得する過程である。この過程において、モデル言語の文法化する要素が特定の統語環境に使用される用例があり、この統語環境における要素の機能に感化され、模造言語の文法要素は既存する文法範疇から新たな文法範疇に変容する。

・接触による「多元文法化」はモデル言語における複数の要素の文法化の影響を受けた文法範疇の成立の過程である。この過程において、モデル言語における複数の文法範疇の文法化の影響によって、模造言語における文法範疇はいくつかの下位機能によって構成され、複数の使用形式から一つの文法範疇に変容する。

・接触による「多方向文法化」はモデル言語における文法化の影響によって、模造言語の要素がいくつかの文法範疇に文法化する過程である。この過程において、モデル言語の複数の使用形式は模造言語に模造され、別々に文法化し、モデル言語にいくつかの文法範疇が成立する。

・接触による「重複文法化」はモデル言語における複数の文法化の過程の影響を受け、模造言語において複数の文法範疇に文法化する過程である。この過程において、モデル言語にはいくつかの文法範疇が模造言語における一つの使用形式として模造される。この使用形式は、モデル言語における複数の文法範疇の文法化の影響を受け、いくつかの文法範疇に文法化する。

・統語機能の模造の諸類型の考察を通して、接触による文法化に現れた「競合」「刷新」「分岐」「機能的結束性」「重層化」などの特徴を明らかにした。

第6章
言語接触による統語構造の模造

言語接触による語構成と統語機能の模造はそれぞれ形態結合規則と統語要素の機能に影響を及ぼしたのに対して、接触による統語構造の模造は言語の構文や語順などの構造面に変容をもたらした文法模造の類型である。遠類型特徴接触の場合の統語構造の模造ではもともと模造言語の構造特徴に相容れない構文や語順がそのまま取り入れられ、新たな統語構造として使用されるようになった。

言語の統語構造の変化について、松本（2006:144）は統語構造の変容の動機づけは「内的要因」と「外的要因」に大別できると提案した。「内的要因」は一般的に言語の格組織の衰退などの内部変容に従い、格関係や項構造が不安定になり、統語構造の調整が起こることとされる。「外的要因」は異なった統語構造を持つ他言語からの影響とされる。従来の研究には、異なった統語構造を持つ他言語との接触が統語構造の変容をもたらしたという論述がよく見られる（Thomason&Kaufman 1991:220-222;Thomason 2001:172-174; Siemund &Kintana 2008:33;Hicky 2010:332 など）。Lehmann（1995:18）は言語接触による統語構造の変容が「創新（innovation）＞更新（renovation）」の過程だと指摘した。つまり、他言語の統語構造の影響を受けて、ある言語にまず新たな統語構造が出現して、さらに本来の統語構造から置き換わる過程である[1]。先行研究の諸考察を見ると、調査対象となった言語は「創新＞更新」のような根本的に基本語順（basic word order）[2]が変わる例であるが、これらは一般的に近隣の口語接触であり、漢文訓読のような遠隔の文書語接触の場合には必ずしも同一の変化があるとは限らない。

この点について、松本（2006:146）は「日本語も長期にわたって中国語の影響下にあったけれども、日本語の統語型はそれによってほとんど影響を受けなかった」と指摘し、「ある言語の統語構造が他言語の影響を受けて変化するという場合には、そのような変化を可能にする何らかの条件が当該言語の内部にある程度備わっていなければならない」と分析した。これまでの漢文訓読の研究を見ると、確かに漢文の統語構造は日本語の語順などに根本的な変容を齎さなかったが、漢文の影響によって、もともと日本語に相容れなかった統語構造が成立した例は少なくはない（築島 1969:496;春日 1989:294;大坪 1994:222）。先学の考察例を見ると、近隣の口語接触による統語構造の変容と違い、文書語の接触である漢文訓読は日本語の統語構造の規則までには影響を与えず、日本語にとって「不整合」である統語をもたらしたに過ぎない。このような変容は「創新＞更新」のような歴史的な変化ではなく、むしろ統語構造の「創新」段階にとどまったと言える。

このような統語構造の変化の性質、また変化を可能にする「条件」については検討すべき課題である。そこで本章の考察を通して、下記の点を明らかにしたい。

（1）言語接触による統語構造の模造はどのような変容であるのか。
接触による統語構造の変容はどのような動機づけに働きかけられたのか。
漢文訓読の影響を受けて、日本語における統語構造はどのように変化したのか。

---

[1] Lehmann（1995:15）によると、「創新」と「更新」は言語変容の二つの変容パターンである。「創新」は X 要素が Y 要素に変わる「X＞Y」という過程であり、「更新」は X 要素が Y 要素に取って代わる「X/rY」という過程である。例えば、文法化によって指示代名詞は接続詞や定冠詞になるという変化は「創新」である。一方、指示代名詞 X は使用頻度が低くなり、同じ機能を持つ Y が X の位置に取って代わるという変化は「更新」である。

[2]「基本語順」の概念は説によって解釈が違う。ここで Greenberg（1966）の解釈に従う。この説に対する松本（2006:128）のまとめを引用する。「＜基本語順＞というのは Greenberg（1966）によって示された枠組みに従い、次の四つのパラメータの組み合わせとして表される。すなわち　1　他動詞構文の三つの構成素である主語（S）目的語（O）動詞（V）の配列順序。2　接置詞（前置詞または後置詞）と名詞の順序。…3　属格ないし所有格と主要名詞の順序…4　修飾形容詞と被修飾名詞の順序…」

6.1 統語構造模造の概念と動機付け

6.1.1 統語構造模造の概念

「統語構造」には広汎的な定義もあるが、本章においては狭義的な定義で把握する。松本（2006:129）は「文の種々の構成要素の配列」という定義を下し、主として「語順」の面で捉えた。また、統語構造の本質を探ってみると、言語の構成要素の表出は一次元的な時間に制限されたので、必ず「線状」に配列されなければならないとされている[1]（佐伯 1983:9;松本 2006:157;田窪 2010:25）。したがって、統語構造の変容は線状性を持つ構成要素の配列の規則変化である。

ここで、先学の捉え方をそのまま踏襲したいが、統語構造の概念の内容について説明を一点だけ加える。日本語の統語構造を例に挙げると、語順のあり方は、「個々の日本文においてまちまちということはない。そこには日本語集団による、語の性質なり語相互の関係なりの抽象と、それらの性質なり関係なりの異同判断とがあって、各文に共通した語順傾向が与えられているのである」（佐伯 1998:1）。そこで、統語構造は言語集団に伝承された「規則」であり、「整合性」（consistency）[2]を持つルールと言える。特に、日本語のような言語は語順が「驚くほど首尾一貫した厳格なSOV型の言語で」「もろもろの言語の統語型の特性を判別するための尺度として最適の言語である」である（松本 2006:133）。日本語は厳格に規則化された語順を持っている一方、語順の自由度が大きいという観点がよく言及される（佐伯 1998:3-4;野田 2006:179）。このように統合構造に対する理解が異なる原因は、統語構造の概念に対する理解の違いである。

統語構造に対する理解の分岐点について、ウェイリー（2006:101-103）は構成要素の順序を「自由語順」と「固定語順」に大別した。図 6.1 に示したように、構成要素の配列には「固定した構成要素順序」（固定語順）と「柔軟な構成要素順序」（自由語順）の二つの類型があり、前者はGreenberg（1966）が提示した「基本語順」およびこれに相関する普遍的な構造パターン[3]という統語構造規則、後者は「語用論的な理由によって決まる」統語構造である。この二つの類型の分類基準について、ウェイリー（2006:104）は「自由語順」と「固定語順」はそれぞれ「表層的な統語構造」と「抽象的な統語構造」で規定されたものだと指摘した。そこで、日本語は厳格な統語構造を持ちながらも、大きな構造要素の配列に自由度が見られる。この理由は、日本語の統語構造には「表層的な統語構造」と「抽象的な統語構造」の二通りのパターンがあるからである。

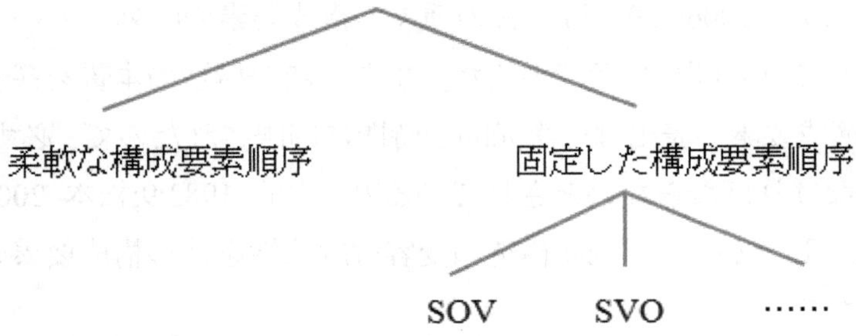

図 6.1　基本的な構成要素順序の類型（ウェイリー 2006:102）

したがって、本章における「統語構造」には一般的な意味での「基本語順」だけではなく、「抽象的な統語構造」と「表層的な統語構造」の二つの面が含まれている。統語構造の概念を確認した上で、文法模造の概念を参考にし、下位類型としての統語構造の模造について次のように定義する。

> (2) 統語構造の模造とは、模造言語の話者がモデル言語のある特定の統語構造を真似て、模造言語における構成要素を利用し、自分の言語に新たな統語構造を造り出すことを指す。

この定義を見ると、統語構造の模造は言語接触による構造要素の配列の変容と言える。モデル言語の統語構造の影響を受け、模造言語の文法体系に相容れなかった統語構造が成立する。松本（2006）などが提示した漢文との接触による日本語の統語構造の変容によると、日本語は「基本語順」まで影響を受けなかったので、「抽象的な統語構造」が接触によって変容するというよりも、むしろ「表層的な統語構造」の範疇に新たな統語構造が成立したと思われる。新たに成立した統語構造は日本語本来の「抽象的な統語構造」に置き換わることができず、統語構造の「更新」段階には入っていないが、「表層的な統語構造」の範疇で語順の「創新」が現れる。

6.1.2 統語構造模造の動機づけ

言語接触による統語構造模造の動機づけについてはまだ定説がない。漢文訓読による日本語の統語構造の変容は「倒置法」「語序の逆転」など特殊な語法とされ、これについて築島（1969:496）は「漢文を訓読する際に、長い目的語から...反読してくる繁をさけて使用されることが多く、それから発達した訓法」とし、大坪（1981:895）は「後から返って読む煩雑さを避けて、動詞を先に読んだのが習慣化した」、春日（1989:295）は「長大な文になると、遠く反読することをさけて漢文の語順のように」訓読すると説明した。これらの説は訓読を施した具体的な操作の中、翻訳の煩雑さを避けるために「倒置」の手法で原漢文の語順をそのまま日本語の統語構造に転化するという捉え方である。漢文訓読の接触行為そのものを統語構造変容の動機づけと捉えているが、すべての「倒置」の現象が「訓読の煩雑さを避ける」ためだとは考えにくい。前述した松本（2006:146）の観点を見ると、接触による統語構造の変容には模造言語に「何らかの条件」が必要だとする。

次に日本語の統語構造が変容する「条件」を分析してみる。Heine&Kuteva（2005:111;118）は言語接触が及ぼした統語構造の変容を語順の「再構」（restructuring）と呼び、この変容は一般的に言語の「深層構造」（underlying structure）には影響せず、「表層構造」（surface structure）の変容にとどまると指摘した。例えば、ある言語はもともと VO 語順を持っているが、OV 言語の影響を受けて、構成要素の線状配列が VO に再編成（rearrangement）されたにもかかわらず、V と O の間の統合的関係やそれぞれの文法範疇などは変わらない。このような変化を「語用論的な有標」（pragmatically marked）[4]の構造変化とする。ウェイリー（2006:105-111）も同様の観点を持っている。基本語順の成立の条件に反して、「柔軟」な統語構造は「有標性」の高い語順が多く、語用論的には特定の構成要素を際立たせる際に現れることが多いとされる。そこで、「抽象的な統語構造」は一般的に変わりにくいが、「表層的な統語構造」は変容しやすく、統語構造の変容の条件は「語用論的な有標」だと考えられる。

日本語の場合では、「語用論的な有標」が発生する動機づけについて、佐伯（1983:7）は「心理的・感情的強調」による変容だと指摘した。この観点と同じく、藤井（1991:59）は日本語文の倒置の条件は「発話になんらかの強調を加えること」だと提案し、具体的に「いわゆる＜旧・新情報＞と言うような情報の種類や限定性（definiteness）、前景・背景化（grounding）などを含む＜情報の流れ＞（information flow）における諸相が...その決定に大きく関わっている」とする。野田（2006:190）は日本語の構成要素の順序変容の動機づけとして、「より関係の強いものを近くにおく」「前提になるものを前におく」「重要なことを早めに伝える」という三つの「語用論的有標」の類型を提案した。これらの論点を見ると、統語構造の変容は「語用論的な有標」の構造要素を際立たせるために行った発話の結果であり、特定の構造要素を強調する目的で起こった現象である。

したがって、統語構造の変容の動機づけは一種の「強調」である。日本語の構造変容の条件は「強調」による「語用論的有標」の構成要素の再編成である。これは接触による統語構造の変容の必要条件である。そして、(3) の用例を見ると、この条件による構造要素の倒置は上代から存在していたことがわかる。これらの例はいずれも「語用論的な有標」の用例である。

(3) a 塩焼等五人を、人告謀反。（続日本紀宣命・第 18 詔）
b 汝等を、皇朝者己己太久高治賜を。（宣命・第 18 詔）
c 春の野に鳴くや鴬なつけむと我が家の園に梅が花咲く。（万葉集・837）
d 大和には鳴きてか来らむ霍公鳥汝が鳴くごとになき人思ほゆ。（万・1956）

例（3a）、（3b）には主格と対格の倒置が見られる。対格の要素を際立たせるために「塩焼等五人」と「汝等」が繰り上げられて、強調の対象となった。また、例（3c）、（3d）は主格と動詞の倒置の例である。動作を前景化するために、動作主の「鴬」と「霍公鳥」は動詞の後に来るようになった。これらの例からも上代から「強調」するために統語構造の倒置の現象があったと考えられる。このような素性によって、漢文訓読による統語構造の変容が可能になる。

また、「万葉集」をはじめ、和歌における統語構造の倒置の現象は「リズムに制限されている」か、和歌の「新奇な趣向を求める」ために自然な語順ではないと思われるが（大坪 1991:258）、「宣命」の用例と同じ、和文における統語構造の変化はやはり「語用論的な有標」の表現である。

（4） a いとこそ心苦しけれ、（姫君の）御けしきを見るは。

（落窪物語・47）

b またあらじかし、かやうに思ひて、文作る人は。

（篁物語）

c 未ダ不聞ズ、子ノ肉村ヲ喰テ命ヲ存セル事ヲ。

（今昔・巻2）

d まづ御覧せよ、ここらの人の屍を。　（宇津保物語・巻2）

例（4）における統語構造の倒置は（3）と同じく、いずれも「語用論的な有標」の例である。例（4a）、（4b）は述部の内容を強調するために、主格の「御けしきを見る」と「文作る人」は述部の後に来るようになった。例（4c）、（4d）は動詞と対象の逆転であり、動作の打ち消しと命令を強調するために、動詞「聞ず」と「御覧す」が文頭に来るようになる。これらの「自由語順」の例はいずれも語用論的に有標にする統語構造である。

大坪（1991:258-260）の考察によると、中古和文における統語構造の倒置の用例が少なく、すべて会話文と心中思惟文に集中しているのが特徴で、地の文にはほとんど用例が見られないという。会話文と思惟文は「語用論的な有標」の現象が起こりやすいと思われる。さらに、同研究に和文における統語構造の倒置に対して調査した結果、ジャンルで分析すると語順の変化は「宇津保物語」「落窪物語」「今昔物語集」「篁物語」「大鏡」などの漢文訓読の影響が強い文献に現れる傾向が高く、また文型分析では、和文における倒置文の構造は訓点資料に一般的に見られる構造とされる。したがって、和文に現れる統語構造の変化は仏典資料をはじめとした訓点語からの影響が大きいと指摘された（大坪 1991:268）。この論説から、和文における統語構造に対する漢文訓読の影響は「語用論的な有標」の部分にしか見られず、「基本語順」の範疇に起こる現象ではない。

したがって、漢文訓読による日本語の統語構造の変容は漢文における「強調」などの有標の表現に働きかけられた現象だと思われる。この提案の是非については次の節で検証する。

本節の分析をまとめると、言語接触による統語構造の変容は一般的に「語用論的な有標」の場合に発生する現象である。「語用論的な有標」は特定の構造要素の強調の目的で使用する統語構造である。統語構造の変容の動機づけは一種の「強調」である。漢文訓読による日本語の統語構造の変容は日本語の「基本語順」には及ばず、「強調」などの有標の表現にのみ働きかけられた現象である。

---

[1] 語順の線状化配列について、松本（2006:157）は「われわれのことばは、ソシュールも言うように、何よりもまず音声によって実現され、そして音声はその物理的な性質上、時間という一次元の広がりしかもたず、したがって、あらゆる言語的単位はかならず線状に配列されなければならない。このような単位配列は、ある場合には話者の完全な自由に任され、ある場合には言語の文法によって厳重に規制されている」と説明した。

[2] 言語の統語構造は往々にして部分的に基本語順と違う構造が見られる。この現象を判断する基準として、松本（2006:130）は「整合性」の概念を提出した。「あらゆる場合に首尾一貫している言語を＜整合的＞な（consistent）統語型、それに対して、支配の方向に食い違いのある言語を＜不整合＞（inconsistent）または（disharmonic）な統語型の言語と呼ぶことができよう」とされる。さらに、日本語のような言語は「首尾一貫した前進的支配の典型」だと指摘した。

[3] 6.0 節の注 2 をご参照のこと。

[4] 言語要素の有標と無標は音声、形態、統語の他に、語用論の範疇にも重要な概念である。Levinson（2000:17;91）が提示した定義によると、一般の場合に情報の「適量規則」（quantity principle）の範囲内に簡単でシンプルな発話は語用論的な無標表現である。情報の「適量規則」を超える特殊な通常でない発話はより複雑な語用論的特徴があり、語用論的有標の発話である。

6.2 言語接触による統語構造模造の考察

6.2.1 言語接触による統語構造模造の類型

築島（1969）、春日（1989）、大坪（1994）などの先行研究は日本語の統語構造が漢文の語順から影響を受ける可能性を示した。この論点に基づき漢文訓読の影響によって日本語における統語構造はどのように変化したのかを考察したい。まず接触による統語構造の諸類型を提案してみる。

従来の統語構造に対する考察は「基本語順」の視点で主として四つの面で行われている。Greenberg（1966:108-110）は、OV/VO、NPo/PrN、GN/NG、AN/NA の四つの語順類型に纏めている。この四つの基準のうち、OV/VO と AN/NA は日本語が漢文の影響を受け統語構造が変容する可能性があるが、NPo/PrN と GN/NG では変容がない。なぜならば、前文に示した後置詞の「ヨッテ」「モッテ」の例を見ると、いずれも漢文の前置詞構造 PrN の影響によって成立した機能的標識であるが、日本語には PrN の統語構造では現れず、後置詞構造 NPo で成立するようになった。また所有格の構造を見ると、日本語は漢文と同じく、両言語とも GN の構造である。したがって所有格では統語構造の模造の現象が発生しない。その他、前述したように、漢文との接触による日本語の統語構造の変容は一般的に「基本語順」ではなく、「語用論的な有標」に起こるので、主題部の後置や従属節の位置調整などにより複雑な変化がある。そこで「基本語順」の判断基準 OV/VO、AN/NA のみで接触による構造変容の諸類型は概括しきれないと思われる。Greenberg（1966）の方法論を手掛かりに、より一般的に捉える必要がある。

佐伯（1998:7）は統語構造の倒置現象について、「係りの全部または一部と、受けの置き換えの形をとって実現する。すなわち、＜係り－受け＞を正置とすれば、＜受け－係り＞が倒置である」と述べ、統語構造の変化は「係り－受け」の位置交換だと提案した。その上で、統語構造の倒置は「係りが文を構成する連用成分の場合」と「係りが連体成分を構成する連用成分の場合」の二類型に大別した。具体的には、「係り－受け」の統合的関係には従属節と主節、主題部と述部、補部と主要部などの関係がある。これらの構造要素の関係は同一レベルのものではないので、二つの類型の間の関係ははっきりしていない。したがって、「係り－受け」の代案として、竹沢&Whitman（1998:107）、田窪（2010:25）が提出した統語構造の諸類型の関係を参考にしたい。図 6.2 は日本語の統語要素の間の関係図である。

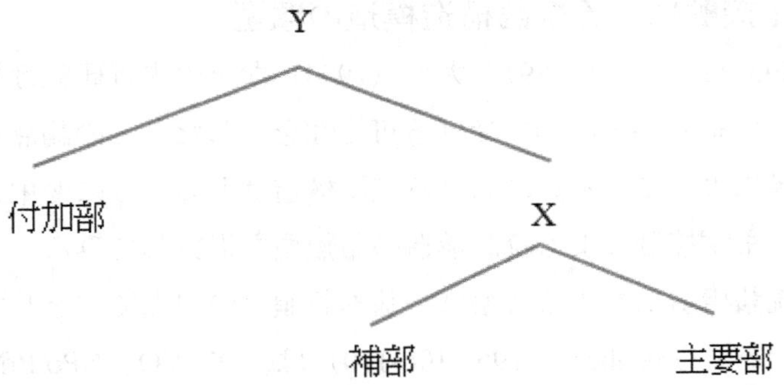

図 6.2　日本語の基本統語構造

Y：付加部＋X

X：補部＋主要部

この図に提示した「階層的構造」を見ると、「付加部（adjunct）＋X」と「補部（complement）＋主要部（head）」の二つのレベルの線状化規則が見える[1]。

「付加部＋X」の統語構造について、中古日本語では漢文と同じ付加部は一般的に文頭に現れるが、中古漢文における付加部の自由度は遥かに高いとされる。藤堂&近藤（1958:277）は仏典をはじめとした中古漢文に「強い心中の衝動が口をついて表出されるときには、まず話題をのべて次にその説明をするというようなゆとりがない。したがってまず表出の重点である述語を先に言ってしまって、後から主語を補うという倒置した表現が用いられることが少なくない」と述べ、漢文の会話文における「付加部＋X」の統語構造の倒置傾向を指摘した。特に、漢訳仏典には「よびかけ・わかれ・詠嘆」などの「語用論的な有標」の会話文が多いので、かなり自由度が高い語順特徴が見られる。このような影響によって、日本語には「付加部＋X」から「X＋付加部」に調整された「強調」の構造変化が少なくない。次の節では「付加部＋NP」と「付加部＋VP」を考察する。

また、「補部＋主要部」について、日本語は典型的な「主要部末尾型」（head-final）の統語構造とされている（竹沢&Whitman 1998:105）。中古漢文における主要部は複雑な構造特性を持っている。石&江（2006:18-20）、朱&朱（2006:415,428）、胡（2010:617-625）はそれぞれ AN/AN、RelN/NRel などの例を通して中古漢文における主要部の統語構造が「主要部先頭型」（head-first）から「主要部末尾型」へ転換しつつある点を指摘した。「主要部先頭型」の統語構造は中古の漢訳仏典に多数存在しているので、このような構造は訓読資料を通して日本語における一部の「補部＋主要部」が「主要部＋補部」に変化して、「主要部先頭型」の構文によって補部を際立たせて、なんらかの「強調」をあらわすようになった。次の節で「名詞主要部」と「動詞主要部」から日本語の主要部構造に対する漢文の影響を考察する。

上記の分析から、本節で考察した接触による統語構造の変容の諸類型を(5)のようにまとめる。

(5) 付加部の変容
［Adju＋NP］ ⇒ ［NP＋Adju］
［Adju＋VP］ ⇒ ［VP＋Adju］
主要部の変容
［Comp＋HeadN］ ⇒ ［HeadN＋Comp］
［Comp＋HeadV］ ⇒ ［HeadV＋Comp］

次にこの二つの類型を詳しく考察してみる。

6.2.2 言語接触による主要部構造の変容

6.2.2.1 接触による名詞主要部の前置

前節に示したように、日本語は「主要部末尾型」の統語構造であるが、主要部が補部の前に来る場合は「語用論的な有標」の語順である。本節において、主に漢文訓読の影響による主要部前置の変容を考察する。

名詞の主要部構造は従来GN/NG、AN/NAの変化で把握するが（Greenberg 1966:108）、中古日本語と漢文の類型特徴から、ここでは同格（apposition）、連体修飾格の二つの面から漢文訓読が齎した名詞主要部の前置の変化を考察したい。まず結論から言うと、漢文訓読の影響によって、日本語はそのまま漢文の名詞主要部の前置の統語構造を受け入れ、一種の「語用論的な有標」の構造として使用するようになった。名詞主要部の前置では(6)のような同格、連体修飾格の主要部の語順交換が観察される。

（6）App+N＞N+App

Mod+N＞N+Mod

次に（6）に示した統語構造の変容例を考察してみる。

考察例一、App+N＞N+App

日本語の同格の統語構造[2]について、小林（1996:12-13）は「同格関係にあるN1とN2の間にはヒエラルキーが見られ、それはN1とN2の語の配列、語順も制約している」と指摘した上、語順制約について、主要部名詞としてのN2は「具体的な実態、固有名詞」であり、N1はN2の意味を補い、その「属性・特性・本質」を強調する働きをしているという語用論的な要因を提示した。松尾（1992:120）もまた同じような調査結果を提示した。意味の限定性で言えば、N1よりN2のほうが限定的であるので、N1は一般的に主要部としてのN2の前に冠するとされている。

日本語は同格で典型的な「主要部末尾型」の特徴が見られる。一般的にN2は意味と機能上、限定的な要素として名詞主要部に現れるが、N1は主要部の「属性・特性・本質」を強調するAppであり、項要素としての機能を果たしていない。したがって、日本語の同格の統語構造は一般的にApp+Nであり、この構造特徴は上代から見られる。

（7）a およづれのたはこととかもはしきよし汝弟の命なにしかも時しはあらむを。（万葉集・3957）

b 東方陸奥國守従五位上百濟王敬福い、部内少田郡に黄金出在奏て献。（続日本紀宣命・第12詔）

c もののふの我が夫子が、とりはける、大刀のたがみに。（古事記・第64）

例（7）の下線の主要部はそれぞれ「たはこと」「敬福」「我が夫子」である。前置の同格要素「およづれ」「百濟王」「もののふ」はそれぞれ限定性を持つ主要部の特性、称号、身分を提示している。前者は項要素として統語機能を果たしているが、後者は前者を修飾する補部である。そこで、App+Nの語順は語用論的に無標の構造だと思われる。

古代日本語における同格の統語構造に対する漢文の影響について、これまでの漢文訓読の研究では言及されていないが、漢文訓読の資料にはApp+NがN+Appに変化した用例は少なくない。例えば、例（8）の主語位置に現れた同格の構造は一般の主要部末尾の構造ではなく、主要部前置の語順となった。

（8）a　五百阿羅漢得受記者白佛言世尊...
五百の阿羅漢の、受記を得たる者、仏（に）白（して）言（さく）、「世尊...」　（法華経・第8）

b　國王大臣諸在家者若作此事便獲大罪決定當生無間地獄。
國王大臣諸の在家の者は若（し）此の事を作（し）て（むには）、便（ち）大罪を獲、決定して當に無間地獄に生（れ）ム。　（地蔵・巻4）

c　菩薩摩訶薩從地踊出者於佛前一心合掌瞻仰尊顔。
菩薩摩訶薩の、地（より）［従］踊出せる者、佛前に於て一心（に）合掌（し）て尊顔を瞻仰（したてまつり）て...　（法華経・第21）

d　若有餘人聞此陀羅尼受持讀誦生信解者亦應如是恭敬供養與佛無異。
若有ル餘人の此の陀羅尼を聞（き）て、受持し讀誦し、信解を生サむ者、亦は是（の）如キヒトヲ恭敬し供養（せ）むヒトも（ある）応キに、［與］佛と異なること無（く）なりナむ。　（金光明・巻7）

例（8）における「五百阿羅漢」「國王大臣」「菩薩摩訶薩」「餘人」は名詞の主要部であるが、「受記を得たる者」「在家の者」「地より踊出せる者」「此の陀羅尼を聞きて、受持し讀誦し、信解を生さむ者」は主要部を修飾する補部であり、意味上は主要部と同じ内容である。一般的に日本語には連体修飾の構造で同じ主要部関係をあらわすが、例えば「受記を得たる五百阿羅漢」「在家の國王大臣」「地より踊出せる菩薩摩訶薩」「此の陀羅尼を聞きて、受持し讀誦し、信解を生さむ餘人」のような統語構造は「主要部末尾型」の語順である。ところが、原漢文には「～者」は一種の同格節の標識として同格の要素を標示し、主要部の後に移動してくる。この統語構造の影響を受け、訓読文にはそのまま同格の要素を後置し、主要部前置の形に訓読した。「～者」構造の同格構文は「語用論的な有標」の結果であり、主要部名詞を際立たせるために、同格の前に移動した。主語の位置に現れる主要部は文の主題要素を兼任しているのでよく前置されるようになるが、主要部前置の同格構造は主語の位置に現れるだけではなく、例（9）のような目的語の位置に現れる例もある。

（9）a 見彼諸比丘、比丘尼、優婆塞、優婆夷、諸修行得道者。
彼（の）諸の比丘、比丘尼、優婆塞、優婆夷の、諸の修行し得道する者を見き。　（法華経・序品第1）

b 優婆夷求聲聞者…無得惱之令其疑悔。
優婆夷の、声聞を求（むる）者…之を悩（まし）て其（れ）疑悔（せ）令（め）て…こと得（ること）無（か）れ。
（法華経・第14）

c 所有鬼神吸人精氣無慈悲者悉令速去。
所有ル鬼神の人の精氣を吸ひツツ、慈悲無キ者を、悉ク速に去ラ令む。　（金光明・巻6）

d 若其瓦器曾未用者一度用之。
若（し）其（の）瓦器曾て用せ未る者を、一度ひ之を用（い）る。　（寄帰伝・巻1）

例（9）は目的語の位置に現れる同格の構造であるが、例（8）と同じく主要部前置の統語構造である。例えば、「諸の比丘、比丘尼、優婆塞、優婆夷」「優婆夷」「鬼神」「其の瓦器」は主要部名詞であるが、主要部を修飾する補部の同格要素は後につける「諸の修行し得道する者」「声聞を求むる者」「人の精氣を吸ひつつ、慈悲無き者」「曾て用せ未る者」である。漢文の統語構造に影響され、主要部が前置した構造になり、後からくる動詞との位置関係が遠くなったにもかかわらず、目的語における重要な部分を早めに伝え、強調の伝達効果を果たしている。

上記の例を見ると、本来日本語は主要部末尾の構造で、同格の語順はApp+Nであったが、漢文訓読の影響で、同格要素後置の構造に「語用論的な有標」の用法が成立した。同格構造における主要部を強調するために、主要部が焦点化され補部の前に繰り上がるようになる。この場合、同格構造は無標の語順 App+N が N+App に変容する。

考察例二、Mod+N＞N+Mod

前節の通り、日本語の所有格、連体詞のような連体修飾構造は漢文と一致しているので、漢文の影響によって新たな統語構造が成立する可能性はない。そこで、この小節において主に数量詞と形容動詞の例を考察してみる。

日本語における数量詞の統語構造には上代から文体によってはっきりした境界線が見える。三保（1995:79;1998:17;2001:87）は、上代の漢文体に対する調査から上代漢文の数量詞と主要部名詞の構造関係は基本的に「主要部先頭型」の語順であり、「N＋数量詞」の構造であったとする一方、山田（1951:459）、津之地（1964:1）の考察では、上代和文における数量詞の構造は「数量詞＋N」だと捉えている。「万葉集」の数量詞の用例では、例（10）の「主要部末尾型」が一般的である。

（10）a　この花の一節のうちに百種の言ぞ隠れるおほろかにすな。
（万葉集・1456）

b　一つ松幾代か経ぬる吹く風の音の清きは年深みかも。
（万・1042）

c　斎ひたまひし真玉なす二つの石を世の人に示したまひて。
（万・813）

d　千万の軍なりとも言挙げせず取りて来ぬべき男とぞ思ふ。
（万・972）

（10）の例を見ると、主要部名詞は主語であろうと、目的語であろうと、いずれも「数量詞＋N」の統語構造である。上代和文において、一般的に「言の百種」「松の一つ」「石の二つ」「軍の千万」のような数量詞の主要部構造はまれであるが、室井（2006:64）は上記のような数量詞の後置を「数量詞遊離」と呼び、このような統語構造は漢文に影響される文体によく見られると指摘した。漢文訓読の資料には例（11）のような主要部前置の数量詞構造がしばしば見られる。

(11) a 士庶百千萬亦隨王出城。

士庶ノ百千萬なるい亦王に隨（ひ）て城を出（で）ヌ。

（金光明・巻 10）

b 餘藥叉百千神通有大力。

餘藥叉の百千なるとが、神通もあり大力も有ル…

（金光明・巻 9）

c 出柔軟音、教諸菩薩無數億萬。

柔軟の音を出（し）て、諸の菩薩の無数億萬なるを教（え）たまふ。（法華経・序品）

d 勝定百千種不思議總持。

勝定の百千種なると、不思議の總持と…（金光明・巻 2）

(11) の例を見ると、「士庶の百千萬」「藥叉の百千」「菩薩の無数億萬」「勝定の百千種」のような構造はいずれも連体修飾後置の主要部構造である。「百千萬の士庶」「百千の藥叉」「無数億萬の菩薩」「百千種の勝定」のような語用論的な無標の構造に比べ、主要部前置の構造は項要素の名詞を前景化し、主要部を際立たせる。このような数量詞の統語構造について、春日（1989:107）は漢文訓読によく見られる現象であり、数量詞は「体言の下にあって、叙述になる時は形容動詞ナリ形をとる」場合で、「情態言として用いられている」と指摘した。つまり、主要部前置の統語構造において、数量詞は単なる名詞に相当する要素ではなく、一種の情態的な修飾要素であり、語用論的な有標の構造の一環になった。

主要部前置の数量詞構造の成立によって、和漢混淆文において二種類の語順が併存する傾向が見られる。(12) 用例を見ると、連体修飾の要素として後置する数量詞は「不定」と「部分的数量」をあらわす有標の表現とされる（室井 2006:71）。

(12) a 亦、佛舍利三千粒有ケリ。…彼ノ唐ヨリ持渡リ給ヘリケル三千粒ノ佛舍利、招提寺ニ于今在マス。

（今昔物語集・巻 11）

b 而ルニ、廿人ノ伴僧、皆、居並タリト云ヘドモ、其ノ中ニ止事无キ伴僧四人ゾ此ノ蛇ヲ見ケル。（今昔・巻 14）

（12a）における「佛舎利」は新情報として文頭に現れ、限定性のない要素なので数量詞は後置され「佛舎利三千粒」の有標構造になる。後にくる「三千粒ノ佛舎利」はすでに挙げられた旧情報であり、特に強調する必要がないので、普通の無標の語順で現れる。（12b）における「伴僧四人」は全体数量の一部のみを強調するために数量詞後置の語順で表し、一種の有標の構造である。

漢文訓読による連体修飾要素の構造変容のもう一つの事例は形容詞の後置である。楊（2004:44）は例（13）のような「主要部名詞＋の＋形容詞」の統語構造を観察した上、中古の和漢混淆文に現れた形容詞後置の統語構造は漢文訓読の影響だと指摘した。

（13）蚯蚓無爪牙之利筋骨之強上食埃土下飲黄泉用一心也。
蚯蚓は爪牙の利無き、筋骨の強無きも、上埃土を食ひ、下黄泉を飲む、心を用ふること一なればなり。
（荀子・新釈漢文大系5）（楊 2004:44）

例（13）を見ると、原漢文は「蚯蚓は利の爪牙と強い筋骨がない」という意味合いであるが、訓読文はそのまま漢文の語順を使用して、「爪牙の利無き」と「筋骨の強無き」に訓読した。したがって、連体修飾の要素の後置によって一種の語用論的な有標形式となり、主要部の性質や属性を強調する構造となった。

訓読資料に例（13）のような統語構造がよく見られるが、形容詞の用例よりも、例（14）のような形容動詞の後置の用例が一般的である。

（14）a　地平如掌琉璃所成。
地の平（か）なること掌（の）如（くし）て、瑠璃に成（さ）所たり。（法華経・第23）

b　智慧深廣猶如大海。
智慧深広なることと猶（し）大海の如し。（地蔵・序品）

c　諷成口實美文德之盛。
諷リ（て）口實に成リ、文德（の）［之］盛（なること）を美（すれ）ば...（西域記・巻1）

d 華果茂盛、流泉浴池、施佛及僧。

華果の茂盛なると、流泉と浴池とを、佛（と）及（ひ）僧（と）に施（す）。（法華経・第 17）

例（14）における形容動詞「平かなる」「深広なる」「盛なる」「茂盛なる」は一般的に連体修飾要素として、主要部「地」「智慧」「文徳」「華果」の前に冠すべきだったが、ここで「〜平かなること」「〜深広なること」のように、主要部の後にきて名詞化した。この場合、文の項要素は主要部名詞というよりも、むしろ名詞化した形容動詞と言える。原文の本来の意味合いは「(平かなる）地が掌の如し」「(深広なる）智慧が大海の如し」「(盛なる）文徳を美す」「(茂盛なる）華果を施す」であったが、形容動詞の後置によって、主要部名詞の性質を強調するようになった。つまり、訓読文の意味合いは「(地)の平かさが掌の如し」「(智慧）の深広さが大海の如し」「(文徳）の盛さを美す」「(華果）の茂盛さを施す」になった。このような構造は「語用論的な有標」の語順であり、形容動詞の意味合いを強調する作用を果たしている。

また、原文においてもともと形容動詞ではない連体修飾要素はナル形態を取って、形容動詞にして主要部の後に現れる訓読も少なくない。(15）の例は（14）と同じく、主要部前置の連体修飾が見られる。

（15）a 如是智者量無邊容可知彼微塵數。

是（の）如キ智者の量無邊なるいは、容し彼の微塵の数をば知ル可クある。（金光明・巻 5）

b 又睹諸佛聖主師子、演說經典微妙第一。

又、諸佛の聖主師子を睹たてまつり、経典の微妙第一なるを演説（し）て...（法華経・序品）

c 未知一切諸法真如不可說。

一切の諸法の真如の不可説なるを知ラヌ［未］...（金光明・巻 5）

d 常供養諸佛法寶不思議。

常に諸佛と法宝の不思議なるとを供養（し）たてまつる。（金光明・巻 9）

（15）の例を見ると、「量無邊なる」「微妙第一なる」「不可説なる」「不思議なる」は原漢文においてもともと主要部を修飾する関係節あったが、訓読文ではナル形態の形容動詞に訓読された。そして、原漢文の統語構造をそのまま取り入れ、主要部前置の形となる。原文の意味合いはそれぞれ「（量無邊なる）智者は微塵の数を知る可く」「（微妙第一なる）経典を演説する」「（不可説なる）真如を知らぬ」「（不思議なる）諸佛と法宝を供養する」であり、主要部名詞は項要素である。ところが、統語構造の変容によって、主要部名詞の性質・属性をあらわす形容動詞は項要素となった。このような訓読は主要部の性質・属性を強調する有標の表現である。

上記の例を見ると、日本語における連体修飾の構造でMod+Nであったが、漢文訓読の影響で、連体修飾要素の後置の構造は「語用論的な有標」の用法として成立した。主要部名詞の性質・属性を強調するために、連体修飾の構造は有標の語順N+Appに変容した。

6.2.2.2 接触による動詞主要部の前置

接触による日本語主要部の統語構造の変容は名詞主要部の前置の他に、動詞の主要部にも変化が起こった。動詞主要部の統語構造について、竹沢&Whitman（1998:108）、田窪（2010:25）は語順の制約を提案した。例えば「お茶漬けを食べる」のような構造に、「お茶漬け」は補部であり、「食べる」は動詞主要部であるとされている。この提案を見ると、「目的語＋動詞」の構造は典型的な動詞主要部の構造であり、日本語の基本語順はOVなので、動詞主要部は「主要部末尾型」であることがわかる。「目的語＋動詞」の動詞主要部構造の他に、言説・思惟動詞をはじめ、「引用節＋動詞」は一種の「補部＋動詞主要部」の構造としてよく言及されている（佐伯 1998:137;田窪 2010:35）。「引用節」は動詞の後から来て、「語用論的な有標」の構造になる場合があるので、動詞主要部の前置の例だと思われる。本小節において、主にこの二点で漢文訓読の影響による動詞主要部の構造変容を考察する。

動詞主要部の構造変容は一般的に「N＋V」よりも「名詞節（noun clause）＋V」の構造に発生するので、上記の動詞主要部の対象とした補部はそれぞれ「補文節」（complement clause）と「引用節」（quotational clause）として考察する。

考察例一、Comp＋V＞V＋Comp

日本語は基本語順 OV の言語なので、一般的に補文節と動詞の統語構造は変化しない。「Comp＋V」の動詞主要部構造は語用論的な有標の場合で語順が変わる可能性があるとされている。佐伯（1998:9）は補文節と動詞の倒置構造は「よびかけ・わかれ・詠嘆」という情意的な表現が多いと指摘した。例（16）を見ると、漢文訓読の影響による「Comp＋V」の語順変容は確かに一種の情意的な意味合いをあらわす。一般の「命題文」[3]の語順変容の用例は存在していない。

（16）a 善男子且待須臾。
善男子 、且待チ、須臾（シバラク）。　（法華経・第 12）
b 於斯制底内見我牟尼尊悦意妙音聲演説斯經典。
［於］斯の制底の内にして、見ヨ我レ牟尼尊の悦意の妙音聲をモチテ 斯の經典を演べ説（き）たまふを。
（金光明・巻 9）
c 不如往至貧里肆力有地衣食易得。
如（か）不じ、貧里に往き至（り）て、力を肆フルに地有（り）て、衣食得易からむ。　（法華経・第 4）
d 伏乞雷雨曲垂天文。
伏（し）テ乞フ、雷雨曲（け）テ天文ヲ垂（れ）ヨ。
（法師伝・巻 6）

（16a）、（16b）における「且待チ」「見ヨ」は強く感情を込めてよびかけを発する命令文である。この場合、動詞は動作を際立たせるために、補文節の前に繰り上げられた。また、（16c）、（16d）における「如か不じ」「乞フ」は一種のアドバイスや要望の感情を含める発話なので、話者の主張を分からせるために、文頭に動詞を冠して、提示・強調の作用を果たしている。このような用例はいずれも会話文に現れる。漢訳仏典の説教の会話文には一般的にみられ、特に仏典の訓読に常用される形式である。こうした変容は日本語の基本語順に影響を及ぼさないが、語用論的な有標の構造として「Comp＋V」の構造は「V＋Comp」に調整された。

また、「よびかけ・わかれ・感嘆」の情意表現の他に、「V＋Comp」のような統語構造は「当為表現」をあらわす要素と共起する傾向がある。例（17）、（18）は動詞「知る」「いふ」の前置例である。この二つの動詞を調査した結果、「V＋Comp」のような統語構造には必ず「知る」「いふ」を修飾する「当為表現」の副詞や助動詞が必要となる。

（17）a 必知是人不久得阿耨多羅三藐三菩提。
必（ず）知るいし、是の人は久（しから）不して阿耨多羅三藐三菩提を得といふことを。　（大智度論・巻6）
b 今應知此之勝業…由諸佛威力加護。
今知ル応し、此の之勝業は、…諸佛の威力をもちて加護（し）たまふに由（り）てなり。　（金光明・巻2）
c 當知是人是諸佛所護。
當（に）知れ、是の人は是れ諸佛に護（ら）所ムといふことを。　（大智度論・巻6）
d 定知無我。
定（め）て知（り）ぬ、我無シ。　（大般涅槃経・巻14）

（18）a 亦應云…非假非非假。
亦は云ふ応し、…假にも非（ず）非假にも非（ず）といふ。　（義疏・巻1）
b 不應説言…令彼諸行成現在性。
説きて言フ応（から）不（ず）…彼の諸行をして現在の性に成（ら）令（め）ムとは。　（瑜伽師地論・巻5）
c 豈謂一朝奄歸萬古。
豈謂は、一朝奄ニ萬古ニ帰セムコトヲ。　（三蔵法師表啓・巻6）
d 當謂於今忽然得聞稀有之法。
當に謂（は）、今於て忽然（に）稀有之法を聞（く）こと得（る）ことを。　（法華経・巻2）

（17）と（18）の例を見ると、原漢文に「必」「應」「當」「定」などの助動詞が動詞の前にきて、動作に対する価値判断や評価を表している。日本語ではこれらの「当為表現」要素が副詞や助動詞に訓読されると同時に、動詞が補文節の前に移動した。この場合、「必ず知る」「定めて知る」「豈に謂ふ」は行為が発生する可能性を表しているが、「當に知る」「云ふ応し」などは行為の行使する必要性を表している。このような「当為表現」の修飾がないと、「∅知りぬ、我が無し」「∅云ふ、...假にも非ず非假にも非ずといふ」のような表現の容認度は高くないと考えられる。したがって、ここで「当為表現」をあらわす要素は語用論的な有標の具現化した要素として不可欠な成分である。言い換えれば、「当為表現」ではないと、「Comp＋V」の構造は「V＋Comp」に変化しないと思われる。

ここで「知る」「いふ」が「V＋Comp」の構造に調整され、いずれも一種の評価と価値判断の意味合いを表している。動詞を際立たせ、文頭に移動する統語構造の変化は一種の「主観化」(subjectification)[4]の過程である。Traugott（2010:29）は語用論的な無標の表現は「外的状況を描写する」意味を持っているが、語順の変化などの変容によって、有標の表現は一種の「内的状況（評価・知覚・認識）」の意味合いへと変化したとする。

考察例二、Quo＋V＞V＋Quo

引用節が動詞の後に来るという統語構造の変化は訓読資料によく見られる現象である。「Quo＋V」の構造は「V＋Quo」へと変化する例の中でも、「ク語法」が提示する引用節の後置は代表的な例である（築島 1969:495;春日 1989:295;大坪 1992:145;大坪 1994:242）。（19）は「ク語法」が提示する引用節の後置の例である。

（19）a 幸願敬奉之倫無輕聖教耳。
幸に願（は）く（は）、敬奉（の）之倫、聖教を軽むこと
無（か）ら（まく）のみ耳。（寄帰伝・巻 1）

b 我今疑弟捨其身。
我も今疑（は）クは弟は其の身を捨（てつ）ラむ。
（金光明・巻 10）

c 良恐...詞近而旨遠。
良ニ恐（るら）クハ...詞近クシテ而旨遠シ。
（法師伝・巻 8）

d 冀其有靈少加軍力。
冀ハクハ、其レ霊少し有（り）て、軍の力を加（へ）ヨ。
（西域記・巻12）

（19）のように、「願はく」「疑はく」「恐らく」「冀はく」などの「ク語法」動詞はいずれも言説・思惟をあらわす動詞である。このような動詞の補部は動作の対象や目的というよりも、むしろ言説・思惟の「内容」と言える。動詞は言説・思惟の「内容」をあらわす引用節の前に冠すると、話し手の主観的な意志や感情を強調する伝達効果がある。なぜならば、「ク語法」はもともと名詞化辞に相当する要素なので、上例の諸用法はそれぞれ「願ふことは～」「疑ふことは～」「恐ること～」「冀ふことは～」の意味で主格に立って、話し手の意志、感情を際立たせるようになった。そして、「いわく」のような直接引用節と比べ、上例のような引用節は一般的に独白の会話文に出てくるので、「願はく」「疑はく」「恐らく」「冀はく」のような動詞自体は話し手の感情を含める主観化の意味合いを持っている。そこで、例（19）は語用論的な有標の構造と思われる。

直接引用節は一般的に第三者の立場に立って、他人の言語・思惟を叙述する場合に使用する。（20）は直接引用節の例である。

（20）a 普告諸大眾…無聲聞弟子。
普（く）諸の大衆に告たまはく、「…聲聞弟子は無し。」とのたまふ。（法華経・第2）

b 即為授記…我諸弟子應當如是精勤修學。
即為に記を授（け）たまはク、「…我が諸の弟子、當に是（の）如ク精勤して修學す応し」とのたまふ。
（金光明・巻5）

c 即謂…適時之教也。
即（チ）謂ハク、「…適時（ノ）［之］教なり」と［也］。
（法師伝・巻1）

d 佛答離方便故。
佛答（へ）たまはく、「方便（を）離（れ）たるが故（に）」と。（大智度論天安点・巻86）　（大坪 1992:152）

e 王問曰爾何人猶獨棲林野。
王問（ヒ）テ曰（ハ）ク、「爾何人ソ、猶（シ）獨リ林野ニ栖ム。」（法師伝・巻 5）

f 經中説於諸罪中邪見最重。
經中（に）説かく、「諸（の）罪の中に於ては、邪見最とも重し。」（成実論・巻 12）

（20）の例を見ると、漢文における引用節の統語構造に対する日本語の受容度がわかる。例（19）の引用節と比べ、直接引用節は客観的な叙述に近い表現なので、強調の意味合いはそれほど強くない。したがって、文末の補読の形式は統一されていない。大坪（1992:151）は訓読資料における直接引用節に「イハク～トイフ」「イハク～ト」「イハク～∅」の三つの形式が併存することを指摘した。つまり、引用節の後に前置した動詞をもう一回繰り返すか、または前置した動詞に準ずる要素を補読する用例が存在している。例（20a）、（20b）は「とのたまふ」を補読した例、（20c）、（20d）は「と」を補読した例である。これらの例を見ると、直接引用節の統語構造は漢文の影響を受けた一方、日本語の本来の主要部構造に併せて表出する必要がある。このような例は有標と無標の間の中間的な表現である。（20e）、（20f）は補読の要素がなく、（19）と同じような統語構造である。このような構造は「いふことは～である」「とくことは～である」という主要部動詞を名詞化する構文である。このような構造は単なる「～といふ」「～ととく」より、ある程度まで引用節を強調する意味合いを持っている。したがって、直接引用節の動詞前置も語用論的な有標の構造と言える。

この節において、「App+N＞N+App」「Mod+N＞N+Mod」「Comp＋V＞V＋Comp」「Quo＋V＞V＋Quo」の四つの事例を通して漢文訓読による日本語の主要部構造の変容を考察した。日本語は「主要部末尾型」の統語構造を持っているが、漢文訓読の影響によって、日本語はそのまま漢文の主要部構造を取り入れて、主要部が同格、連体修飾格、補文節、引用節などの補部の前に置かれる変化がある。このような接触による統語構造の変容は日本語の基本語順には及ばず、一種の「語用論的な有標」の構造として成立する。

6.2.3 言語接触による付加部構造の変容

6.2.3.1 接触による名詞付加部の後置

竹沢&Whitman（1998:107）、田窪（2010:25）の考察によると、日本語は「付加部＋X」の付加部構造を持っている。「X＋付加部」のような付加部後置の語順は「語用論的な有標」の構造とされている。一方、中古漢文の付加部構造は同じく「付加部＋X」であるが、漢訳仏典の会話文に情意的表現として、付加部が文頭以外の位置に挿入される位置変換などの配列がよく見られる（朱&朱 2006:415;竺 2009:44）。漢文訓読によって日本語に取り入れられた「X＋付加部」の構造は漢文においても本来「語用論的な有標」の用法である。この変容の過程で日本語には新たな「語順規則」が成立するというよりも、むしろ特殊な統語構造を持つ有標の構文が成立すると言える。

日本語の付加部の統語構造は本来漢文の無標構造と同様なので、有標の場合のみ影響されると思われる。したがって、漢文との接触による付加部の構造変容については主要部変容ほど豊富な例は見当たらない。ここでは名詞付加部の二例と動詞付加部の一例を挙げて考察する。

佐伯（1998:7）が提出した語順の規定によると、名詞付加部は「係り」に相当する概念である。日本語の名詞付加部には、位格などの修飾要素の他に、最も重要な要素は文の主語である。ところが、主語は一般に前景化する必要があるので、述語の後に置かれるケースは少ないと考えられる。大坪（1994:226-227）は名詞付加部の倒置について、「漢文として主語の前に置かれる述語も、訓読する場合は後から返って読むのが普通であるから、訓読文としては、正常な語順に変へられてしまふ。従って、訓読文に主語と述語の倒置が現はれることは、極めて稀れである」と述べ、漢文訓読による日本語の構造変容は限界があると指摘した。ところが、訓読資料の主語後置の例を調査した結果、例（21）、（22）のような「感動表現」には名詞付加部が後置されている。

（21）a 善哉、世尊願少解説。
善哉、世尊願（はく）は少し解説（し）たまふ。
（法華経・第 23）

b 苦哉我失愛子。
苦哉、我が愛子を失ひつラク。　（金光明・巻 10）

c 禍哉愛子端嚴相。

禍なる哉、愛子は端嚴の相いましつ。　（金光明・巻10）

d 惜哉朕國内失奘法師一人。

惜シキ哉、朕カ國ノ内ニ奘法師一人ヲ失（ヒ）ツ。

（法師伝・巻10）

e 盛乎法炬傳諸未來。

盛ナルカナ［乎］、法炬諸（ヲ）未來（ニ）伝（ヘ）ム。

（法師伝・巻10）

f 大矣慈父巧應根機善誘人天稱調御者。

大なる矣、慈父巧に根機応（ひ）て、善（く）人天を誘メて、調御と称（し）たまふ者。　（寄帰伝・巻2）

（22） a 希有世尊無邊行。

希有なるかナ、世尊の無邊の行いまサク。（金光明・巻10）

b 未曾有天神乃安慰我。

未曾有なりカナ、天神の乃（し）我を安慰すること。

（小川本願四分律平安初期点・乙）（大坪 1994:266）

c 如來歎曰惜斯何不遇。

如来嘆（じて）曰（く）、「惜（しき）カナ、斯レ何（ぞ）不遇（なるや）。」　（西域記・巻7）

d 於赫大聖覺種圓明。

於、赫タルカナ、大聖、覺種圓明ナリ。　（法師伝・巻8）

（21）の例を見ると、原漢文の形容詞は「哉」「矣」「乎」などの感嘆詞の前に現れて、感嘆の意味を表している。名詞付加部はいずれも名詞節として「形容詞＋感嘆詞」の後に置かれる。通常の構造に還元すれば、「我が愛子を失ひつらく苦哉」のような「ク語法」名詞節、および「國ノ内ニ奘法師一人ヲ失ヒツ（こと）、惜シキ哉」のような名詞化辞「こと」が省略された名詞節の二種類の名詞付加部構造が見られる。還元された名詞付加部前置の文意は一般的な形容詞文となり、叙述以外に特に情意的なニュアンスが感じられない。このような語順は無標の名詞付加部の構造と言える。これに対して、「苦哉、我が愛子を失ひつらく」「惜シキ哉、國ノ内ニ奘法師一人ヲ失ヒツ」という付加部後置の構造は形容詞の部分を際立たせ、感嘆をあらわす情意的な表現である。このような名詞付加部の後置は主観的な感情を強調する「語用論的な有標」の構造である。

（22）は原漢文に感嘆詞がないが、「ナルカナ」「タルカナ」のような形容詞形態に「カナ」をつける形に訓読する。（22a）、（22b）における「希有」「未曾有」はもともと形容動詞ではなくて、「まれにある」「いまだ曾てある」のような動詞句であったが、成句として「希有ナルカナ」「未曾有ナリカナ」のように一括して形容動詞の形態に訓読した。（22c）、（22d）における「惜」「赫」は形容詞の例であり、「惜シキカナ」「赫タルカナ」のような形容詞や形容動詞の形態に訓読した。この二例は（21）のように感嘆詞と共起する形式ではないが、訓読の形式を見るとやはり一種の感嘆の意味が含まれている。（22）の例に感嘆詞がないにもかかわらず、「天神の乃し我を安慰すること、いまだ曾てあらず」「斯レ何ぞ不遇なるや、惜しき」という名詞付加部前置の構造より明らかに主観的な感情を強調する意味合いが感じられる。したがって、（21）、（22）のような「NP＋Adj＞Adj＋NP」の名詞付加部後置の変化はいずれも強い感情をあらわす「語用論的な有標」構造の変化である。

和漢混淆文における名詞付加部の後置の例を見ると、（21）、（22）と同じ構造である。

（23）a まことか、中将の朝臣の聞ゆる事もなかりつらんは。（宇津保物語・巻2）

b 悲イ哉ナ、母ノ心未生レヌ子ヲサヘ悲フ事。（三宝絵詞・下）

c 善哉、汝ヂ穢濁悪世ノ中ニ有テ、殊ニ阿閦如来ヲ帰依シ奉レリ。（今昔物語集・巻6）

これらの付加部後置の例は漢文訓読の影響であると考えられる。（21）～（23）の例を見ると、「NP＋Adj＞Adj＋NP」の構造変容には二つの条件が必要である。一つは名詞付加部が一般的に名詞句 NP であること、そしてもう一つは一種の感嘆の意味合いを表していることである。

名詞句の他に、「コレ」の提示語代名詞の用法には付加部後置の構造が頻繁に見られる。第3章に挙げた文中の提示語「コレ」の他に、（24）のように文末に現れる用例もある。

（24）a 求名菩薩汝身是也。

求名菩薩は、汝か身是（れなり）［也］。（法華経・第1）

b 昔時長者子流水即我身是。

昔の時に長者子流水といひしは、即(ち)我が身是レなり。

（金光明・巻9）

c 應知過去善生王即我釋迦牟尼是也。

知ル應し過去に善生王といひしは、即我釋迦牟尼是レなり。

（金光明・巻5）

d 舍利弗諸佛隨宣所説下是也。

舍利弗諸佛隨宣所説（と）いふは下是（れ）なり。

（玄賛・巻3）

（24）における「是」はいずれも判断文の述部NPに現れたものである。文全体の意味を把握すると、「NP1はNP2（N＋是）なり」という統語構造である。提示語の「コレ」はNP2において付加部として後置する。第３章に挙げた提示語「是」の例を見ると、「NP1はNP2（是＋N）なり」の統語構造であり、「是」の統語位置が変わった。「Demo＋NP＞NP＋Demo」のような変化は一見、大きな構造差異が見られるように思えるが、文の意味を分析してみると、「コレ」の指示範疇が変化したことがわかる。例えば、「是」が付加部として前置される例に、「昔の時に長者子流水といひしは、即ち是レ我が身なり」「舍利弗諸佛隨宣所説といふは是れ下なり」のような統語構造がある。このような構造において、「コレ」は前方照応の機能を果たしている。「コレ」の指示対象は「長者子流水」「諸佛隨宣所説といふ（こと）」のようなNP1の要素である。「是」が前置されることでNP1が際立つ。一方、（24）のように「是」が後置される場合、「コレ」の指示対象はNP1からNP2における名詞要素に変化した。これらの文例において提示語の指示対象はそれぞれ「汝か身」「我が身」「我釋迦牟尼」「下」である。「是」の後置構造はNP2における名詞の項を強調する。つまり、「長者子流水」は誰か他の人ではなく、まさに「我が身」であり、「諸佛隨宣所説といふ（こと）」はほかのことではなく、まさに「下」に挙げたことばである。このようなNP2の名詞を際立たせる「コレ」の後置構造は一般の指示用法と比べ、有標の用法である。

漢文訓読における提示語「コレ」の後置の影響をうけ、和漢混淆文に（25）

のような例が成立した。これらの例はいずれも判断文のNP2を強調する構造である。このような「コレ」の語順は「語用論的な有標」の構造と思われる。

（25）a スナハチ、カレガ書ルトコロノ法華経ノ文字、コレナリ。
（百座法談聞書抄）
b 昔ノ施無ト云シハ、吾カ身、是也。　　（三宝絵詞・上）
c 兄ノ男子ト云ハ、漢ノ高祖ト云フ、此レ也。
（今昔物語集・巻10）

「NP＋Adj＞Adj＋NP」と「Demo＋NP2＞NP2＋Demo」を例として漢文訓読による名詞付加部の後置を考察した。名詞付加部の構造変容は一般的になんらかの感嘆や強調をあらわすために、述部を際立たせ、付加部の前に置かれるようになったと考えられる。

6.2.3.2 接触による動詞付加部の後置

田窪（2010:25）の規定によると、動詞の付加部は一般に連用修飾要素や従属節を指している。日本語の連用修飾要素と動詞の統語構造は漢文と同じく「付加部＋X」であるが、漢文との接触による構造変容がまれに見える。一方、中古の漢文に従属節の後置構造はよく見られる（竺 2009:44）。従属節の後置は「X＋付加部」の構造なので、日本語の基本語順と異なる。この統語構造の影響を受けて、日本語に「Sub+VP＞VP+Sub」のような統語構造の変化が見える。ここで、原因・目的をあらわす従属節の二例を挙げてみる。(26)、（27）はそれぞれ「ユエ」と「タメ」の従属節標識をつける例である。

（26）a 此行易得自緣身故。
此の行は得易し、自（ら）身を縁するが故に。
（成実論・巻14）
b 不名為空以陰不空故。
空と名（け）て為不、陰を空に（あら）不（ぬ）以てカ故に。　　（成実論・巻17）
c 自身成就不可思議境界與聲聞菩薩故。
自の身に不可思議の境界を成就（し）て、声門と菩薩との

与にせるが故に。（玄賛・巻 3）

（27）a 今可演說金光明經甚深法要為欲利益一切眾生除去饑饉令得安樂。

今金光明経の甚深の法要を演説（し）たまふ可し、一切衆生を利益し飢饉を除去し安樂を得令（め）む（と）欲（ふ）が為に。（金光明・巻 11）

b 復説三乘但為教菩薩。

復（た）三乗と説く、但（だ）菩薩を教（へ）むが為になり。（法華経・第 1）

c 飲食知量者...為濟身故。

飲食に量（を）知（る）といふは者、...身を済（け）むが為に。（成実論・巻 21）

(26)、(27) を見ると、原因をあらわす従属節「～ガユエニ」「～ガタメニ」は主節の後に置かれるようになった。このような統語構造の変化は節レベルの変容であるが、その動機づけは句レベルの構造変容と大差がない。節レベルの統語構造の倒置は「出来事の認知順序」と「焦点・語用論的有標性」に起きた変化とされている（富樫 1998:20)。「Sub+VP」語順の場合、話し手は先に「自ら身を縁する」「菩薩を教へむ」のような原因要素を認知して、後に「此の行は得易し」「復た三乗と説く」のような結果を把握する。このように従属節の後置によって、認知の順序が逆となった。こうした構造変化は「情報強化の制約」が及ぼした現象である（高見 1995:24)。従属節「～ガユエニ」「～ガタメニ」が主節の後に置かれる場合、主節の内容よりも従属節の原因・理由が強調されている。従属節の後置語順は VP の原因・理由などを前景化[5]するために使用される「語用論的有標性」を持つ構造と考えられる。

この節において、「NP＋Adj＞Adj＋NP」と「Demo＋NP2＞NP2＋Demo」「Sub+VP＞VP+Sub」の三つの事例を通して漢文訓読による日本語の付加部構造の変容を考察した。日本語の付加部の統語構造は漢文の無標構造と同じで、「付加部＋X」なので、「語用論的な有標」の場合のみ影響される。漢文の有標構造の影響を受け、日本語の付加部名詞は述部形容詞の後に、付加部とした提示語代名詞は指示される名詞の後に移動する。また、節レベルで従属節は主節の後に置かれるようになる。これらの付加部構造の変容によって、付加部は感嘆、強調などの主観的な含意を表している。したがって、語用論的無標の付加部構造は「X＋付加部」に変わり、有標の構造に変化する。

---

[1] 田窪（2010:26-27）の説明によると、日本語の「階層的構造」は次の例で説明できる。例えば「太郎は美味しいお茶漬けを食べた」の文の構造は[太郎は-付加部][[美味しい-補部][お茶漬け-主要部]を-補部][食べた-主要部]。

[2] 鈴木（2008:82-82）の調査によると、同格の概念について従来の文法研究に統一していない。山田（1951）、石垣（1955）などの古典的な研究は往々にして「太刀のおかしき」のような連体修飾語の後置を「同格」の表現とする。ここでこのような構造を排除し、最近の言語学研究に一般に言う同格の概念をとる。例えば松尾（1992:120）は提示した類別に、「名称・同定・称号・換言・限定・例示・特別指定」などの構文はいずれも同格構造として認める。

[3] ここで言う「命題」は「モダリティ」の相対概念である。井上（2009:133）は「文（発話）の意味内容は大きく分けて、①＜叙述の素材＞としての客観的意味内容と、②＜文の述べ方＞に関わる主観的な意味内容という二つの部分からなる。前者は＜命題内容＞（言表事態）、後者は＜モダリティ＞（ムード、言表態度）と呼ばれる」と指摘した。

[4] 「主観化」は言語の認識の主体と客体の非対称性に基づく概念である。辻（2002:104）は「（言語に対して）客体的に把握されていたものが、客体性を徐々に失い、もともと内在していた主体的な把握しか残らなくなるような意味変化のことを主観化と呼ぶ」と定義した。

[5] 辻（2002:137）によると、「前景化」は「ある対象や事態を捉えるとき、我々はそのものの一面に注意の焦点を当てて言語化する」ことである。具体的に、前景化は所与の対象、事態の一側面が注意・関心の焦点となって描かれることであるが、それに対して背景化の概念があり、対象を注意・関心の焦点から外れて背後に退く側面である。

まとめ

本章では言語接触による統語構造の模造を考察した。得られた所見を次のようにまとめてみる。

- 統語構造の模造とは、模造言語の話者がモデル言語のある特定の統語構造を真似て、模造言語における構成要素を利用し、自分の言語に新たな統語構造を造り出す変容である。
- 漢文訓読との接触は日本語の「基本語順」までには影響を及ぼさず、「表層的な統語構造」のレベルで変容が起こった。漢文訓読の影響を受けて、日本語には「基本語順」を保持しながら、「表層的な統語構造」の範疇で新たな統語構造が成立した事例が少なくない。このような統語構造の変化は外的影響が基本語順を置き換える統語構造の「更新」ではなく、「表層的な統語構造」の範疇での語順の「刷新」である。
- 漢文訓読による日本語の統語構造の変容は一般的に「語用論的な有標」の場合で発生する現象である。「語用論的な有標」の統語構造に変容する動機づけは、特定の構造要素に対する「強調」である。構成要素に対する強調は要素を際立たせるか、よびかけ、感嘆の意味合いをあらわす場合によく起こる現象である。
- 言語の「階層構造」に基づいて、言語接触による統語構造の変容は「付加部＋X」と「補部＋主要部」の二つのレベルの線状化規則の変化に分けられる。漢文との接触によって、日本語には「付加部後置」と「主要部前置」の変化が起こり、これは語用論的な有標の意味合いをあらわす。
- また「App+N＞N+App」「Mod+N＞N+Mod」「Comp＋V＞V＋Comp」「Quo＋V＞V＋Quo」の四つの事例を通して漢文訓読による日本語の主要部構造の変容が起こることがわかった。日本語はもともと「主要部末尾型」の統語構造であったが、漢文訓読の影響によって、日本語はそのまま漢文の主要部構造を取り入れて、主要部は同格、連体修飾格、補文節、引用節などの補部の前に前置される変化がある。このような接触による統語構造の変容は日本語の基本語順には及ばず、一種の「語用論的な有標」の構造として成立する。

・そして、「NP＋Adj＞Adj＋NP」と「Demo＋NP2＞NP2＋Demo」「Sub+VP＞VP+Sub」の三つの事例を通して漢文訓読による日本語の付加部構造の変容が起こることがわかった。日本語の付加部の統語構造は漢文の無標構造と同じ「付加部＋X」なので、「語用論的な有標」の場合のみ影響される。漢文の有標構造の影響を受け、日本語の付加部名詞は述部形容詞の後に、付加部とした提示語代名詞は指示される名詞の後に移動する。また、節レベルで従属節は主節の後に置かれるようになる。これらの付加部構造の変容によって、付加部は感嘆、強調などの主観的な含意を表している。したがって、語用論的無標の付加部構造は「X＋付加部」に変わり、語用論的な有標の構造に変化する。

終　章

7.1 本論文のまとめ

本研究では漢文訓読による日本語の文法変容を対象として、言語接触にもたらされた言語変容の特徴を明らかにしたい。論文の展開として、まず言語接触における漢文訓読の位置づけを取り上げた上で、仏典の訓読資料を調査対象とした。これらの背景を明確にした上で、言語接触による文法変容の可能の三つのパターンを提示する。次に、漢文との接触による日本語文法の変容に対して具体的に調査し、三つのパターンから接触による文法変容の動機付けとメカニズムおよびそれぞれの類型特徴を解明した。本研究の考察を通して、漢文訓読は一種の言語接触だと認めた上で、言語接触による文法変容の特徴を体系的に把握する。

以下、本研究の各部分で得た主な結論をまとめてみる。

第1章では、言語接触の概念と諸類型を提案した上、漢文訓読は「本質はなにか」「一種の言語接触の現象と言えるのか」「言語接触においてどんな位置を占めているのか」という問題を本研究の基調として取り上げ、分析を行った。その結果、以下の所見が得られた。

①言語接触とは、ある言語の話者が音声、文字などの媒介を通して他の言語の話者と交流することによって、二つの言語は音声、文法などの類型特徴が互いに影響を及ぼしあうことである。言語接触の概念に基づき、漢文訓読の本質は注釈記号を用いる特殊な翻訳なので、他の翻訳現象と同様に一種の言語接触の現象として捉えられる。この観点は次の三つの点に基いた結論である。

訓読の書記形式は言語接触の媒介として考えられる。

訓読翻訳は言語接触の重要なアプローチである。

訓点のような注釈は言語接触による変容を観察する手がかりである。

②「接触媒介」「接触期間」「接触言語類型」を基準として、言語接触は「直

接型-間接型」「長期型-一時的型」「親族言語型-非親族言語型」という三つの類別が細分される。これらの類別において、漢文接触は間接的、長期的、非親族言語の接触類型に属する。一般的に研究された言語接触の現象と違い、漢文訓読は一種の書記形式の接触である。このような言語接触に齎された言語変容は特徴的であり、そして言語接触の研究に対して方法論的な意味がある。

第２章では本研究に使用する調査資料の選択について説明した。本研究では主として仏典の訓読資料を使用するが、その理由は以下の通りに挙げられる。

①漢訳仏典の渡来及び訓読は漢籍とまったく別の言語接触の過程なので、日本語に及ぼした影響には独特な特徴があると考えられる。

②漢訳仏典の文法特徴は直訳性と口語性があり、中古期の漢籍と異なり特徴的な漢文法である。

③中古期の訓読資料における仏典資料は膨大な数に上る資料群であり、豊富な文法現象が反映されている。仏典の訓法は漢籍と比べると明らかに異なる特徴があり、新しく成立した文法が多く見られ、言語接触による文法変容の実態が忠実に反映される。

第３章では、漢文訓読のような言語接触による文法変容は本質上どのような現象であるのか、その動機付け・メカニズムおよび下位諸類型は何であるかについて提案した。漢文訓読による日本語の文法変容の基礎理論とフレームワークを概観し、以下の問題を明らかにした。

①言語接触による文法の変容は外的な影響と内的な変化の相互作用の結果である。漢文の訓読接触による日本語の文法変容において、漢文の影響は文法変容をもたらした外的誘因である。輸入された要素が日本語の文法体系に相容れる形式に置き換わる過程は内的な変化である。

②言語接触による文法変容は文法模造の過程である。文法借用と異なり、文法模造は文法項目の音声形態と直接な関係なく、文法機能と統語構造のような構成法則の転移である。漢文の文法モデルを真似て、日本語における固有の要素が新たな文法項目に変化したのである。この過程において、意味、範疇、機能の「対応」は文法模造を一貫したメカニズムである。

③文法模造は「語構成模造」「統語機能模造」「統語構造模造」の三つの類

型に大別される。この三つの類型はそれぞれ形態素の語構成形式、接触による文法化、語順の構造などの具体的な構成法則の変化に関わっている。

結論として、漢文訓読による日本語の文法変容は一種の文法模造であることがわかる。

次に第3章に立案した言語接触による文法変容のフレームワークに基いて、第4、5、6章では漢文訓読の例を通して、文法模造の下位類型とした「語構成模造」「統語機能模造」「統語構造模造」それぞれの特徴に対して考察を行った。

第4章では、主として訓読接触による語構成模造を考察した。漢文訓読による日本語の語構成の変容に対して用例調査を行った上で、次の問題点を明らかにした。

①語構成模造の本質は言語接触による形態素結合の規則の変容であり、言語内外要素の相互作用の結果である。形態統語論レベルの変化として、言語間の深層的な統合的関係に関わっている。

語構成模造の動機づけは模造言語とモデル言語の間の形態素「結合規則の対応」である。漢文訓読による日本語の語構成の模造において、形態素結合は「分析的」な語構成規則から「総合的」な語構成規則に変容する。

②語構成要素の結合性を基準として、語構成模造は「複合化」「接語化」「接辞化」の三類型に分けられる。

複合化は「自由形態素＋自由形態素」の語構成のパターンである。モデル言語に特定の語彙項目の連続が存在している。模造言語がこのような語彙項目の連続を模造し、再分析によって、統語レベルから形態レベルの統合的な関係へ変化し、一語になる過程である。

接語化は「自由形態素＋拘束形態素」の語構成のパターンである。モデル言語にある特定の語彙項目の連続が存在している。模造言語はこの連続を模造し、再分析によって、語構成の要素の一部が接語になり、語幹に付加される過程である。

接辞化は「拘束形態素＋拘束形態素」の語構成のパターンである。モデル言語においてある語彙項目が特定の統語機能を果たしている。模造言語はこの語彙項目を拘束形態素として取り入れ、母語化する。統語機能の対応にしたがって、模造言語に既有の文法要素が接辞として付加されるようになる。

これらの変容はいずれも語間境界を語内形態素間境界に再分析する形態化の過程である。漢文との接触によって、日本語にはもともとなかった語構成の規則が模造され、語連続の語間境界がなくなり、一語化する。語構成規則が日本語化するにしたがって、もともと語内要素ではない成分が形態化して語構成の形態素に変容する。

第５章では、訓読接触による統語機能の模造を考察した。漢文訓読による日本語の統語機能の変容に対して用例調査を行った上で、次の問題点を明らかにした。

①統語機能の模造は統語要素と統語環境の二方面の対応によって模造言語に新たな統語機能が成立する過程である。その本質は接触による文法化であり、動機づけは言語接触である。この過程で模造言語はモデル言語の文法項目や文法範疇の文法化の過程から影響を受け、新たな統語機能が成立するようになる。

②接触による文法化は脱意味化、拡張、脱範疇化という三つの変容要素を持っている。これらの変容要素は言語内部の文法化の要素とは異なる特徴が見られる。

③日本語は類型特徴が漢文とは違うため、訓読上のゆれや不整合を生じ、そのため多様な文法化の類型が見られる。接触による文法化は「単一文法化」と「複合文法化」の二類型に分けられる。その下位類型として、「単一文法化」は「通常文法化」「中途文法化」「再文法化」という三つの類型に分けられる。「複合文法化」は「多元文法化」「多方向文法化」「重複文法化」という三つの類型に分けられる。

④接触による「通常文法化」は他の接触による文法化の類型の基礎である。複合文法化の過程には必ずいくつかの通常文法化の過程が含まれる。中途文法化と再文法化はいずれも通常文法化の延長線にあり、ベクトル変化のような通常文法化の両端に位置する変化である。

接触による「中途文法化」は副次使用形式から主要使用形式への変容である。この過程において、モデル言語における要素の統語機能は一部しか模造言語に模造されず、模造言語に新たな文法範疇や文法標識は成立しない。

接触による「再文法化」は、モデル言語における要素の文法化から影響を受け、模造言語におけるすでに文法化した文法要素が新たな文法機能を獲得する過程である。この過程において、モデル言語の文法化する要素が特定の統語環境に使用される用例があり、この統語環境における要素の機能に感化され、模造言語の文法要素は既存する文法範疇から新たな文法範疇に変容する。

接触による「多元文法化」はモデル言語における複数の要素の文法化から影響を受け文法範疇の成立の過程である。この過程において、モデル言語における複数の文法範疇の文法化の影響によって、模造言語における文法範疇はいくつかの下位機能によって構成され、複数の使用形式から一つの文法範疇に変容する。

接触による「多方向文法化」はモデル言語における文法化の影響によって、模造言語の要素がいくつかの文法範疇に文法化する過程である。この過程において、モデル言語の複数の使用形式は模造言語に模造され、別々に文法化し、モデル言語にいくつかの文法範疇が成立する。

接触による「重複文法化」はモデル言語における複数の文法化の過程から影響を受け、模造言語において複数の文法範疇に文法化する過程である。この過程において、モデル言語にはいくつかの文法範疇が模造言語における一つの使用形式として模造される。この使用形式は、モデル言語における複数の文法範疇の文法化から影響を受け、いくつかの文法範疇に文法化する。

第6章では言語接触による統語構造の模造を考察した。得られた所見を次のようにまとめられる。

①統語構造の模造とは、模造言語の話者がモデル言語のある特定の統語構造を真似て、模造言語における構成要素を利用し、自分の言語に新たな統語構造を造り出す変容である。

②漢文訓読との接触は日本語の「基本語順」までには影響を及ぼさず、「表層的な統語構造」のレベルで変容が起こった。このような統語構造の変化は外的影響が基本語順を置き換える統語構造の「更新」ではなく、「表層的な統語構造」の範疇での語順の「刷新」である。

漢文訓読による日本語の統語構造の変容は一般的に「語用論的な有標」の場合に発生する現象である。「語用論的な有標」の統語構造に変容する動機づけは、特定の構造要素に対する「強調」である。構成要素に対する強調は要素を際立たせるか、よびかけ、感嘆の意味合いをあらわす場合によく起こる現象である。

③言語の「階層構造」に基づいて、言語接触による統語構造の変容は「付加部＋X」と「補部＋主要部」の二つのレベルの線状化規則の変化に分けられる。漢文との接触によって、日本語には「付加部後置」と「主要部前置」の変化が起こり、これは語用論的な有標の意味合いをあらわす。

④また「App+N＞N+App」「Mod+N＞N+Mod」「Comp＋V＞V＋Comp」「Quo＋V＞V＋Quo」の四つの事例を通して漢文訓読による日本語の主要部構造の変容が起こることがわかった。日本語はもともと「主要部末尾型」の統語構造であったが、漢文訓読の影響によって、日本語はそのまま漢文の主要部構造を取り入れて、主要部は同格、連体修飾格、補文節、引用節などの補部の前に前置される変化がある。このような接触による統語構造の変容は日本語の基本語順には及ばず、一種の「語用論的な有標」の構造として成立する。

「NP＋Adj＞Adj＋NP」と「Demo＋NP2＞NP2＋Demo」「Sub+VP＞VP+Sub」の三つの事例を通して漢文訓読による日本語の付加部構造の変容が起こることがわかった。日本語の付加部の統語構造は漢文の無標構造と同じ「付加部＋X」なので、「語用論的な有標」の場合のみ影響される。漢文の有標構造の影響を受け、日本語の付加部名詞は述部形容詞の後に、付加部とした提示語代名詞は指示される名詞の後に移動する。また、節レベルで従属節は主節の後に置かれるようになる。これらの付加部構造の変容によって、付加部は感嘆、強調などの主観的な含意を表している。したがって、語用論的無標の付加部構造は「X＋付加部」に変わり、語用論的な有標の構造に変化する。

7.2 本研究の意義

本研究は、主に以下の点において先行研究とは異なる視点を持ち、研究意義があると考えている。

①言語接触の研究範囲について、これまでの研究では、一般的に直接的な口語接触をはじめとした音声形式の接触が課題とされるが、書記形式のような間接的接触に対してはまだ関心が薄い。本研究の考察を通して、これまでの言語の口語形式にこだわらずに、もっと広い視野の言語接触の遍在性、及び「汎言語接触」の研究意識を提唱し、言語接触の理論の周辺を豊富にすることを期する。

②漢文訓読の位置について、これまでの研究は漢文訓読に対する文体論的解析にとどまっており、言語学の観察が足りないと言える。本研究では、漢文訓読による日本語の変容に対して、言語学の範疇で体系的に把握することを試みた。これまでの言語接触による文法変容の研究に挙げられた事例は一般的に共時的な証拠から推理するしかないが、漢文は解読する文字の記載が一つ一つ残っているので、接触による文法変容のメカニズムを解明するのに重要な研究資料として利用できる。そこで言語接触の理論と方法論から、漢文訓読のような書記形式の言語活動について説明した。

③仏典の訓読資料について、従来の研究ではいずれも漢籍と仏典の訓読資料が同一視されているが、本研究では仏典の渡来及び訓読は漢籍とはまったく別の言語接触の過程であり、日本語に及ぼした影響にはそれぞれ特有の特徴があると提案した。仏典の訓読資料の文法特徴には特色があり、仏典の訓読が日本語に及ぼした影響は漢籍などの資料とは異なる。本論文では言語接触の事実に基づき、仏典の訓読資料の特徴と利用価値を見なおした。

④言語変容について、従来の言語学研究においては、言語は強固なシステムなので、言語変容は外的変化と内的変化に厳格に区別されてきた。しかし本研究では、文法の変容にこのような区別をして一線を引くのは妥当ではないと主張する。漢文との接触による日本語の変容過程において、漢文の文法標識や文法範疇はそのまま日本語に輸入されたのではなく、

形態・構造上日本語の類型特徴に置き換わる「母語化」の過程が確認できる。これに基づき、従来の内的変化と外的変化の他に、外的な影響と内的な変化の相互作用による言語変容形式を提案した。そして、このような言語変容は通言語的な現象で、言語変化の一つの常態的範疇であり、一般的な類型特徴があることを示した。

⑤言語接触による文法変容について、これまでの研究では、外的影響による文法変容を「借用」レベルで括っているが、文法要素を加工せずにそのまま他の言語に取り入れるのではなく、別種の類型特徴に相容れる形式に転移し「母語化」する現象に対しては、合理的な解釈がなかった。本研究では、言語接触によって日本語に取り入れられたのは漢文における文法要素そのものではなく、一種の文法形式の「構成法則」であり、この過程は従来説の「借用」と違い、言語接触による「模造」だと立案した。またこの立案に基づき、言語接触による文法模造の原理・要素・メカニズム・類型などの枠組みをし、言語接触による言語変容の理論体系を拡充した。

⑥言語接触による語構成の変容について、これまでの研究では主に連合的な語構成規則が重視されてきたが、言語接触によって、語彙項目を構成する形態素の間にどのような関連づけがあるのかはまだ十分に検討されていない。本研究では、語構成の規則変容は語彙論レベルの問題だけではなく、形態統語論レベルの問題でもあり、言語の統合的な特徴に関わっていると指摘した。統合的な規則を見ると、形態素構成の規則は一般の統語規則と一致するので、接触による語構成の変容は形態統語の連続的な規則に関わる変化であると主張した。

⑦言語接触による統語機能の変容について、これまでの研究では文法化の動機づけは語用論的推論とされてきたが、本研究では言語接触による文法化の類型を提案した。そして、文法化が起こる対象および変容要素の脱意味化、拡張、脱範疇化はいずれも一般の統語機能変容と違う特徴が見られると指摘し、文法化理論の周辺を豊富にした。

⑧言語接触による統語構造の変容について、これまでの研究では一般的に外的影響による「基本語順」の変容が中心であり、言語の「表層的な統語構造」の特徴と誘因についてはあまり触れていない。本研究では、言語接触による「表層的な統語構造」の変容を考察した上で、統語構造の

変容の条件は「語用論的な有標」であると提案し、この視点から統語構造の構成法則と語用論的な有標性の関連を探った。

7.3 今後の課題

本研究では、漢文訓読が齎した中古日本語の変容を考察して、言語接触による文法の変容という現象に対して体系的に把握することを目的とした。考察方法や資料面の不足から、本研究で明らかにできなかった課題が残されており、本研究の結論を踏まえて、今後に以下の検討が望まれる。

①本研究では中古当時の日本語の変容様相を代表的現象として考察したが、言語接触によって日本語に取り入れられた言語項目が、何の動機づけをもって受容されるのか、また消滅するのかについて明確にできていない。

「変容」と「受容」はもともと異なる言語変化の段階のため、言語接触による変容の通時的全体像を明らかにするためには、次の現象の各特徴を詳しく検討する必要がある。一部の文法項目は日本語の類型特徴に相容れず最終的に消滅するが、もう一部の項目は化石化した形式として日本語に「保存」（retention）されるようになった。外的な影響によって受容された文法項目は、通時的な変容ルートを見ると、日本語の文法範疇の空白を埋める新しい「範疇の増加」(category addition)、もっと表現力や精確さがある文法範疇が固有の形式の代わりに定着する「範疇の取り替え」（category replacement)、輸入された文法項目が固有する文法形式と同じ範疇として「併用」（coexstence）される、その他いくつかの現象があり、全体的に考察する必要がある。したがって、これらの変容の要素を観察し得る中世の訓読と和文の資料群が必要となる。これらの資料の考察を通して、中古の言語事実と比較しながら具体的な変化過程を見通すことができる。

②本研究で立案した言語接触による文法変容の体系によって解釈できない現象も少なからず存在する。これらの現象は言語接触による変容であるのか、そうであるならばどのように認定すればよいのかなど、さらに取り組むべき課題である。

例えば、格助詞標識としてのヲ、名詞化標識のコト、主格標識ガなどの使用状況を見ると、文体によって使用頻度の差異が大きい。これらの項目はもともと日本語に存在していたが、訓読するために返読の訓点として必須となり、使用頻度が増加するようになった。しかし、本研究で提案した文法模造でこれらの項目の使用頻度の変化を説明するのは難しい。このような訓読の表記による文法項目の頻度増加と定着の例は数多く存在しているが、口語接触による文法の一般化（simplification）に比べるとこのような変化は訓点資料に現れた特殊な変容であり、標識の精密化（elaboration）と言える。これらの変化について言語接触による文法変容の範疇でどのように解釈すべきかはまだ検討する余地がある。そして、本研究を通して、言語接触による文法模造の理論体系は一歩を踏み出せたが、今後により多くの例外を示して補説する必要がある。

③本研究では主に言語接触と言語変容の点から漢文訓読及び日本語の変容を考察したが、漢文訓読は一連の社会活動に関わった言語行為なので社会言語学の角度で再把握する可能性がある。

一般的に古代の文字資料に現れた言語からは社会の上層集団が使用した言葉の特徴しか見えず、一般庶民の言語特徴を遡るのは難しい。僧侶と政治集団は長期にわたって日本語の文権を掌握していたので、漢文資料であれ、和文資料であれ、いずれの資料を利用しても庶民言葉の実相はわからない。これに対し、仏典の訓読は貴族の教養に向ける言語活動ではなく、大衆の中に教義を宣揚するために行われた言語活動である。仏典訓読資料の言語特徴はある程度まで一般の庶民の間に流行していた口語である。仏典訓読の資料群を用いて言語学の調査を行う価値として次の三点を挙げたい。まず、古代日本語の庶民言葉の特徴と変化を見出だせる。また、上層集団と一般庶民の社会方言の間の共通点および相違点を分析することができる。そして、口語の歴史変化は一般的に文語よりはやいので、口語が混在される仏典資料を通して古代日本語の変化を観察しやすい。このような言語特徴を考察するためには、より多くの訓読資料を体系的に調査する必要があり、社会言語学の理論成果も必要となる。

附 表

表 4.1 訓読資料における「手段－結果」複合動詞の用例

漢文表記	前項訓読	後項訓読	出自
盛満	もる	みつ	金光明
断尽	たつ	つくす	金光明
増長	ふやす	ながからむ	金光明
除滅	じょす	ほろぶ	金光明
教作	をしへる	つくる	金光明
飲酔	のむ	よふ	金光明
裂壊	さく	こわれる	法師伝
量准	はからふ	なぞふ	法師伝
誘開	こしらふ	ひらく	法師伝
免脱	まぬかれる	のがる	法師伝
迷失	まよふ	うしなふ	法師伝
盈積	みちる	つむ	法師伝
剖析	さく	わかる	法師伝
放還	はなつ	かえる	法師伝
訪獲	とふ	うる	法師伝
分留	わかつ	とどめる	法師伝
覆没	くつがへる	なくす	法師伝
慙服	はづ	ふくす	法師伝
登越	のぼる	こえる	法師伝
馴伏	なれる	ふす	法師伝
透出	つばくむ	いづ	法師伝
凍死	こおる	しぬ	法師伝
停住	とまる	すむ	法師伝
殄喪	つく	ほろぶ	法師伝
逃散	のがる	あがる	法師伝
逃散	にげる	ちる	法師伝
逐出	おふ	いづ	法師伝
退還	しりぞく	かえる	法師伝

（続表）

漢文表記	前項訓読	後項訓読	出自
送出	おくる	いづ	法師伝
送着	おくる	つく	法師伝
痊除	いえる	のぞこる	法師伝
澄満	すむ	みつ	法師伝
就停	つく	とまふ	法師伝
殺除	ころす	のぞこる	法師伝
採乾	とる	ひる	法師伝
毀卻	やる	すでる	法師伝
傾動	かたむく	うごく	法師伝
傾墮	かたむく	おちる	法師伝
摧毀	くだく	やぶる	法師伝
摧落	くだく	おちる	法師伝
摧制	くだく	せいする	法師伝
究通	きわめ	とほる	法師伝
切割	きる	わく	法師伝
窮尽	きわめる	つく	法師伝
寄止	やどる	とどまる	法師伝
移就	うつす	つく	法師伝
斬毀	きる	やぶる	威儀経
誤失	あやまつ	うしなふ	威儀経
尅傷	きる	やぶる	威儀経
破裂	わる	さく	太子
破裂	われる	さく	太子
拂去	はらふ	さる	太子
発去	いづ	ゆく	太子
遣去	おふ	やる	太子
摧裂	くだく	さく	太子
去遠	ゆく	とほざかる	太子
驚起	おどろく	いづ	太子
壊散	やぶる	ちる	太子
折傷	をる	そこなふ	太子
依止	よる	とどまる	太子
潜隠	かくれ	こもる	西域記
崩墜	くずれ	おちる	西域記
発動	やむ	おこる	西域記

（続表）

漢文表記	前項訓読	後項訓読	出自
損傷	そこなふ	いたむ	西域記
震動	ふるふ	うごく	西域記
招集	まぬく	あつむ	西域記
召集	めす	あつむ	西域記
失墜	うしなふ	おちる	西域記
毀壊	そこなふ	こわる	西域記
摧毀	くだき	やぶる	西域記
驚走	おどろき	はしる	西域記
毀滅	そこなふ	ほろぶ	西域記
抉去	くじる	さる	西域記
亘窮	わたる	きわむ	地藏
備足	そなわり	たる	地藏
調和	ととのへる	あふ	地藏
召集	しめす	あつむ	地藏
拷楚	かかへ	いたむ	地藏
盛盈	もる	みつ	諷誦文
投棄	なげる	うつ	諷誦文
振裂	ふるふ	さく	諷誦文
尽失	つく	うしなふ	諷誦文
下徹	くだす	とほる	諷誦文
残留	のこる	とどまる	諷誦文
毀壊	こぼれる	やぶる	諷誦文
折碎	おる	くだく	諷誦文

表 4.2　中古の和文文献における「手段－結果」複合動詞の用例

漢文表記	前項訓読	後項訓読	出自
飢死	うえ	しぬ	今昔
餓死	かつえ	しぬ	宝物
倒死	たおれ	しぬ	今昔、好忠
干死	ひ	しぬ	宝物
惑死	まどい	しぬ	三宝
焼死	やけ	しぬ	今昔
病死	やみ	しぬ	竹取、今昔

（続表）

漢文表記	前項訓読	後項訓読	出自
酔死	えい	しぬ	今昔
打落	うち	おつ	今昔
生落	うまれ	おつ	宇津保
崩落	くづれ	おつ	宇津保、後撰
萎落	しぼみ	おつ	今昔
散落	ちり	おつ	今昔、宇津保
轟落	とどろき	おつ	栄花
抜落	ぬけ	おつ	今昔
脱落	ぬげ	おつ	今昔
転落	まろび	おつ	今昔、三宝、源氏
飛落	とび	おつ	今昔、法華
踊落	おどり	おつ	今昔、古本
射切	い	きる	今昔
打切	うち	きる	枕、今昔、宝物
押切	おし	きる	蜻蛉、枕、今昔、寝覚、とり
掻切	かき	きる	今昔
食切	くい	きる	今昔、宝物、打聞
差切	さし	きる	今昔、打聞
吹切	ふき	きる	今昔
引切	ひき	きる	今昔、宝物、寝覚、古本
張切	はり	きる	和泉集詞
食切	はみ	きる	今昔
挟切	はさみ	きる	今昔
摘切	つみ	きる	今昔
裁切	たち	きる	宇津保、古今
定切	さだめ	きる	枕、今昔
打砕	うち	くだく	今昔
押砕	おし	くだく	今昔
折砕	おり	くだく	今昔
切砕	きり	くだく	今昔、蜻蛉
割砕	さき	くだく	今昔、三宝、法華
摑砕	つかみ	くだく	今昔
縒砕	より	くだく	拾遺
打破	うち	やぶる	今昔、宇津保
食破	うい	やぶる	今昔

（続表）

漢文表記	前項訓読	後項訓読	出自
押破	おし	やぶる	今昔
蹴破	け	やぶる	今昔
差破	さし	やぶる	今昔
叩破	たたき	やぶる	今昔
摑破	つかみ	やぶる	今昔
引破	ひき	やぶる	今昔、源氏
吹破	ふき	やぶる	拾遺
踏破	ふみ	やぶる	今昔、打聞
穿破	うがち	やぶる	今昔
朽破	くち	やぶる	古本
崩破	くづれ	やぶる	今昔
乱破	みだれ	やぶる	今昔
破破	やぶれ	やぶる	今昔
割破	われ	やぶる	三宝
打毀	うつ	こほつ	枕
押毀	おす	こほつ	落窪
切毀	きる	こほつ	今昔
引毀	ひく	こほつ	源氏
踏毀	ふむ	こほつ	狭衣、今昔
焼毀	やく	こほつ	今鏡
破毀	やぶる	こほつ	今昔

表 4.3 和文文献における「手段－結果」複合動詞の出現数

作品名	出現数
今昔	47
宝物	5
宇津保	5
三宝	4
枕	4
打聞	3
古本	3
源氏	3
法華	2

（続表）

作品名	出現数
寝覚	2
蜻蛉	2
拾遺	2

表 4.4 上代資料における「並列」と「動作連続」の複合動詞

資料名	「並列」複合動詞の出現数	「動作連続」複合動詞の出現数	資料の複合動詞総数	比率
万葉集	104	14	1035	10.0%：1.4%
記紀歌謡	6	1	103	5.8%：1.0%
続紀宣命	27	30	160	16.9%：18.6%

表 4.5 訓読資料における「並列」複合動詞の用例

漢文表記	前項訓読	後項訓読	出自
昇上	あがる	のぼる	金光明
欺誑	あざむく	たぶろかす	金光明
洗濯	あらふ	すすぐ	金光明
冶錬	うつ	ねやす	金光明
親穆	うるはしぶ	むつぶ	金光明
擇取	えらぶ	とる	金光明
銷錬	けつ	ねやす	金光明
持照	じする	しょうする	金光明
遵敬	したがふ	うやまふ	金光明
示教	しめす	をしへる	金光明
了知	しらす	しらす	金光明
知識	しらす	しるす	金光明
知見	しらす	みせる	金光明
摂持	せっす	じする	金光明
罵辱	そしる	かずかしむ	金光明
乖違	そむく	たがふ	金光明

（続表）

漢文表記	前項訓読	後項訓読	出自
漂泛	ただよふ	うかべる	金光明
堪忍	たへる	しのぶ	金光明
恭敬	つつしむ	うやまふ	金光明
願求	ねがふ	もとめる	金光明
宣説	のべる	とく	金光明
講説	のべる	とく	金光明
演説	のべる	とく	金光明
策勤	はげみ	つとめる	金光明
晃耀	ひかる	かがやく	金光明
熔銷	ひたふ	けす	金光明
披著	ひらく	きる	金光明
羸痩	みつる	やせる	金光明
分離	わかれ	はなれる	金光明
教示	をしへる	しめす	金光明
覚知	をぼす	しらす	金光明
愛尚	あいす	たふとぶ	三蔵
聚積	あつまる	つむ	三蔵
危困	あやうく	くるしむ	三蔵
致使	いたす	せしむ	三蔵
出入	いづ	いる	三蔵
営建	いとなむ	たつ	三蔵
貿易	うる	かふ	三蔵
簡募	えらぶ	つのる	三蔵
拜臨	おがむ	のぞむ	三蔵
憤懣	おこる	いかる	三蔵
驚慚	おどろき	はじる	三蔵
驚懼	おどろく	おぢる	三蔵
驚愕	おどろく	おどろく	三蔵
逐尋	おふ	たずねる	三蔵
想望	おもふ	のぞむ	三蔵
帰還	かえる	かえる	三蔵
重覆	かさねる	おほふ	三蔵
劫奪	かすむ	うばはれる	三蔵
包挫	かね	くだく	三蔵
芟夷	かる	たひらぐる	三蔵

（続表）

漢文表記	前項訓読	後項訓読	出自
聞承	きく	うけたまわる	三蔵
窮迫	きわむ	せまる	三蔵
窮極	きわむ	きわむ	三蔵
跋履	こえる	ふむ	三蔵
逾涉	こえる	わたる	三蔵
裁抑	ことはる	をさへる	三蔵
怖畏	こわる	おそる	三蔵
叫歌	さけぶ	うたふ	三蔵
候望	さぶらい	のぞむ	三蔵
邀請	さへぎる	こふ	三蔵
慕楽	したう	ねがふ	三蔵
信慕	しんじる	したふ	三蔵
抄寫	すく	うつす	三蔵
備陳	そなへる	つらねる	三蔵
尋訪	たずねる	とふ	三蔵
尋逐	たずねる	おふ	三蔵
尋省	たずねる	かへりみる	三蔵
匡振	ただす	すくふ	三蔵
携負	たつさく	おふ	三蔵
携負	たつさく	おふ	三蔵
憑恃	たのむ	たのむ	三蔵
恃仰	たのむ	あおぐ	三蔵
営構	つくる	かまふ	三蔵
爛眩	てらす	かがやく	三蔵
遵求	とうとい	もとむ	三蔵
停絶	とどまる	たえる	三蔵
詢問	とふ	とふ	三蔵
詢求	とふ	もとむ	三蔵
詢採	とふ	さがす	三蔵
宗重	とほとす	おもむす	三蔵
停留	とまる	とどまる	三蔵
執守	とりす	まもる	三蔵
鳴吼	なく	ほゆ	三蔵
擔携	になふ	たださはる	三蔵
担運	になふ	はこぶ	三蔵

（続表）

漢文表記	前項訓読	後項訓読	出自
宣示	のべる	しめす	三蔵
登履	のぼる	ふむ	三蔵
上発	のぼる	あがる	三蔵
励勉	はげまし	つとむ	三蔵
引示	ひく	しめす	三蔵
俯僂	ふす	かがむ	三蔵
奮衝	ふるふ	つく	三蔵
掘挽	ほる	ひかす	三蔵
錯綜	まじへる	ふさねる	三蔵
舞躍	まふ	ほどる	三蔵
研究	みがく	きわむ	三蔵
哽泣	むやふ	なく	三蔵
啟申	もうし	のべる	三蔵
求請	もとむ	こふ	三蔵
攀緣	よじる	たぐる	三蔵
抖擻	あげる	ふるふ	沙彌
洗澡	あらふ	あらふ	沙彌
洗澡	あらふ	すすぐ	沙彌
傷害	いたむ	くるしむ	沙彌
言調	いふ	もてあそぶ	沙彌
言談	いふ	かたる	沙彌
受取	うく	とる	沙彌
壟掘	くずす	ほる	沙彌
裁割	たつ	きる	沙彌
拂拭	はらふ	のごふ	沙彌
開知	ひらく	しる	沙彌
乾決	ほす	さくる	沙彌
瞻覩	まばる	みる	沙彌
感謝哀	いたむ	かなしぶ	太子
出入	いづ	いりす	太子
憂苦	うれふ	くるしぶ	太子
驕楽	おごる	たのしぶ	太子
驚怖	おどろく	おづ	太子
装飾	かざる	おく	太子
悲愴	かなしぶ	いたむ	太子

（続表）

漢文表記	前項訓読	後項訓読	出自
顧視	かへる	みる	太子
乞求	こふ	もとむ	太子
澆灌	こぶる	ながる	太子
指示	さす	しめす	太子
識知	さとる	しる	太子
縛繫	しばる	つなぐ	太子
保守	たもつ	まもる	太子
解放	とく	はなつ	太子
問索	とふ	もとむ	太子
拘閉	とらへる	をさむ	太子
望待	のぞむ	まつ	太子
開解	はれる	とく	太子
迷荒	まどふ	ほる	太子
哽咽	むやぶ	むやぶ	太子
依附	よる	つかまつる	太子
依托	よる	たのむ	太子
跳踉	をどる	あがる	太子
開発	あける	ひらく	大唐
宣語	かまびすく	かたる	大唐
挙俯	あげる	ふす	大唐
祈請	いのる	うけあふ	大唐
崇重	うやまふ	たふとぶ	大唐
浸漬	うるおふ	あはたす	大唐
選募	えらぶ	つのる	大唐
推尊	おす	たふとぶ	大唐
驚駭	おどろき	おどろく	大唐
驚慴	おどろく	おぢる	大唐
追逐	おふ	すてる	大唐
覚知	おぼへる	しる	大唐
謀計	おもはる	はかる	大唐
驅逐	かかる	おう	大唐
畫畫	かく	さかふ	大唐
買鬻	かふ	ひさぐ	大唐
剪剃	きる	そる	大唐
究察	きわめる	さっする	大唐

（続表）

漢文表記	前項訓読	後項訓読	出自
逾勝	こえる	まさる	大唐
沈研	さとる	みがく	大唐
攻伐	せめる	うつ	大唐
攻劫	せめる	をびやかす	大唐
詭詐	たはる	いつはる	大唐
崇敬	たふとぶ	うやまふ	大唐
顛仆	たふる	ふす	大唐
怯懦	つたなふ	わろくす	大唐
緘封	つつみ	かためる	大唐
輻湊	つどふ	あつまる	大唐
貫徹	つらぬく	とほす	大唐
整粛	ととのへ	つづましめ	大唐
禁御	とどめる	をさめる	大唐
慰問	とふ	らふす	大唐
載負	のせる	おふ	大唐
陳告	のべる	つぐ	大唐
喰食	はむ	くふ	大唐
排掘	はらふ	ほる	大唐
瀰漫	ひろげる	ほどこす	大唐
躡蹬	ふむ	のぼる	大唐
震慴	ふるふ	おぢる	大唐
震吼	ふるへる	ほえる	大唐
彫刻	ほる	きざむ	大唐
酬対	むくいる	むかへる	大唐
恵施	めぐむ	ほどこす	大唐
召命	めす	めいずる	大唐
饋遺	やしなふ	おくる	大唐
攀援	よぢる	とらへる	大唐
欺凌	あざむく	しのぐ	地藏
教説	おしへる	とく	地藏
教習	おしへる	ならはしめる	地藏
悚懼	おぢ	おそる	地藏
追逐	おふ	しく	地藏
枯涸	からす	かれる	地藏
超度	こえる	わたす	地藏

（続表）

漢文表記	前項訓読	後項訓読	出自
茂実	しげり	みのる	地藏
誣謌	しふ	とらへかす	地藏
薦推	すすめる	はかる	地藏
賑恤	たまふ	めだむ	地藏
恭敬	つつしむ	うやまふ	地藏
営務	つとめ	いたはる	地藏
流振	ながれる	ふるふ	地藏
始畢	はじめ	をはる	地藏
免離	まぬかれる	はなれる	地藏
盛貯	もる	たくはふる	地藏
往來	ゆく	くる（きりて）	地藏
侵害	をかす	やぶる	地藏
仰臨	あおぐ	のぞむ	諷誦文
飽足	あく	たる	諷誦文
明晦	あける	くるる	諷誦文
聚集	あつまる	つどふ	諷誦文
妄欺	いつはる	あざむく	諷誦文
浮游	うかぶ	あそぶ	諷誦文
受収	うける	をさめる	諷誦文
遷改	うつろふ	あらたまる	諷誦文
修習	おこなふ	ならふ	諷誦文
驚畏	おどろく	おそれる	諷誦文
荘厳	かざる	しつる	諷誦文
乞誓	こふ	のめる	諷誦文
乞祈	こふ	のめる	諷誦文
備儲	そなへる	まうける	諷誦文
助済	たすける	すくう	諷誦文
束収	たばねる	おさめる	諷誦文
費衰	ついへる	おとろへる	諷誦文
仕奉	つかへる	まつる	諷誦文
造設	つくる	もうく	諷誦文
作飾	つくろふ	かざる	諷誦文
敬唯	つつしむ	おもひみる	諷誦文
恭敬	つつしむ	うやまふ	諷誦文
謹敬	つつしむ	うやまふ	諷誦文

（続表）

漢文表記	前項訓読	後項訓読	出自
摩触	なでる	ふる	諷誦文
撫育	なでる	やしなふ	諷誦文
濁穢	にごる	けがす	諷誦文
曳蒙	ひく	かづく	諷誦文
曲諂	まがる	へつらふ	諷誦文
昏迷	まどふ	まよふ	諷誦文
守扶	まぼる	たすく	諷誦文
充塞	みつ	ふたがる	諷誦文
見聞	みる	きく	諷誦文
悶迷	もだへる	まよふ	諷誦文
往来	ゆく	きする	諷誦文

考 察 資 料

1. 日本語歴史コーパス（CHJ）. http://www.ninjal.ac.jp/corpus_center/chj/ ：国立国語研究所. 原典 ：*新編日本古典文学全集*（平安部分）（小学館：1994-1997）.

2. 大系本文データベース（旧日本古典文学本文データベース）. https://base3.nijl.ac.jp/ ：国文学資料館. 原典：*日本古典文学大系*（岩波書店：1957-1969）.

3. The Oxford Corpus of Old Japanese（OCOJ）. http://vsarpj.orinst.ox.ac.uk/corpus/ ： オックスフォード大学日本語研究センター.原点：説明なし.

4. 古記録フルテキストデータベース. http://wwwap.hi.u-tokyo.ac.jp/ships/shipscontroller : 東京大學史料編纂所. 原典: *大日本古記録*(岩波書店: 1952).

5. 佛教藏經目録數位資料庫（CBETA 漢文大藏經）. http://www.cbeta.org/index.htm :中華電子佛典協會. 原典：*大正新修大藏經*（大藏出版株式會社：1988）.

6. 北京大学古代漢語語料庫（CCL）. http://ccl.pku.edu.cn/ : 北京大学漢語語言学研究中心. 原典：説明なし.

7. 古漢語語料庫. http://hanji.sinica.edu.tw/ ： 臺灣中央研究院歴史語言研究所. 原典：説明なし.

8. 訓点資料相関

「西大寺本金光明最勝王経古点」：春日政治. 1985. *西大寺本金光明最勝王経古点の国語学的研究・資料編* ：勉誠社.

「東大寺図書館蔵本地蔵十輪経元慶七年点」「石山寺蔵本法華経玄賛淳祐古点」「石山寺蔵本法華経義疏長保四年点」: 中田祝夫. 1979. *古点本の国語学的研究・訳文篇* ：勉誠社.

「石山寺蔵沙弥十戒威儀経角筆点」：小林芳規. 1987. *角筆文献の国語学的研究・影印資料篇* ：汲古書院.

「天理大学図書館蔵・国立京都博物館蔵南海寄帰内法伝古点」「竜光院蔵本妙法蓮華経古点」: 大坪併治. 1968. *訓点資料の研究* ：風間書房.

「興福寺本大慈恩寺三蔵法師伝古点」：築島裕. 1965. *興福寺本大慈恩寺三蔵法師傳古點の国語学的研究・資料篇*：東京大学出版会.

「聖語蔵御本成実論天長五年点」：鈴木一男. 1966. 成実論巻二十三天長五年点訳文稿. *南都仏教* 18: 36-51; 鈴木一男.1956. 聖語蔵御本成実論巻十八天長五年点について.*奈良学芸大学紀要*（5）1:23-36; 鈴木一男. 1956. 聖語蔵御本成実論巻十一天長五年点訳文稿. *書陵部紀要* 6: 1-18; 鈴木一男. 1955. 聖語蔵印本成実論巻十三天長五年点訳文稿. *奈良学芸大学紀要*（4）1: 67-78; 鈴木一男. 1957. 成実論巻二十二天長五年点. *書陵部紀要* 8:19-39 .

参 考 文 献

日文文献

（五十音順）

青木博史. 2007. *日本語の構造変化と文法化*：ひつじ書房.

青木博史. 2010. 名詞の機能語化—形式名詞を中心に. *日本語学* 11: 40-47.

青木博史. 2010. *語形成から見た日本語文法史*：ひつじ書房.

青木博史. 2011. *日本語文法の歴史と変化*：くろしお出版.

青木博史. 2012. 異言語接触と日本語文法史. *文献探究* 50: 86-72.

青木毅. 2004. 『今昔物語集』における副詞「イマダ」の性格について. *国文学攷* 182: 11-25.

青木毅. 2006. 『水鏡』における複合動詞の諸相—文体分析のための基礎的調査として. *国文学攷* 190: 1-13.

秋山淳. 1998. 語彙概念構造と動補複合動詞. *中国語学 245*: 32-41.

阿部裕. 2011. 上代日本語の動詞連接「トリ-」について-複合動詞の存否を中心に-. *名古屋言語研究* 5: 1-14.

天川豊子. 2000. 英語の軽動詞構文について. *言語研究* 118: 29-54.

安藤正次. 1936. *国語史序説*：刀江書院.

石井正彦. 1988. 辞書に載る複合動詞・載らない複合動詞. *日本語学* 7: 33-43.

石垣謙二. 1955. *助詞の歴史的研究*：岩波書店.

泉井久之助. 1953. 劉向「説苑」巻第一の越歌について. *言語研究* 22: 41-45.

板橋義三. 1999. 混成言語と日本語の形成過程. *比較社会文化：九州大学大学院比較社会文化研究科紀要* 5 : 41-55.

井手至. 1955. 文脈指示語に対する漢文訓読の影響. *国語学* 22: 71-78.

乾善彦. 2010. 日本語と中国語の接触がもたらしたもの. *日本語学* 14: 45-54.

井上和子. 2009. *生成文法と日本語研究-「文法」と「談話」の接点-*: 大修館書店.

井上展子. 1962. 動詞の接辞化—万葉の「行く」と「来」. *万葉* : 27-37.

今成元昭. 1974. 徒然草の源泉-仏典-. *徒然草講座* :有精堂. 175-183.

牛島徳次. 1989. *日本における中国語文法研究史*：東方書店.

于日平. 2009. 日本語史における漢文訓読の役割-漢語の「為」と日本語の「ため」について-. *言語と文化* 22: 1-21.

遠藤嘉基. 1952. *訓点資料と訓点語の研究*：京都大学文学部国語学国文学研究室.

王怡人. 2005. 現代中国語の結果複合動詞形成 -語彙的事象構造の立場から-. *現代社会文化研究* 32: 177-194.

太田辰夫. 1981. *中国語歴史文法*：朋友書店.

太田辰夫. 1984. *古典中国語文法*. 改訂版：汲古書院.

太田辰夫. 1988. *中国語史通考*：白帝社.

大坪併治. 1981. *平安時代における訓点語の文法*：風間書房.

大坪併治. 1992. *訓点語の研究*. 改訂: 風間書房.

大坪併治. 1994. *国語史論集*：風間書房.

大堀壽夫. 2002. *認知言語学*：東京大学出版会.

大堀壽夫. 2005. 日本語の文法化研究にあたって：概観と理論的課題. *日本語の研究* 3: 1-17.

岡田袈裟男. 2006. 異言語接触と江戸言語学. *国語と国文学* 3: 1-13.

岡野幸夫. 1996. 平安・鎌倉時代の和文における「はつ(果)」「をはる(終)」の意味用法-補助動詞的な複合動詞後項の意味用法の通時的研究のために-. *国文学攷* : 1-19.

岡野幸夫. 2001. 『和泉式部日記』の複合動詞. *鳥取短期大学研究紀要* 43: 131-140.

影山太郎. 1993. *文法と語形成* : ひつじ書房.

影山太郎, 由本陽子, 中右実. 1997. *語形成と概念構造* : 研究社出版.

影山太郎. 2004. 英語結果構文と日本語結果複合動詞における force dynamics. *人文論究* 1: 26-40.

影山太郎, 岸本秀樹. 2004. *日本語の分析と言語類型 : 柴谷方良教授還暦記念論文集* : くろしお出版.

影山太郎. 2010. 複合語のタイポロジーと日本語の特質 : 「日本語は特殊でない」というけれど. *国語研プロジェクトレビュー* : 5-27.

春日政治. 1956. *古訓点の研究* : 風間書房.

春日政治. 1985. *西大寺本金光明最勝王經古点の国語学的研究* : 勉誠社.

加野まきみ. 2004. 言語接触のダイナミクス - 借用語の英語化過程と既存語彙に与える影響- . *文化女子大学室蘭短期大学研究紀要* 28, *54-70*.

亀井孝. 1984. *音韻* : 吉川弘文館.

河上誓作. 1996. *認知言語学の基礎* : 研究社.

川澄哲也. 2003. 元代の「擬蒙漢語」と現代の青海・甘粛方言. *京都大学言語学研究* 22: 301-324.

川端善明, 尾上圭介. 1982. *文法史* : 明治書院.

辛嶋静志. 2006. 漢訳仏典の言語の研究. *創価大学国際仏教学高等研究所年報* 10: 445-460.

辛島美絵. 1991. 古文書における「る・らる (被)」の特色. *語文研究* 71: 1-17.

辛島美絵. 1993. 「る・らる」 の尊敬用法の発生と展開: 古文書他の用例から. *国語学* 172: 1-14, 61.

簡月真. 2002. 台湾における言語接触. *社会言語科学* 2: 3-20.

簡月真. 2010. 旧植民地の日本語 : 台湾日本語の諸相. *日本語学* 6: 42-57.

簡月真, 真田信治. 2011. 台湾の宜蘭クレオールにおける否定辞-「ナイ」と「ン」の変容をめぐって-. *言語研究* 140: 73-87.

菊田千春. 文法化としてのトコロ関係節の成立 : 主要部内在型関係節との比較からみえるもの. *同志社大学英語英文学研究 84*:71 -106.

京極興一, 松井栄一. 1973. 接続詞の変遷. *品詞別日本文法講座 : 品詞論の周辺* : 明治書院. 89-136.

金水敏. 1991. 受動文の歴史についての一考察. *国語学* 114: 1-14.

金水敏, 高山善行, 衣畑智秀, 岡崎友子. 2011. *文法史* : 岩波書店.

金田一春彦. 1953. 国語アクセント史の研究が何に役立つか. *金田一博士古稀記念言語民俗論叢』 三省堂.*

金田一春彦, 林大, 柴田武. 1988. *日本語百科大事典* : 大修館書店.

金文京. 1988. 漢字文化圏の訓読現象. *和漢比較文学研究の諸問題, 和漢比較文学叢書第八巻* : 汲古書院. 175-204.

金文京. 2010. *漢文と東アジア : 訓読の文化圏* : 岩波書店.

工藤力男. 1999. *日本語史の諸相 : 工藤力男論考選* : 汲古書院.

栗林裕. 2010. *チュルク語南西グループの構造と記述 :トルコ語の語形成と周辺言語の言語接触* : くろしお出版.

小島聡子. 2001. 平安時代の複合動詞. *日本語学* 9: 71-78.

小林幸江. 1996. 「同格」をめぐって. *東京外国語大学留学生日本語教育センター論集* 22: 1-13.

小林芳規.1954.　漢文訓読史上の一問題. *国語学* 16: 47-64.

小林芳規. 1964. 万葉集における漢文訓読語の影響. *国語学* 58 : 23-47.

小林芳規. 1967. *平安鎌倉時代に於ける漢籍訓読の国語史的研究* : 東京大学出版会.

小林芳規. 2012. *中期訓読語體系* : 汲古書院.

小林芳規. 2012. *初期訓読語體系* : 汲古書院.

小林芳規. 1987. *角筆文獻の国語学的研究* : 汲古書院.

小林芳規. 2013. *後期訓読語體系* : 汲古書院.

近藤明. 2013. 形容詞系難易表現の史的変遷をめぐって. *金沢大学人間社会学域学校教育学類紀要* 5: 96-86.

佐伯梅友博士古稀記念国語学論集刊行会. 1969. *国語学論集* : 表現社.

斎藤倫明, 石井正彦. 1997. *語構成* : ひつじ書房.

佐伯哲夫. 1976. *語順と文法* : 関西大学出版広報部.

佐伯哲夫. 1998. *要説日本文の語順* : くろしお出版.

阪倉篤義. 1966. *語構成の研究* : 角川書店.

阪倉篤義. 1971. *語彙史* : 大修館書店.

阪倉篤義. 1977. *日本語の歴史* : 大修館書店.

崎山理. 2010. 日本語の形成過程と言語接触. *日本語学* 14: 18-31.

佐久間鼎. 1951. *現代日本語の表現と語法* : 恆星社厚生閣.

桜井隆. 2012. 満州ピジン中国語と協和語. *明海日本語* 24: 1-15.

佐藤喜代治. 1979. *日本の漢語 -その源流と変遷 -* : 角川書店.

佐藤喜代治. 1982. *古代の語彙* : 明治書院.

佐藤武義. 1967. 漢文訓読語の国語の文章に対する影響-「クシテ」と「クテ」

との比較を中心に-. *国語学* 68 : 59-68.

ジスク, マシュー. 2013. 日本語における漢字・漢文を媒介とした言語借用モデルの構築. *日本語学会 2013 年度秋季大会予稿集* : *日本語学会*.

ジスク, マシュー. 2013. 言語借用における漢文訓読と定訓の位置づけ. *日本歴史言語学会第三回大会予稿* : 日本歴史言語学会.

志村良治. 1984. *中国中世語法史研究* : 三冬社.

庄垣内正弘. 2003. 文献研究と言語学—ウイグル語における漢字音の再構と漢文訓読の可能性. *言語研究* 124: 1-36.

鈴木一男. 1954. 返読字の成立について-漢文訓読史研究の一-. *奈良学芸大学紀要* 3: 95-108.

鈴木一彦, 林巨樹. 1972. *品詞別日本文法講座* : 明治書院.

鈴木直治. 1975. *中国語と漢文-訓読の原則と漢語の特徴-* : 光生館.

鈴木浩. 2008. 「同格」考-「太刀のをかしき」型名詞連結体の文法論的定位-. *実践女子短期大学紀要* 29: 81-93.

関一雄. 1977. *国語複合動詞の研究* : 笠間書院.

関一雄. 1999. 平安時代和文語と中世王朝物語用語の一側面-「ぶ・む」動詞と「がる」動詞の場合-. *日本文学研究* 34: 135-143.

瀬間正之. 1992. 古事記助詞用法の一端 :「所 V 之 N」「此之」「～自」を中心に: *記紀論集* : 続群書類従完成会. 281-297.

副島健作. 2003. 現代日本語の後置詞について. *琉球大学欧米文化論集* 47: 53-72.

高木宗監. 1992. 仏典をどのように取り入れているか. *語り・表現・ことば -源氏物語講座 6-*: 勉誠出版. 185-200.

高山倫明. 2012. *日本語音韻史の研究* : ひつじ書房.

田窪行則. 2010. *日本語の構造 -推論と知識管理-* : くろしお出版.

竹沢幸一, John Whitman. 1998. *格と語順と統語構造*：研究社出版.

築島裕. 1964. *国語学*：東京大学出版会.

築島裕. 1965. *平安時代の漢文訓読語につきての研究*：東京大学出版会.

築島裕. 1965. *興福寺本大慈恩寺三蔵法師伝古点の国語学的研究*：東京大学出版会.

築島裕. 1969. *平安時代語新論*：東京大学出版会.

張婭娜. 2004. *『日本書紀』における漢字漢文の研究*：東海大学出版会.

陳劼懌. 2009. 結果複合動詞の語形成の意味条件と生産性. *言語科学論集* 13: 83-94.

陳劼懌. 2011. 語彙的複合動詞における語形成の連続性. *国語学研究*：57-71.

陳劼懌. 2012. 語彙的複合動詞と統語的複合動詞の連続性について-再試行を表す「~直す」を対象として-. *国語学研究* 51: 64-78.

陳君慧. 2005. 文法化と借用-日本語における動詞の中止形を含んだ後置詞を例に-. *日本語の研究* 3: 123-138.

陳麗君. 2011. 言語接触による言語変化と文法化現象の一例-台湾中国語"有"構文の分析を中心に-. *山形大学大学院社会文化システム研究科紀要* 8: 103-116.

月本雅幸, 藤井俊博, 肥爪周二. 2010. *古典語研究の焦点*：武蔵野書院.

辻幸夫. 2002. *認知言語学キーワード事典*：研究社.

角田太作. 2005. *世界の言語と日本語：言語類型論から見た日本語*：くろしお出版.

津之地直一. 1964. 上代語に於ける数詞・助数詞の攷-付万葉集の漢数字の訓法-. *愛知大学文学論叢* 26: 1-26.

東辻保和. 1980. 平安時代の複合動詞後項について. *国語教育研究* 26: 361-373.

東辻保和, 岡野幸夫, 土居裕美子, 橋村勝明. 2003. *平安時代複合動詞索引* : 清文堂出版.

徳本文. 2009. 上代の複合動詞 : 前項と後項の意味関係から. *立教大学日本文学* 102 : 114-124.

冨樫純一. 1998. 従属節の後置. *筑波日本語研究* 3: 18-32.

中里理子. 1994. 「ところ」の接続助詞的用法について. *学校法人佐藤栄学園埼玉短期大学研究紀要* : 141-149.

中里理子. 1995. 「ところ」の接続助詞的用法の発達過程について-中古～中世前半-. *学校法人佐藤栄学園埼玉短期大学研究紀要* : 128-120.

中田祝夫. 1979. *古点本の国語学的研究* : 勉誠社.

中村春作, 市来津由彦, 田尻祐一郎, 前田勉. 2008. *東アジア漢文世界と日本語* : 勉誠出版.

中村文子. 2006. 「今昔物語集」の「恩」について-依拠文献との関わりを中心に-. *人間文化研究* : 94-84.

中村幸弘, 杉本完治. 2012. *漢文文型訓読の語法* : 新典社.

ナロック, ハイコ. 2005. 日本語の文法化の形態論的側面. *日本語の研究* 3: 108-122.

西田太一郎. 1980. *漢文の語法* : 角川書店.

西光義弘. 1990. 言語接触のタイプ. *言語研究* 98: 1-26.

西光義弘. 1998. 言語の発生と進化および多様性. *神戸言語学論叢* 1: 50-71.

西光義弘. 2009. 言語接触の偏在性. *神戸言語学論叢* 6: 32-43.

西山猛. 1989. 上古漢語における指示詞の認識構造. *中国語学* 236: 42-52.

仁田義雄. 1980. *語彙論的統語論* : 明治書院.

沼本克明. 1986. *日本漢字音の歴史* : 東京堂出版.

野田尚史. 2006. 語の順序・成分の順序・文の順序 -順序の自由度と順序の動機-. *日本語文法の新地平1：形態・叙述内容編* :くろしお出版. 179-199.

三浦和雄. 1974. "徒然草の言語-用字法・語・語句-." *徒然草講座* :有精堂. 45-57.

三保忠夫. 1998. 延喜式における助数詞について. *島根大学教育学部紀要.人文・社会科学* : 17-46.

三保忠夫. 2001. 『正倉院文書』における助数詞研究. *国語学* 1: 87.

三矢重松. 1925. *古事記に於ける特殊なる訓法の研究* : 文学社.

橋本四郎. 1966. 古代語の指示体系-上代を中心に-. *国語国文* 6: 329-341.

長谷川清喜. 1967. 続日本紀「宣命」に見える連体修飾句の構造の変遷について. *語学文学* 5 : 1-4.

蜂矢真郷. 2005. *文献に現れた述語形式と国語史の不整合性について* : 2003—2004 年度研究費補助金研究成果報告書.

日野資成. 2001. *形式語の研究 :文法化の理論と応用* : 九州大学出版会.

藤井洋子. 1991. 日本語文における語順の逆転 : 談話語用論的視点からの分析. *言語研究* 99: 58-81.

藤井俊博. 1989. 続紀宣命の複合動詞 : 漢語との関係を中心として. *国文学論叢* 34: 1-17.

藤井俊博. 2001. 今昔物語集の漢語サ変動詞 : 複合動詞の構成を通して. *同志社大学留学生別科紀要* 1: 17-29.

藤堂明保, 近藤光男. 1958. *中国古典の読みかた* : 江南書院.

藤堂明保. 1969. *漢語と日本語* : 秀英出版.

藤堂明保. 1971. *漢字とその文化圏* : 光生館.

舩城俊太郎. 1989. 「間」の分布. *国語学* 156: 1-14.

包聯群. 2011. *言語接触と言語変異 -中国黒龍江省ドルブットモンゴル族コ*

ミュニティー言語を事例として-: 現代図書.

保坂秀子. 2000. 古代日本における言語接触- 文献に見る日本人と諸外国人のコミュニケーション-. *社会言語科学* 1: 43-50.

堀畑正臣. 2000. 記録体(記録文)の漢文. *日本語学* 13: 40-51.

真田信治, 簡月真. 2008. 台湾における日本語クレオールについて. *日本語の研究* 4: 69-76.

松尾文子. 1992. 文脈における同格構造. *英米文学研究* 28 : 119-132.

松木正恵. 2005. 複合辞研究史 4 :「後置詞」というとらえ方. *早稲田大学教育学部学術研究 国語・国文学編* 54: 15-26.

松瀬憲司. 2006. 言語接触による文法複製 : 英語の従属節における VO 語順確立とデーンロー地域でのヴァイキング定住との関係について. *熊本大学教育学部紀要人文科学* 55 : 179-192.

松本克己. 1975. 印欧語における統語構造の変遷:比較・類型論的考察. *言語研究* 68: 15-43.

松本克己. 2006. *世界言語への視座 : 歴史言語学と言語類型論* : 三省堂.

松本克己. 2007. *世界言語のなかの日本語 :日本語系統論の新たな地平* : 三省堂.

松本曜. 1998. 日本語の語彙的複合動詞における動詞の組み合わせ. *言語研究* 114: 37-83.

松本裕治, 影山太郎, 永田昌明, 斎藤洋典, 徳永健伸. 1997. *単語と辞書* : 岩波書店.

村上雅孝. 1966. 平安時代の漢籍訓読語の一性格-再読字を中心として-. *国語学* 48: 48-59.

室井努. 2006. 今昔物語集の人数表現について: 数量詞転移の文体差と用法および数量詞遊離構文に関して. *日本語の研究* 1: 64-77.

峰岸明. 1959. 今昔物語集に於ける変体漢文の影響について-「間」の用法を

めぐって-. *国語学* 36 : 54-68.

峰岸明. 1992. 源氏物語の漢語. *源氏物語講座* : 237-264.

宮下尚子. 2007. *言語接触と中国朝鮮語の成立* : 九州大学出版会.

宮下博幸. 2006. 文法化研究とは何か. *高松大学紀要* 10: 20-46.

宮島達夫. 1977. *語彙と意味* : 岩波書店.

望月圭子. 1990. 日・中両語の結果を表わす複合動詞. *東京外国語大学論集* 40 : 13-27.

百留康晴. 2001. 動詞連接から複合動詞へ-「入る」の補助動詞化を中心に-. *文芸研究* 152: 79-92.

森野繁夫. 1974. 六朝訳経の語法—補助動詞をともなう複合動詞. *広島大学文学部紀要* 33: 253-273.

森野繁夫. 1983. 六朝訳経の語法と語彙: 仏典漢訳の諸問題. *東洋学術研究* 2: 66-81.

安田喜代門. 1969. *国語講座* : 白帝社.

柳田優子. 2003. 上代語の句構造と語順の制約について. *言語文化論集* 64: 19-40.

柳田優子. 2006. 古代語における動詞連体形節内の格付与について. *Scientific approaches to language* 5: 181-194.

山口明穂. 1997. *日本語の変遷* : 放送大学教育振興会.

山口明穂, 鈴木英夫, 坂梨隆三, 月本雅幸. 1997. *日本語の歴史* : 東京大学出版会.

山口和洋. 2013. 言語接触による文法変化: ソルブ語の否定生格にみられるドイツ語の影響について. *研究紀要* 86: 69-89.

山口佳紀. 1980. *中古語* : 有精堂出版.

山口佳紀. 1992. 古事記における「為」 字の用法と訓読. *記紀論集* : 続群書

類従完成会. 235-254.

山口佳紀. 2011. *古代日本語史論究*：風間書房.

山崎貞子. 2003. 古代語の時間副詞「すでに」の考察-古代中国語「既」と比較して-. *国文* 99: 57-71.

山崎誠. 2013. マカオにおける広東・ポルトガルの言語接触が語るもの：翻訳からみた近代の音韻変化. *比較文化研究* 106: 315-324.

山田孝雄. 1929. *日本文法論*：宝文館.

山田孝雄. 1934. *漢文訓読と国文法*：明治書院.

山田孝雄. 1935. *漢文の訓読によりて伝へられたる語法*：宝文館.

山田孝雄. 1936. *日本文法学概論*：宝文館.

山田孝雄. 1940. *国語の中に於ける漢語の研究*：宝文館.

山田孝雄. 1951. *奈良朝文法史*：和光堂.

楊金萍. 2002. 『今昔物語集』における再帰格名詞述語文:「天竺部」「震旦部」の用例を通して. *国語学* 53: 18-33.

楊金萍. 2007. 『今昔物語集』に見られる「被+V」について—「天竺部」「震旦部」の用例を通して. *人間文化創成科学論叢* 10: 75-83.

楊金萍. 2010. 古代日本語の「動詞+着」について. *人間文化創成科学論叢* 13: 151-157.

吉沢典男. 1952. 複合動詞について. *日本文学論究* 10 : 32-42.

吉澤義則. 1931. *国語史概説*：立命館大学出版部.

吉田金彦, 築島裕, 石塚晴通, 月本雅幸. 2001. *訓点語辞典*：東京堂出版.

及川智早. 1993. 古事記と漢文学 - 研究史をたどる試み -. *記紀と漢文学*：汲古書院. 125-140.

李長波. 2002. *日本語指示体系の歴史*：京都大学学術出版会.

劉洪岩. 2013. 上古中国語における能格動詞の形態対立. *芸術工学研究：九州大学大学院紀要* 18 : 61-68.

劉洪岩. 2014. 漢文訓読による「トコロ」の名詞化辞の用法の成立. *東アジア日本語教育・日本文化研究* : 463-478.

盧濤. 1998. 文法化理論について. *鹿児島経大論集* 1: 81-114.

渡辺実. 1982. 仮名文の成立に漢文訓読文はどんな役割を果たしたか. *国文学解釈と教材の研究* 16: 114-117.

渡辺滋. 2008. 日本古代における中国口語の受容と展開. *訓点語と訓点資料* 120: 28-48.

Meillet, A. 著, 久之助泉井 訳. 1977. *史的言語学における比較の方法*：みすず書房.

Peter M.ら 著, 朝日祥之 訳. 2000. 太平洋における日本語. *社会言語科学* 1: 24-38.

Saussure, F. 著, 小林英夫 訳. 1972. *一般言語学講義*：岩波書店.

Whaley, L. 著, 大堀壽夫ら 訳. 2006. *言語類型論入門:言語の普遍性と多様性*：岩波書店.

英文文献

（アルファベット順）

Aikhenvald, Alexandra Y. 2002. *Language contact in Amazonia*: Oxford University Press Oxford.

Allen, Cynthia L. 1995. *Case marking and reanalysis: Grammatical relations from Old to Early Modern English*: Clarendon Press Oxford.

Aronoff, Mark. 1976. Word formation in generative grammar. *Linguistic Inquiry Monographs Cambridge, Mass.* 1: 1-134.

Auwera,Johan. 2006. What is 'contact-induced grammaticalization'. *Evidence from Mayan and Mixe-Zoquean languages.Typescript, University of Antwerp.*

Baker, Mark C. 1988. *Incorporation : a theory of grammatical function changing*: University of Chicago Press.

Baker, Mona and Kirsten Malmkjaer. 2001. *Routledge encyclopedia of translation studies*: Routledge.

Binnick, Robert I. 2012. *The Oxford handbook of tense and aspect*: Oxford University Press.

Brinton, Laurel and Dieter Stein. 1995. Functional renewal. *Amsterdam Studies In the Theory and History of Linguistic Science Series* 4: 33-33.

Brinton, Laurel and Elizabeth Traugott. 2005. *Lexicalization and language change*: Cambridge University Press.

Brown, E. K. and Anne H. Anderson. 2005. *Encyclopedia of language & linguistics*. 2nd ed: Elsevier.

Bybee, Joan L. and Östen Dahl. 1989. *The creation of tense and aspect systems in the languages of the world*: John Benjamins.

Bybee, Joan L. 1985. *Morphology : a study of the relation between meaning and form*: J. Benjamins.

Bynon, Theodora. 1977. *Historical linguistics*: Cambridge University Press.

Carstairs-McCarthy, Andrew. 2010. *The evolution of morphology*: Oxford University Press.

Chafe, Wallace L. 1970. *Meaning and the structure of language*: University of Chicago Press.

Chao, Yuen-Ren. 1968. *A Grammar of Spoken Chinese*: University of California Press.

Comrie, Bernard. 1978. Ergativity.*Syntactic Typology:*329-394:University of Texas

Press.

Croft, William A. 2003. *Typology and universals*. 2nd ed.: Cambridge University Press.

Crystal, David. 1985. *A dictionary of linguistics and phonetics*. 2nd ed.: Blackwell.

Crystal, David. 2003. *The Cambridge encyclopedia of the English language*. 2nd ed.: Cambridge University Press.

Dixon, Robert M. 1994. *Ergativity*: Cambridge University Press.

Dressler, Wolfgang U. 1988. Preferences vs. strict universals in morphology: word-based rules. *Theoretical Morphology*: 143-154.

Fishman, Joshua A. 1968. *Readings in the sociology of language*: Mouton.

Fox, Anthony. 1995. *Linguistic reconstruction : an introduction to theory and method*: Oxford University Press.

Frellesvig, Bjarke. 2011. *A history of the Japanese language*: Cambridge University Press.

Frellesvig, Bjarke. 2013. V-V complexes in Old Japanese. *NINJAL International Symposium 2013:Mysteries of Verb-Verb Complexes in Asian Languages:*National Institute of Japanese Language and Linguistics.

Givón, Talmy. 1971. Historical syntax and synchronic morphology: an archaeologist's field trip.*The Regional Meetings of the Chicago Linguistic Societv 7*. 394-415.

Greenberg,Joseph H. 1991. The last stages of grammatical elements: contractive and expansive desemanticization .*Approaches to grammaticalization*: John Benjamins. 301-314.

Greenberg, Joseph H. 1966. *Universals of language : report of a Conference held at Dobbs Ferry, New York, April 13-15, 1961*. 2nd ed: M.I.T. Press.

Greenberg,Joseph H., Charles A. Ferguson and Edith A. Moravcsik. 1978. *Word structure*: Stanford University Press.

Hale, Kenneth L. and Samuel J. Keyser. 1987. *A view from the middle*: Lexicon Project, Center for Cognitive Science, MIT.

Hansen, Björn. 2005. How to measure areal convergence: a case study of contact-induced grammaticalization in the German-Hungarian-Slavonic contact area.*Modality in Slavonic Languages:Sagner*. 239-251.

Harris, Alice C. and Lyle Campbell. 1995. *Historical syntax in cross-linguistic perspective*: Cambridge University Press.

Haspelmath, Martin. 2012. How to compare major word-classes across the world's languages. *Theories of everything:In honor of Ed Keenan: UCLA Working Papers in Linguistics,* 17: 109-130.

Haspelmath, Martin. 1999. Why is grammaticalization irreversible? *Linguistics* 6: 1043-1068.

Haspelmath, Martin. 2001. *Language typology and language universals: an international handbook*: Walter de Gruyter.

Haugen, Einar I. 1956. *Bilingualism in the Americas : a bibliography and research guide*: American Dialect Society:University of Alabama Press.

Heine,Bernd, Ulrike Claudi and Friederike Hünnemeyer. 1991. *Grammaticalization: A conceptual framework*: University of Chicago Press Chicago.

Heine, Bernd and Tania Kuteva. 2003. On contact-induced grammaticalization. *Studies in language* 3: 529-572.

Heine, Bernd and Mechthild Reh. 1984. *Grammaticalization and reanalysis in African languages*: H. Buske.

Heine, Bernd and Elizabeth C. Traugott. 1991. *Approaches to grammaticalization*: John Benjamins.

Heine, Bernd, Ulrike Claudi and Friederike Hünnemeyer. 1991. *Grammaticalization : a conceptual framework*: University of Chicago Press.

Heine, Bernd and Tania Kuteva. 2002. *World lexicon of grammaticalization*: Cambridge University Press.

Heine, Bernd and Tania Kuteva. 2005. *Language contact and grammatical change*: Cambridge University Press.

Hickey, Raymond. 2010. *The handbook of language contact*: Wiley-Blackwell.

Himmelmann, Nikolaus P. 2004. Lexicalization and grammaticization: Opposite or orthogonal. *What makes grammaticalization*:De Gruyter Mouton.21-42.

Hopper, Paul J. 1991. On Some Principles of Grammaticization. *Approaches to Grammaticalization: Volume I.Theoretical and methodological issues* 1: 17.

Hopper, Paul J. and Elizabeth C. Traugott. 2003. *Grammaticalization*. 2nd ed: Cambridge University Press.

Jeffers, Robert J. and Arnold M. Zwicky. 1980. The evolution of clitics. *Papers from the Fourth International Conference on Historical Linguistics*:John Benjamins Publishing.221-231.

Joseph, Brian D. 2003. Morphologization from syntax. *The handbook of historical linguistics*:Wiley-Blackwell.472-492.

Joseph, Brian D. and Richard D. Janda. 2003. *The handbook of historical linguistics*: Blackwell.

Kageyama, Taro. 2001. Word plus: The intersection of words and phrases. *Issues in Japanese phonology and morphology*: 245.

Karashima, Seishi. 2001. *A glossary of Kumārajīva's translation of the Lotus Sutra*:International Research Institute for Advanced Buddhology, Soka University .

Keesing, Roger M. 1991. Substrates, calquing and grammaticalization in Melanesian Pidgin. *Approaches to grammaticalization*:John Benjamins. 315-342.

Kinsui, Satoshi. 1997. The influence of translation on the historical development of the Japanese passive construction. *Journal of pragmatics* 6: 759-779.

Kiparsky, Paul. 1983. *Word-formation and the lexicon*: Department of Linguistics, University of Kansas Lawrence, Kansas.

Komai, Akira and Thomas H. Rohlich. 1988. *An introduction to Japanese kanbun*: University of Nagoya Press.

Koptjevskaja-Tamm, Maria and Bernhard Walchli. 2001. The Circum-Baltic languages. *The Circum-Baltic Languages: Grammar and typology*: 615.

Kornicki, Peter. 2010. A note on Sino-Japanese: a question of terminology. *Sino-Japanese Studies v17*.Article 4.

Langacker, Ronald W. 1977. Syntactic reanalysis. *Mechanisms of syntactic change:University of Texas Press*. 57-139.

Lass, Roger. 1997. *Historical linguistics and language change*: Cambridge University Press.

Lehmann, Winfred P. 1992. *Historical linguistics : an introduction*. 3rd ed: Routledge.

Lehmann, Winfred P. 1995. *Residues of Pre-Indo-European active structure and their implications for the relationships among the dialects*: Institut für Sprachwissenschaft der Universität Innsbruck.

Lessau,Donald and Norbert Boretzky. 1994. *A Dictionary of Grammaticalization*: Brockmeyer.

Levinson, Stephen C. *Presumptive meanings: The theory of generalized conversational implicature*: MIT Press.

Levinson, Stephen C. 2000. *Presumptive meanings : the theory of generalized conversational implicature*: MIT Press.

Li, Charles N. and Sandra A. Thompson. 1977. *Mechanisms of Syntactic Change*:University of Texas Press.

Li, Fang K. 1983. Archaic Chinese. *Origins of Chinese Civilization: University of California Press*: 393-408.

Long, Daniel. 2000. Introduction: Contact between Japanese and other Languages (特集:日本語と言語接触). *社会言語科学* 1: 1-3.

Long, Daniel. 2007. 小笠原諸島に見る言語接触の重層化. *言語* 9: 24-31.

Long, Daniel. 2010. 小笠原諸島の日本語変種. *日本語学* 14: 118-131.

Loveday, Leo. 1996. *Language contact in Japan : a socio-linguistic history*: Oxford University Press.

Matsumoto, Yo. 1998. Semantic change in the grammaticalization of verbs into postpositions in Japanese. *Studies in Japanese grammaticalization : cognitive and discourse perspectives*:Kurosio. 25-60.

Matthews, Stephen and Virginia Yip. 2009. Contact-induced grammaticalization Evidence from bilingual acquisition. *Studies in language* 2: 366-395.

Naruse-Shima, Ryoko. 1997. Semantic and pragmatic change of some Japanese case markers of instrument, means, and cause: Grammaticalization of de, de-motte, and ni-yotte. *Sophia linguistica*: 89-113.

Norde, Muriel. 2009. *Degrammaticalization*: Oxford University Press.

Pulleyblank, Edwin G. 1973. Some further evidence regarding Old Chinese-s and its time of disappearance. *Bulletin of the School of Oriental and African Studies* v2: 368-373.

Pulleyblank, Edwin G. 1995. *Outline of Classical Chinese Grammar*: UBC Press.

Sankoff, Gillian. 2002. *Linguistic outcomes of language contact*: Wiley Online Library.

Shi, Yuzhi. 2002. *The Establishment of Modern Chinese Grammar: The formation of the resultative construction and its effects*: John Benjamins Publishing.

Shibatani, Masayoshi and Taro Kageyama. 1988. Word formation in a modular theory of grammar: Postsyntactic compounds in Japanese. *Language* : 451-484.

Siemund, Peter and Noemi Kintana. 2008. *Language contact and contact languages*:

John Benjamins Publishing.

Stathi, Katerina, Elke Gehweiler and Ekkehard König. 2010. *Grammaticalization: Current views and issues*: John Benjamins Publishing.

Tallerman, Maggie and Kathleen R. Gibson. 2012. *The Oxford handbook of language evolution*: Oxford University Press.

Thomason, Sarah G. 2001. *Language contact*: Edinburgh University Press.

Thomason, Sarah G. and Terrence Kaufman. 1991. *Language contact, creolization, and genetic linguistics*: University of California Press.

Trask, Robert L. and RL Trask. 1996. *Historical linguistics*: Arnold London.

Traugott, Elizabeth C. 2004. Exaptation and grammaticalization. *Linguistic studies based on corpora*: 133-156.

Weinreich, Uriel. 1953. *Languages in contact : findings and problems*: Uriel Weinreich.

Whitman, John. 2011. The Ubiquity of the Gloss. *Scripta* 2: 95-121.

Whitman,John, Miyoung Oh, Jinho Park, Valerio L. Alberizzi, Masayuki Tsukimoto, Teiji Kosukegawa and Tomokazu Takada . 2010. Toward an International Vocabulary for Research on Vernacular Readings of Chinese Texts .*Scripta* 2, 61-83.

Whitman, John and Yuko Yanagida. 2012. A Korean Grammatical Borrowing in Early Middle Japanese Kunten Texts and its Relation to the Syntactic Alignment of Earlier Korean and Japanese.*Japanese/Korean Linguistics 21*: 121-136.

Whitman, John and Bjarke Frellesvig. 2012. The Historical Source of the Bigrade Transitivity Alternations in Japanese. *NINJAL International Symposium 2012:Valency Classes and Alternations in Japanese*:National Institute of Japanese Language and Linguistics.

Winford, Donald. 2003. *An introduction to contact linguistics*: Blackwell Publishing.

Winford, Donald. 2007. Some issues in the study of language contact. *Journal of*

Language Contact 1: 22-40.

Winford, Donald. 2008. Processes of creole formation and related contact-induced language change. *Journal of language contact* 1: 124-145.

Wischer, Ilse. 2006. Markers of futurity in Old English and the grammaticalization of shall and will. *Studia Anglica Posnaniensia*: 165-179.

Yakhontov, SE. 1960. *Consonant combinations in archaic Chinese*: Oriental Literature Publishing House.

Yanagida, Yuko and John Whitman. 2009. Alignment and word order in Old Japanese. *Journal of East Asian linguistics* 2: 101-144.

Zhengzhang, Shangfang. 1991. Decipherment of Yue-Ren-Ge (song of the Yue boatman). *Cahiers de linguistique-Asie orientale* 2: 159-168.

Zhu, Qingzhi. 2010. On some basic features of Buddhist Chinese. *Journal of the International Association of Buddhist Studies* 1-2: 485-504.

Zwicky, Arnold M. and Geoffrey K. Pullum. 1983. Cliticization vs. inflection: English n't. *Language*: 502-513.

中文文献

（漢語ピンイン順；簡体字・繁体字の区別は原文と同様）

陈保亚. 1996. *论语言接触与语言联盟：汉越（侗台）语源关系的解释*：语文出版社.

曹广顺，遇笑容. 2006. *中古汉语语法史研究*：巴蜀书社.

蒋绍愚. 2006. 动态助词“着”的形成过程. *周口师范学院学报* 23: 113-117.

金理新. 2006. *上古汉语形态研究*：黄山书社.

劉承慧. 2002. *漢語動補結構歷史發展*：翰盧圖書出版有限公司.

刘坚，曹广顺，吴福祥. 1995. 论诱发汉语词汇语法化的若干因素. *中国语文*

3 :26-30.

龙国富. 2004. *姚秦译经助词研究* ：湖南师范大学出版社.

龙国富. 2007. 汉语完成貌句式和佛经翻译. *民族语文* 1: 35-44.

龙国富. 2010. 从语言接触看“复”和“自”的语法地位. *语文研究* 2: 26-30.

吕叔湘. 1982. 中国文法要略 ：*商务印书馆*.

吕叔湘. 1987. 说胜和败. *中国语文* 1: 1-5.

潘悟云. 1991. 上古汉语使动词的屈折形式. *温州师范学院学报* 2: 48-57.

石毓智, Charles Li. 2001. *汉语语法化的历程 :形态句法发展的动因和机制* ：北京大学出版社.

石毓智. 2003. *现代汉语语法系統的建立 :动补结构的产生及其影响* ：北京語言大学出版社.

石毓智. 2006. *语法化的动因与机制* ：北京大学出版社.

松江崇. 2009. 也談早期漢譯佛典語言在上中古間語法史上的價值. *汉语史学报* 8：114-133.

王力. 1958. *漢語史稿 修訂本* ：科学出版社.

王力. 1964. *古代汉语* ：中华书局.

魏培泉. 2003. 上古汉语到中古汉语语法的重要发展. *古今通塞 :汉语的历史与发展 :中研院语言学研究所筹备処* . 75-106.

吴福祥. 2005. *汉语语法化研究* ：商务印书馆.

吴福祥. 2007. 关于语言接触引发的演变. *民族语文* 2: 2-23.

吴福祥. 2009. 语法化的新视野 ：接触引发的语法化. *当代语言学* 3: 193-206.

吴福祥. 2013. 关于语法演变的机制. *古汉语研究* 3: 59-71.

吴福祥. 2013. 语言接触与语法复制. *Journal of Baise University* 26: 40-50.

西山猛. 2001. 古代漢語「是」字中的繫詞的產生與指示代詞的發展. *言語科学*

36: 113-119.

杨伯峻，何乐士. 2001. *古汉语语法及其发展*：语文出版社.

杨金萍，肖平. 2004. 论古代汉语在日语训读语法形成过程中的影响:以"是""有"和定语后置为例. *日语学习与研究* 1 : 41-45.

杨金萍，肖平. 2005. 古日语与古汉语复指名词谓语句的句法模式比较. *日语学习与研究* 4 : *37-41*.

叶蜚声，徐通鏘. 1981. *语言学纲要*：北京大学出版社.

遇笑容. 2008. 理論與事實: 語言接觸視角下的中古譯經語法研究. *汉语史学报*.

遇笑容，曹廣順，祖生利. 2010. *汉语史中的语言接触问题研究*：语文出版社.

曾昱夫. 2009. 論中古佛經已字語法功能之發展與演變. *中山人文學報*：97-115.

张麟声. 2011. 试谈翻译· 书面语型语言接触与语言影响：以日语被动句的发展演变为例. *民族翻译* 3: 61-68.

竺家寧. 1997. 早期佛經詞彙之動補結構研究. *國立中正大學學報人文分冊* 8: 1-20.

竺家寧. 1998. 早期佛經詞彙的動賓結構：從訓詁角度探索. *Seventh Annual Meeting of the International Association of Chinese Linguistics/Tenth North American Conference on Chinese Linguistics in* Stanford : 26-28 .

竺家寧. 2009. 佛經語言研究綜述—語法的研究. *佛教圖書館館刊* 50 : 40-57.

朱慶之. 1992. *佛典與中古漢語詞彙研究*：文津出版社.

朱慶之，朱冠明. 2006. 佛典与汉语语法研究：20 世纪国内佛教汉语研究回顾之二. *汉语史研究集刊* 9: 413-459.

朱慶之. 2009. *佛教汉语研究*：商務印書館.

本书是河北省社会科学基金年度项目“基于训点文献的汉日语言接触历时层次研究”（HB17YY044）的研究成果。